Minerva Shobo Librairie

社会統計学ベイシック

片瀬一男/阿部晃士/高橋征仁
[著]

ミネルヴァ書房

社会統計学ベイシック

目　次

はじめに　i

本書の使い方　ix

本書で用いる記号一覧　xi

第1章　社会調査はどのように行われるのか……………………1
  1　社会調査の目的——記述と説明　1
  2　説明とは何か　3
  3　調査設計の手順　6
  4　因果図式から質問文作成まで　7
  5　変数とは何か　11
  6　まとめ　12

第2章　調査データをどう分析するのか……………………15
  1　社会事象の記述　15
  2　社会事象の説明　19
  3　統計的説明とは何か　21
  4　統計的検定はなぜ必要か　24
  5　まとめ　29

第3章　度数分布表を作成する……………………34
  1　離散変数と連続変数　34
  2　度数分布を取る　36
  3　グラフの作成——棒グラフ・ヒストグラム・度数多角形　40
  4　累積度数分布　43
  5　パーセンタイルと分位数　45
  6　まとめ　47

第4章　度数分布を記述する……………………51
  1　分布の中心を表す代表値　51
  2　分布の散らばりを表す変動の測度（1）——離散変数の場合　58
  3　分布の散らばりを表す変動の測度（2）——連続変数の場合　61

はじめに

　現代の情報化社会にあって，社会現象を統計的に分析する社会統計学は，欠かすことのでない「市民的教養」とみなすことができる。統計データを読みとる力（統計リテラシー）は，世論調査をはじめとする各種データを的確に解読することによって，社会改革のヴィジョンを描かせ，それにもとづく政治参加を促進するという点で，情報化社会に不可欠の「市民的教養」（片瀬，2008）である。そもそも統計学は，よりよい社会を作る道具として発展してきた。近代の統計学 Statistics は，死亡や出生など国家 State の状態や趨勢を記述する「国勢学」として，17世紀のヨーロッパで始まった（田栗，2005）。その後も，統計学は，社会疫学や貧困調査への応用にみられるように，社会の改革をめざすための基礎的データを提供してきた。

　たとえば，「クリミアの天使」と呼ばれたフローレンス・ナイチンゲールはまた，イギリス統計学の祖の一人と言われる。彼女は1854年にクリミア戦争が勃発すると看護師を率いて現地の野戦病院に赴く。そこで明らかになったことは，戦死する兵士よりも，野戦病院の衛生状態の悪さから感染症に患って病死する兵士の方が多いことだった。そこで，ナイチンゲールは，病院の衛生状態を改善することで兵士の死亡率を劇的に改善した。帰国後，彼女は陸軍病院の衛生状態に関する分析を行い，膨大な報告書にまとめて政府に提出している。その後，ナイチンゲールはイギリスの国勢調査にもかかわり，居住環境と公衆衛生の関連について，統計的分析を試みている（丸山，2008）。

　それ以降，統計学は飛躍的な進歩を遂げ，ナイチンゲールの時代の記述統計から，とりわけ因果分析を中心とした統計学へと姿を変えた。社会統計学による因果推論は，社会問題の原因を探りだすことによって，その解決法をみいだすことが期待されている。今日，政策立案や意思決定において，統計的知見が果たす役割はますます増大しているのである。

　その一方で，科学的な装いのもとに誤解を招くような情報をメディアが流布

することも目立ってきた。そうした統計的データ（世論調査や健康情報など）を拡散させるメディアの責任は問われるべきだが，それを無批判に受容する視聴者や読者の統計リテラシーの貧困が世論操作を容易にすることも無視できない。このような統計リテラシーの貧困をもたらした要因の1つは，学校における統計教育の貧困である。日本では，「ゆとり教育」のもと2000年代初めに中学・高校の教育課程で統計教育が大幅に後退している（ただし，2012年度施行の学習指導用要領で高校の「数学Ⅰ」で統計が復活した）。

　こうした状況にあって，本書は統計リテラシーの基礎を学ぶための入門書として編まれた。統計リテラシーを身につけるためには，講義を聞いたり，テキストを読むだけでなく，実際のデータをもとに計算を行い，その手順を確認し，得られた統計数値の意味を理解する必要がある。現在では便利な統計ソフトがあるが，本書ではあえて電卓を使った手計算で問題を解くことを求めている。そのために，日本性教育協会が2011年に行った第7回「青少年の性行動全国調査」のデータをもとに，例題や学習課題を作成している。データの使用を許可してくださった同協会には感謝する。本書はまた，2007年に放送大学教育振興会から刊行された『社会統計学』をベースにし，データを新しいものに替えるとともに，加筆修正を行った。著作権に関してご高配を賜った放送大学教育振興会には深謝したい。ただし，本書はあくまで社会統計学の基本的な知識を中心に解説をしており，その基盤となる数理統計学については，最低限のことしか触れていない。さらに，上級の分析手法——多変量解析（重回帰分析や因子分析など）についても紹介することができなかった。これらについては優れた解説書・テキストがあり，巻末に紹介してあるので，それらを参考にされたい。

　最後に，本書の出版をお誘いくださったのは，ミネルヴァ書房の水野安奈さんであった。水野さんには，その後も，細部に至るまで，ご配慮をいただいた。記して感謝する。

2015年7月

片瀬一男・阿部晃士・高橋征仁

目 次

  4 Z 得点と偏差値 63

  5 まとめ 64

第 5 章 クロス集計表を作成する ……………………………………… 67

  1 仮説による変数間の関係の説明 67

  2 クロス集計表 69

  3 クロス集計表の作成の留意点 72

  4 仮説の検定 76

  5 まとめ 78

第 6 章 クロス集計表を分析する ………………………………………… 82
    ——カイ二乗検定

  1 カイ二乗検定の考え方 82

  2 統計的独立の予測 83

  3 χ^2 値の計算 87

  4 クロス集計表の自由度 88

  5 カイ二乗分布表 90

  6 まとめ 93

第 7 章 2 つの平均の差を検定する（1）……………………………… 97
    ——正規分布

  1 確率分布 97

  2 正規分布とその性質 99

  3 2 つの平均の差の検定（標準誤差が既知の場合） 106

  4 まとめ 110

第 8 章 2 つの平均の差を検定する（2）……………………………… 114
    ——t 検定

  1 片側検定と両側検定 114

  2 t 分布とその性質 118

  3 2 つの平均の差の検定（標準誤差が未知の場合の t 検定） 120

- 4 まとめ 127

第9章 複数の平均の差を検定する……………………………………129
——分散分析
- 1 分散分析の基本的な考え方 129
- 2 群所属の効果 131
- 3 平方和（SS：Sum of Squares） 134
- 4 平均平方（MS：Mean Squares） 137
- 5 F 分布と分散分析表 138
- 6 まとめ 142

第10章 2つの連続変数間の関係を推定する（1）……………145
——回帰分析の基礎
- 1 2つの連続変数間の関係を示す方法 145
- 2 回帰式の推定 149
- 3 まとめ 157

第11章 2つの連続変数間の関係を推定する（2）……………160
——回帰分析の応用
- 1 2つの連続変数の関連の測度 160
- 2 標準回帰係数（ベータ係数） 167
- 3 回帰分析と相関係数に関する有意性検定 169
- 4 まとめ 174

第12章 離散変数間の関連を測定する……………………………………179
——関連係数
- 1 離散変数のための関連の測度 179
- 2 最適予測係数（ラムダ） 180
- 3 コンティンジェンシー係数 182
- 4 2×2クロス表の活用 184
- 5 ユールの関連係数 Q 186

6　φ（ファイ）係数　187
7　まとめ　190

第13章　エラボレーション（1）……………………………………… 196
　　　　　——擬似相関と交互作用
1　第3変数を導入するねらい　196
2　多重クロス表の作成　198
3　エラボレーションのタイプ　202
4　説明（ⅡA）ないし媒介（ⅡB）　204
5　特定（Ⅳ）　208
6　まとめ　211

第14章　エラボレーション（2）……………………………………… 216
　　　　　——偏相関係数と付加効果
1　偏相関係数　216
2　偏相関係数と標準化回帰係数　219
3　付加効果（ⅢA，ⅢB）　222
4　混合型（Ⅴ）　225
5　まとめ　228

第15章　講義のまとめ………………………………………………… 236
　　　　　——調査報告書や論文の読み方・書き方
1　統計学の学習における盲点——統計リテラシーの3要素　236
2　情報化社会と統計リテラシー　238
3　社会的構成物としての調査，データ，報告書　241
4　記述レベルでの誤解と誤用　244
5　説明レベルでの誤解と誤用　248
6　まとめ——統計リテラシーのステップアップのために　252

付表A　カイ二乗分布表：カイ二乗検定での主な限界値　259

付表B　正規分布表：標準正規分布において0からzの間の値が生起する確率
　　　　（面積：p）　260

付表C　t分布表：t検定での主な限界値　261

付表D-1　F分布表：F検定での主な限界値（片側検定の有意水準　$a=0.05$）　262

付表D-2　F分布表：F検定での主な限界値（片側検定の有意水準　$a=0.01$）　264

引用文献　266

学習を進めるための推薦図書　268

学習課題解答　271

索引　293

■コラム■

① 社会調査にはどのような種類があるのですか。　13
② 統計的検定は，どのような考え方にもとづくのでしょうか。　27
③ 最近，社会調査の回収率が低下していると言われますが，本当でしょうか。　30
④ 計算結果は何桁まで求めればよいのでしょうか。　38
⑤ Σ（シグマ）記号は何を表しているのでしょうか。　54
⑥ 電卓についているM+やMRのキーはどう使うのですか。効率よく電卓を使う方法を教えてください。　57
⑦ カイ二乗分布とはどのようなものでしょうか。　92
⑧ 中心極限定理は，具体的にはどのようなものでしょうか。　104
⑨ 正規分布を利用して信頼区間を設定する方法を教えてください。　111
⑩ 回帰分析や相関係数に，外れ値はどんな影響を与えるのでしょうか。　176
⑪ 調査票では，回答の選択肢が2つしかない設問をあまりみかけないのですが，2値変数を用いるのはどんなときですか。　191
⑫ 順序付け可能な離散変数については，どのような関連係数を用いればよいでしょうか。　191
⑬ 「社会調査士」とは，どのような資格でしょうか。どうすれば取得できますか。　254
⑭ データアーカイブが最近，利用できると聞きましたが，どのようにしたら利用できるのでしょうか。　256

本書の使い方

(1) 本書は「社会統計学」の基礎を実際のデータ分析をしながら身につける目的で編集されました。実際の社会調査データ（主として日本性教育協会が2011年に実施した第7回「青少年の性行動全国調査」のデータ）をもとに，手計算で問題を解くことで，社会統計学の基本的な手法を体得することを目指しています。なお，本書でとくに出典を示していない図表は，第7回「青少年の性行動全国調査」のデータを，本書のために分析して作成したものです。ただし，本書は統計ソフトSPSSなどを用いたデータ分析の実習に使うこともできます。その場合は東京大学社会科学研究所のデータアーカイブSSJDAより，第7回「青少年の性行動全国調査」のデータのSPSSのデータファイルを「教育用」としてダウンロードできます。

(2) 各章の本文中には【例題】が出題されているほか，また各章末には【学習課題】が用意されています。第3章以降では計算問題がありますから，メモリー機能と平方根（$\sqrt{}$）を開く機能をもった電卓もしくはスマートフォンなどを準備してください。電卓やスマートフォンの計算機能の効率的な使い方は，57頁のコラム⑥を参照してください。現在，優れた統計ソフト（ExcelやSPSSなど）が利用可能ですが，あえて手計算で問題を解くことで，計算の手順や計算結果の数値のもつ意味が理解されるはずです。そのうえで各種，統計パッケージソフトによるデータ分析に進むことで，出力された数値のもつ意味も理解できるはずです。

(3) 【例題】の解答は当該頁の下に脚注として入れてあります。また章末の【学習課題】の解答は巻末に一括して掲載してあります。巻末には，統計的検定に用いる数表（カイ二乗分布表，正規分布表，t分布表，F分布表）を付表A〜D（259〜265頁）として収録してあります。各章の指示に従って，該当する数表を利用してください。

(4) 本文中に学習するうえでの疑問に答えたコラム①〜⑭が入っています。その一覧はviii頁にありますので，参照してください。

(5) 次頁以降の「本書で用いる記号一覧」（意味・参照章・ギリシア文字の読み方）では，本書で用いる各種記号を，初出の章もしくは詳しく説明している章を添えて示してあります。

(6) 本書の内容は「社会調査士資格科目」（コラム⑬参照）のC科目「基本的な資料とデータの分析に関する科目」におおむね対応しています。

本書で用いる記号一覧

＊（ ）内の章番号は初出もしくは詳しく説明している章を示す。

a	回帰式における切片（第10章）
b	回帰式における回帰係数（第10章）
c	クロス集計表における列の数（第5章）
C	ピアソンのコンティンジェンシー係数（第12章）
$c.v.$	検定において帰無仮説を棄却するための限界値（第6章）
D	多様性指数（第4章）
df	限界値を選ぶときの自由度（第6章）
e_i	回帰分析における観測個体 i の誤差項（第10章）
e_{ij}	分散分析における群 j に属する観測個体 i の誤差項（第9章）
F	F 比（第9章）
$F_{v1,\ v2}$	分子の自由度 v_1，分母の自由度 v_2 の F 比（第9章）
f_{ij}	クロス表集計における i 行 j 列の観測度数（第5章）
$\hat{f}_{ij}$	統計的独立という帰無仮説のもとでのクロス集計表における期待度数（第6章）
	クロス集計表における i 行 j 列の期待度数（第6章）
$f_{i.}$	クロス集計表における i 行目の行周辺度数（第5章）
$f_{.j}$	クロス集計表における j 列目の列周辺度数（第5章）
H_0	帰無仮説（第2章）
H_1	対立仮説（第2章）
IQV	質的変動指数（第4章）
J	分散分析における群の数（第9章）
K	離散変数のカテゴリー数（第4章）
$MS_{BETWEEN}$	級間平均平方（第9章）
MS_{ERROR}	誤差平均平方（第11章）
$MS_{REGRESSION}$	回帰平均平方（第11章）

xi

MS_{WITHIN}		級内平均平方（第9章）
n_j		群jに属する観測個体数（第9章）
N		標本数（第2章）
P_i		観測値iの比率（第3章）
p_{ij}		クロス集計表におけるi行j列の比率（第5章）
$p_{i.}$		クロス集計表におけるi行目の行周辺比率（第5章）
$p_{.j}$		クロス集計表におけるj列目の列周辺比率（第5章）
$P(a \leq Y \leq b)$		Yの値がa以上b以下である確率（第7章）
Q		2行2列のクロス集計表におけるユールの関連係数（第12章）
Q_i		第i四分位数（第3章）
r		クロス集計表における行の数（第5章）
r_{XY}		変数XとYの相関係数（第11章）
$r_{XY \cdot t}$		tを統制変数としたときのXとYの偏相関係数（第14章）
$R^2_{Y \cdot X}$		回帰分析における決定係数（第11章）
s_b		回帰係数bの標準誤差（第11章）
s_Y		変数Yの標準偏差（第4章）
s^2_Y		変数Yの分散（第4章）
s_{XY}		変数XとYとの共分散（第10章）
$SS_{BETWEEN}$		級間平方和（第9章）
SS_{ERROR}		誤差平方和（第11章）
$SS_{REGRESSION}$		回帰平方和（第11章）
SS_{TOTAL}		全平方和（第9章）
SS_{WITHIN}		級内平均平方（第9章）
T		母集団の大きさ（第2章）
t_α		t検定（片側検定）における有意水準αの限界値（第8章）
$t_{\alpha/2}$		t検定（両側検定）における有意水準αの限界値（第8章）
V		クラメールのコンティンジェンシー係数（第12章）
$\hat{Y}_i$		回帰分析における観測個体iの変数Yの予測値（第10章）
$\bar{Y}$		変数Yの平均値（第4章）
Z_i		観測個体iのZ得点（第7章）
Z_α		片側検定における有意水準αでのZ得点の限界値（第7章）
$Z_{\alpha/2}$		両側検定における有意水準αでのZ得点の限界値（第7章）
α（アルファ）		帰無仮説を棄却する有意水準（第5章）

本書で用いる記号一覧

α （アルファ）	母回帰における切片（第11章）
α_j （アルファ・ジェイ）	分散分析において群 j に属することの効果（第9章）
β （ベータ）	母回帰における回帰係数（第11章）
β^* （ベータ・スター）	ベータ係数（標準回帰係数）（第11章）
γ （ガンマ）	ガンマ係数（第12章）
η^2 （イータ二乗）	相関比（第9章）
λ （ラムダ）	最適予測係数（第12章）
μ （ミュー）	母平均（第7章）
μ （ミュー）	分散分析における総平均（第9章）
μ_j	分散分析における群 j の群平均（第9章）
$\mu_{\bar{Y}}$	変数 Y の平均に関する標本分布の平均（第7章）
$\mu_{(\bar{Y}_2 - \bar{Y}_1)}$	2つの標本平均 $\bar{Y}_2$ と $\bar{Y}_1$ の差の標本分布の平均（第7章）
ν_1 （ニュー）	F 検定における分子の自由度（第9章）
ν_2	F 検定における分母の自由度（第9章）
$\rho^2_{Y \cdot X}$ （ロー）	母集団での決定係数（第11章）
Σ （シグマ）	総和記号（第4章）
$\sigma_{(\bar{Y}_2 - \bar{Y}_1)}$ （シグマ）	標準誤差（2つの標本平均 $\bar{Y}_2$ と $\bar{Y}_1$ の差の標本分布の標準偏差）（第7章）
ϕ （ファイ）	2×2クロス表におけるファイ係数（第12章）
ϕ_{adj}	調整ファイ係数（第12章）
ϕ_{max}	ファイ係数の最大値（第12章）
χ^2 （カイ二乗）	カイ二乗値（第6章）

第1章
社会調査はどのように行われるのか

―― **本章の目標** ――
　社会調査（統計調査）の目的は何か，また調査から得られたデータの分析において理論や仮説がどんな役割を果たすのか理解したうえで，さかのぼって調査の設計から因果図式・仮説の構成，質問文の作成など一連の社会調査の流れを学習する。

キーワード　　記述と説明　社会理論　因果図式　仮説　独立変数と従属変数

1　社会調査の目的
―― 記述と説明 ――

　シャーロック・ホームズから名探偵コナンまで，推理小説やアニメに登場する名探偵が犯人を推理する過程はいつも鮮やかである。それは地道な捜査から証拠を積み重ねて，何人かの容疑者のなかから最終的に意外な犯人を探し当てるからだ。実は，社会調査データの分析という作業も，基本的にはこの「犯人探し」の作業に似ている。というのも，名探偵は常に仮説なり見込みを立て，それにもとづいて体系的に証拠を集めている。そして，仮説をその証拠によって確証したり，修正しながら，意外な犯人を見つけだしていく。
　これと同様に，調査データの分析でも，ある現象を引き起こした原因（いわば犯人）を仮説をもとにつきとめていくことになる。したがって，社会調査を行うためには，何よりも得られたデータを，どのような仮説にもとづいて，どのように分析するかという見通しにたって調査を企画し，実施することが肝要である。ともかく調査を行ってデータを集めてみよう，そして調査が終わったらとにかくデータの集計をしてみよう――たしかに，それも1つのやり方かもしれないが，やみくもにデータを集計しても意味のある結果は得られないことが多い。

こうした社会調査（統計調査）の目的は，大きく分けて2つある。1つは，社会事象の**記述**，すなわち説明しようとする社会事象がどのような状態にあるか記述することである。例えば，性別役割分業に賛成する人はどのくらいいるのか，高校生の性行動は活溌化しているのかを数値（百分率や平均値など）によって記述することである。

　もう1つは，社会事象の**説明**であり，これはその社会事象が起こった因果関係（原因と結果の関係）を説明することにあたる。例えば，なぜ性別役割分業に賛成する人と反対する人がいるのか，なぜ高校生の性行動が時代によって変化したのかを適切な方法で説明することである。これを行うために，仮説は不可欠のものとなる。

　ここで銘記してほしいことは，社会調査とは，たんに事象の記述に終わるものではなく，最終的には仮説の検証や修正を通じて，その事象が起こった原因を説明することである点である。なぜなら，**仮説**とは社会理論から導き出された要因間（原因と結果）の関係に関する言明（文章）であり，この仮説の検討をつうじて社会理論の検証もしくは反証（間違っていることを証明する）を行うことが調査の最終目的となるからである（図1.1）。図1.1にあるように，仮説とは社会理論と社会調査を媒介する役割を果たすものである。理論にもとづいて仮説が作られ，仮説をもとに調査が行われる一方，調査データをもとに仮説が検討され，それによって理論が検証もしく反証される。そして，理論なり，仮説にもとづかない実態調査（事象の記述に終わる調査）は，社会科学の学術調査としては無意味であると言ってもよい。

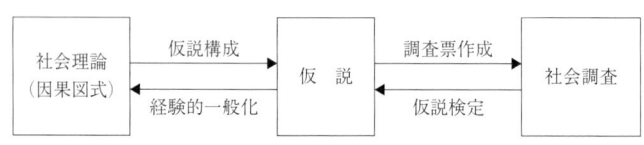

図1.1　社会理論と社会調査

2　説明とは何か

　では，ここで具体的な例をもとに「仮説」にもとづく「説明」とは何か考えてみよう。

　例えば，最近の女子学生は，ほとんどの人がおしゃれなファッションを身につけて大学のキャンパスや街を闊歩している。では，なぜ女子学生はファッションを気にするのか。あるいは，どんな女子学生がファッションに関心があるのか。まず考えられる仮説は，女子学生は「きれいになりたい（見せたい）ので」ファッションを気にするから，「きれいになりたいと思う女子学生ほどファッションを気にする」という仮説が考えられる。しかし，これだけでは当たり前で，社会科学的にはおもしろくない。これに対して，ドイツの社会学者・ジンメルは，男性文化の特質が外に向かって業績をめざす「有意味性」にあるのに対して，女性性は「それ独自の内的調和によって同調させる自己完結的な実在の完全性をあらわす」(Simnel, 1919＝1976：318) ものであり，その価値は「美」の追求にあるとしている。したがって，「女らしくしたい（女性性が強い）女子学生ほど，ファッションを気にする」という仮説が立てられる。

　そこで，表1.1は，女子学生のファッション志向性（ファッションへの気遣い）と女性性（「女らしくしたい」という意識）の関連を，第4章，第5章で扱うクロス集計表で示したものである（片瀬，1997）。

　この表からは，次のようなことが読みとれる。まず，ファッション志向性が強い人（ファッションを気にする人）は，女性性が強い人（「女らしさ」を意識する人）では47.1％いるが，女性性が弱い人では29.1％である。したがって，女性性が強い人ほどファッションに関心があると言える。また，表の下の注1には，第6章で紹介するカイ二乗値（χ^2値），第12章で触れる関連係数（ϕ係数）が示されている。のちほど触れるように，これらの数値からみて，女性性とファッション志向性とは統計的に有意な関連にあるが，その関連の強さはϕ係数で0.184と強くはない（ϕ係数は−1と1の間の数値をとり，関連がないと0となる）。したがって，「女らしくしたい（女性性が強い）女子学生ほど，ファッショ

表1.1 女性性とファッション志向性

%（人）

ファッション 志向性	女　性　性 強　い	女　性　性 弱　い	全　体
強　い	47.1	29.1	36.9
弱　い	52.9	70.9	63.1
合　計	100.0	100.0	100.0
（実　数）	(153)	(199)	(352)

注1） $\chi^2=11.902$　$p<0.01$　$\phi=0.184$
注2）なお，ファッション志向性は「あなたは学校に行く際，ファッションに気を遣いますか」，また，女性性は「あなたは『女らしさ』を意識する方ですか」への回答を2カテゴリーにまとめた。
（出典）（片瀬，1997：183）

ンを気にする」という仮説は成り立つが，女性性はファッション志向性を説明する要因としては少し弱い。

では，女性性以上に女子学生のファッション志向性を説明する要因はあるのか。1986年の男女雇用機会均等法の施行およびその後の改正によって，日本でも女性の社会進出（雇用労働市場への進出）が促進された，と言われている。しかし，ジンメルの時代と違って，女性の社会進出がすすんだ現在のアメリカでは，女性は企業社会で「業績」をあげることと同時に「女性性」（女性らしさ）が期待されているが，この2つの特性は相矛盾する場合もある。そして，このことが有能な女性を困難に陥れているという指摘もある（Kerr, 1985＝1992）。このことからすると，現代社会では女性性が強い人だけでなく，業績性が強い女性（企業で実績をあげ，高い地位につきたい女性）は，その戦略的な手段としてファッションを気にし，女性らしさを演出するのではないだろうか。そう考えると，「業績性が強い女性ほどファッション志向性が強い」という仮説を考えることができる。

そこで，表1.2には，女子学生の業績性とファッション志向性との関連を先と同様に，クロス集計表の形で示した。

この表からは，以下のことが読みとれる。すなわち，ファッション志向性が強い人は，業績性が強い人では66.5％いるが，業績性が弱い人ではわずかに4.2％にとどまる。したがって，業績性が強い人ほどファッションに関心があ

第1章 社会調査はどのように行われるのか

表1.2 業績性とファッション志向性

%（人）

ファッション志向性	業績性 強い	業績性 弱い	全体
強 い	66.5	4.2	36.9
弱 い	33.5	95.8	63.1
合 計	100.0	100.0	100.0
実 数	(185)	(167)	(352)

注1) $\chi^2 = 169.567$ $p<0.001$ $\phi = 0.645$
注2) 業績性は「あなたが会社に入った場合，できるだけ高い地位につきたいと思いますか」への回答を2カテゴリーにまとめた。
(出典)（片瀬, 1997：183）

ると言える。しかも，両者の差は62.3ポイントもあり先の表1.1の差18.0ポイントよりもはるかに大きい。表の下の注1にある関連係数（ϕ係数）も，0.645と先の表の0.184よりも大きい。したがって，女性性が強いことよりも，業績性が強いことの方が，女子学生のファッション志向性を強めていることになる。

　先の言い方を繰り返せば，今，われわれは「女子学生はなぜファッションに気を遣うのか」というミステリーから出発し，この謎を解くために2つの仮説を検討した。その結果，「女性性」ではなく「業績性」という意外な「犯人」をつきとめた。つまり，女子学生は自分を女らしく見せたいからだけでなく，それ以上に業績をあげ，企業で高い地位につきたいからファッションに気遣う。もちろん，この背景には女性に有能さだけでなく，しばしばそれと矛盾する女らしさを求める差別的な企業社会があり，その結果，多くの女性が業績社会には非本来的な「美」という資源をもとに地位達成を競わされていることを見逃すわけにはいかない。

　このように，統計的分析では，ある現象を説明するために，いくつかの仮説をたてて，どの仮説が最もその現象を説明するのかを，データをもとに探っていくことになる。その意味で，統計的分析は，ミステリーにおける犯人探しに近いのである。

3 調査設計の手順

さて，以上述べてきたように，**仮説にもとづく因果関係（原因と結果の関係）の説明が社会調査における統計的分析の最終目的である**，という観点にたつと，社会調査の設計は，次のような手順で進められなければならない（図1.2）。

（1）問題意識の確定

現実の社会問題を検討するとともに，既存の社会理論や先行研究（これまでなされてきた研究）も参照しながら，調査で明らかにするべき問題を確定する。

（2）概念的な因果図式の作成

問題とする社会事象がどのような因果関係によって生じてくるかを考察し，因果図式を作成する。この際，その社会事象が生じるに至ったと思われる要因間の概念的な関係を考えられるだけ列挙しておく必要がある。

（3）仮説の構成

因果図式をもとに，それぞれの要因間の関係を仮説の形で文章化していく。

（4）調査票の作成

仮説をもとに，それを検証する上で必要な調査票（質問項目・質問文・選択肢）を作成する。その場合，質問項目（尺度）の信頼性・妥当性を確保するために

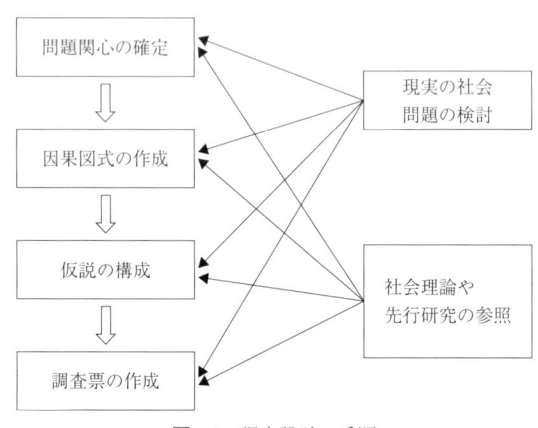

図1.2　調査設計の手順

は，先行研究で使用されてきた項目を利用することも考えるべきである。

以上の調査設計の手順は，図1.2に示した。この図からも分かるように，問題意識の確定から調査票の作成に至る過程で，常に現実の社会問題の検討と並んで，社会理論や先行研究の参照がなされていることに注意して欲しい。

④ 因果図式から質問文作成まで

以下では，図1.2のうち，因果図式から調査票作成までの流れを概観しておこう。なお，社会調査の企画や調査票（質問文）の作成の詳細に関しては，社会調査のテキスト（盛山，2004b；原・海野，2004；森岡，2007；新・盛山，2008；原・浅川，2009；大谷ほか，2013；轟・杉野，2013など）を参照のこと。

4.1 概念的な因果図式の構成

一般に社会事象は，いくつかの要因が相互に関連し合って生じてくる場合が多い。そこで，統計調査においては，調査設計の段階で事象間の因果関係をできるかぎり考察し，図式化しておく必要がある。そして，それをもとに仮説をあらかじめたてたうえで，調査票を作成することが不可欠である。

例えば，図1.3に示した因果図式は，親の学歴が子どもへの教育期待を媒介に子どもの教育アスピレーション（進学志望）の形成にどのように影響するかについて，因果関係の連鎖を示したものである。

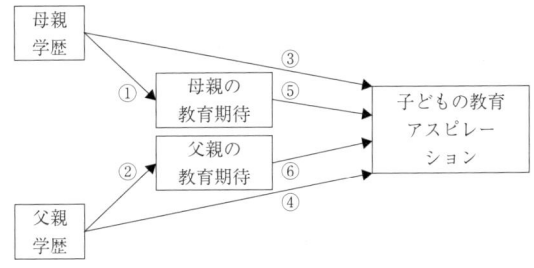

図1.3 子どもの教育アスピレーション形成をめぐる因果図式

4.2 命題の構成

次に、この因果図式をみながら、原因と結果、すなわち因果関係に関する**命題をたてる。命題とは、概念間の因果関係を示すもの**である。ここでいう**概念とは、社会事象に関する抽象的・理論的定義**を意味する。例えば、教育社会学においては生徒の進学希望は教育アスピレーションという概念で把握される。そして、図1.3の因果図式における矢印の1つ1つが、概念間の関係を示す命題となる。つまり、この図1.3の因果図式には6本の矢印があるから、ここからは6つの命題がたてられる。

【例題1.1】

以下の命題は、図1.3のどの矢印を命題にしたものか、図中の矢印①から⑥の番号で答えよ。

（1）命題1．母親の学歴が高いほど、子どもに対する教育期待が高い。矢印は（　ア　）。
（2）命題2．父親の教育期待が高いほど、子どもの教育アスピレーションが高くなる。矢印は（　イ　）。

ここでいう命題とは、**何らかの理論にもとづき、ある事象が生じる因果関係を予測したもの**である。命題とは一定の根拠（つまり理論）から導き出された因果関係に関する予測といってもよい。例えば、先の命題2の場合、その背後には社会化に関する理論、すなわち子どもは親の期待の影響を受けてパーソナリィティを形成するという理論的前提がある。

4.3 概念の操作化

こうした因果図式や命題における要因（教育アスピレーション、教育期待など）は、概念と呼ばれる抽象的なものであった。この概念は事象に対する抽象的な定義なので、それ自体は調査によって直接、測定することができない。しか

ア ①　イ ⑥

し，それは事象を明確に記述し，分類する。例えば，いわゆる「できちゃった婚」は，社会学では「妊娠先行型結婚」として概念化される（永田，2002）。また，婚姻との関連で性交を分類し，概念化するならば，①婚前性交，②婚外性交，③婚内性交に分類され，これ以外の性交は想定できない。つまり，性交を婚姻の前と後にわけ，さらに後に関しては婚姻の外と内にわけたのである。こうして概念とは，分析すべき対象を明晰に区分・指定するものである。

しかし，実際に調査を導く仮説を構成するには，これらの概念を測定可能な具体的な**指標**に置き換える必要がある。なぜなら，概念は事象についての抽象的・理論的定義なので，それ自体は測定できないからである。この指標とは，調査票における質問項目と考えてもよい（なお，後に述べるように，仮説検定や統計的分析の際には，この指標は，変数と呼ばれることになる）。

例えば，「家族による社会統制が弱いほど，青少年の性行動は活発である」といった命題には，「家族による社会統制（の程度）」という概念が含まれている。「家族による社会統制」といっても，いくつかの局面があると考えられる。そこで，2011年の第7回「青少年の性行動全国調査」では，「家族による社会統制」について以下の3つの質問で聞くことにした。

（1）個室の有無
（2）メールの件数
（3）母親の就労状況

すなわち，個室持っているほど，メールの数が多いほど，また母親が就労しているほど，青少年は親の統制を離れた交友をしやすい，と考えたのである。こうして「家族による社会統制」という概念は，この3つの指標から測定されることになる（図1.4）。

また同様に「青少年の性行動の活発さ」という概念は，例えば高校生のデート経験，キス経験，性交経験の有無で指標化することができよう。これらはいずれも調査票で直接，対象者（高校生）に尋ねることができる。具体的な質問文については，『「青少年の性」白書：第7回青少年の性行動全国調査報告』（日本性教育教会編，2013）の巻末に収録されている「青少年の性行動全国調査」調査票を参照のこと。このように，質問文の作成とは，抽象的な概念を具体的

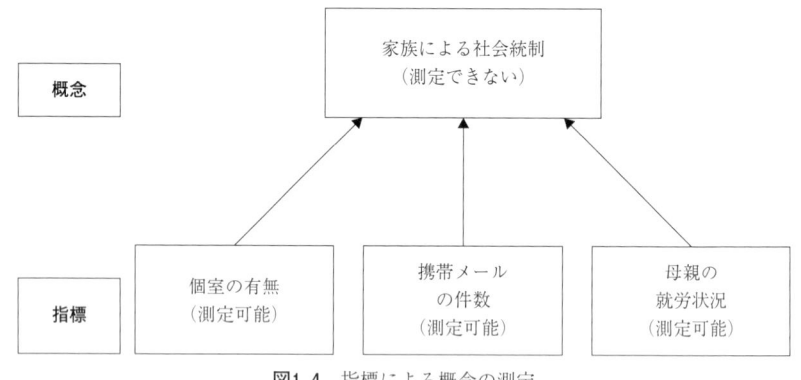

図1.4 指標による概念の測定

に測定できる指標に置き換える作業にほかならない。この作業は測定のためのモノサシを作るという意味で**尺度構成**と呼ばれることもある。

4.4 操作仮説の構成

このように操作化された指標を用いると，先にたてた命題を調査で実際に検討する仮説に書き直すことができる。例えば，

仮説1．個室を持っている高校生ほど，キス経験率が高い。

仮説2．メールの多い高校生ほど，性交経験率が高い。

仮説3．親が働いている高校生ほど，デート経験率が高い。

このように，抽象的な概念を測定可能な指標に置き換え，調査によって検証可能な仮説として定式化することを**操作化**という。

ここで改めて，概念と指標，命題と仮説の関係を図示すると，図1.5のようになる。

また，以上の例からわかるように，仮説とは，一般に2つの事象間の因果関係（原因と結果の関係）を示した文章の形をとる。この仮説とは，一方の事象に差異や変化があれば，その結果として他方の事象にも差異や変化が生じるという因果関係を示したものである。つまり，仮説とは，「Aという事象における違い（原因）は，Bという事象に違いをもたらす（結果）」，「Aがある状態になるほど（原因），Bはある状態になる（結果）」といった形式をとる。

第1章 社会調査はどのように行われるのか

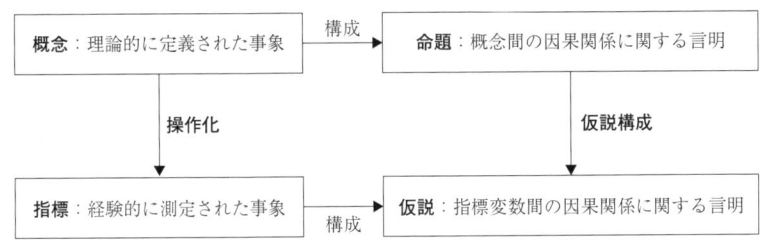

図1.5 概念と指標，命題と仮説の関係

5 変数とは何か

　仮説とは一方の事象が変化すれば，その結果として他方の事象が変化するという因果関係を示したものであった。そこで，仮説のなかに示された事象を，観察対象（調査対象者）によって状態（値）が変化するものという意味で**変数**(variable) と呼ぶ。例えば，性別，年齢，性に関する意識や行動・経験などは，調査対象者によって異なるのでいずれも変数である。これは，具体的には，調査や実験における測定項目（指標）に対応する。

　こうした変数のうちでも，原因となるものを**独立変数**，結果となるものを**従属変数**と呼ぶ。このうち，独立変数とは，その仮説のなかでは，他の事象の影響を受けずに独立に変化すると仮定されるのに対して，従属変数とは，この独立変数の変化に従属して変化すると仮定される（図1.6）。

図1.6 独立変数と従属変数

【例題1.2】

　先にあげた仮説1から仮説3について，下の文章の（ウ）〜（ク）に当てはまる語句を入れ，独立変数と従属変数を指摘せよ。

　仮説1．個室を持っている高校生ほど，キス経験率が高い。

　仮説2．メールの数の多い高校生ほど，性交経験率が高い。

仮説3．母親が働いている高校生ほど，デート経験率が高い。

仮説1の場合，独立変数は（　ウ　），従属変数は（　エ　）である。次に仮説2では，独立変数は（　オ　），従属変数は（　カ　）である。最後に仮説3の場合，独立変数は（　キ　），従属変数は（　ク　）である。

なお，これ以外に独立変数と従属変数の関連の仕方に影響を与える変数として，**媒介変数**があるが，これについては第13章，第14章で学ぶ。

6 まとめ

社会調査は社会事象の記述と説明を目的に行われる。すなわち，社会調査とは，研究対象となる社会事象の記述にとどまることなく，その事象が生じた原因を探し出すこと，つまりそれが起こった因果関係を仮説にもとづいて明らかにすることである。仮説とは，その事象が起こった因果関係を一定の理論にもとづいて示したものであった。言い換えると，独立変数（原因）と従属変数（結果）の因果的な関係を示した文章である。

このような仮説にもとづく因果関係の解明をするためには，社会調査そのものが系統的に設計されている必要があった。すなわち，問題関心の確定から始まり，社会理論にもとづいて因果図式を作成し，そこで問題とする社会事象がどのような因果関係から生じるかを考察することが重要であった。そして，この因果関係をもとに，それぞれの独立変数と従属変数の関係を仮説という形で示しておく必要があった。そのうえで，この仮説を証明するのに必要な質問項目を網羅的に作成することになる。このような手順で調査は設計されていた。

ただたんに，このことを調査票で聞いてみようといった発想では，事実を記述し，感想を述べるだけの実態調査に終わることになる。あくまで研究行為としての学術的な社会調査においては，社会理論や先行研究の結果を常に念頭に置きながら，要因間の因果関係を考え，その因果関係を明らかにすることに

ウ　個室の有無（保有状況）　　エ　キス経験率　　オ　メールの件数
カ　性交経験率　　キ　母親の就労の有無（就労状況）　　ク　デート経験率

よって理論を検証・反証したり，研究知見の蓄積に貢献するという態度が重要である。

■コラム①■

社会調査にはどのような種類があるのですか。

社会調査にはさまざまな種類があります。

まず，その目的という観点から分類すると，社会調査は**学術的調査**と**実務的調査**に分けられるといわれます（盛山，2004b：9-10）。このうち，実務的調査には，①行政が政策立案の基礎資料を収集するために「統計法」という法律にもとづいてデータを収集する**官庁統計**（国勢調査，家計調査，学校基本調査など），②マスコミなどが政治や時事問題に対する人々の意見や態度，選挙時の投票予定などを調べる**世論調査**，③企業が商品・サービスについて，消費者の購入実態や評価などを調べる**市場調査**（視聴率調査もここに含まれる），④その他の各種**実態調査**があります。これに対して，学術的調査は，学問分野によって分けられます。社会調査を実施する学問としては，社会学をはじめとして社会心理学，社会福祉学，文化人類学，政治学，経済学，経営学，人口学などがあげられます。学術的調査と実務的調査では，前者が記述に重点を置き，後者が説明を重視するという違いはある（原・海野，2004：4）ものの，調査手法や分析の方法は基本的には同じです。本書では主として学術的調査を念頭に調査の企画や分析の方法を説明していきます。

次に調査の方法という観点からは，①**量的調査**（統計調査）と②**質的調査**（事例調査）という分け方が一般的です（岩井・保田，2001：5-6など）。このうち，①量的調査は調査票など（最近はインターネットも利用されるようになりました）を用いて大多数の人から情報を集め，統計的に分析する社会調査です。多くの人が体験し，その体験の仕方に属性などによる違いがみられる現象を解明するのに適しています。例えば，マスコミ接触や投票行動に世代や階層によってどのような差異があるかを解明するためには，調査票などを用いた量的な調査を実施し，得られたデータを統計的に分析することが有効性を発揮します。ただ調査票で多くの対象者を調べるために，1人ひとりについて詳しい情報を集めることはできません。しかし，多くの対象者から得た情報を統計的に分析することで，その社会全体について偏りのない知見を得ることができます。

これに対して，②質的調査（事例研究）は特定の少数の事例についての観察や聴き

取り，記述された文書などから詳細な情報を集める社会調査です。対象となる集団のなかに長期間にわたって入り込んで，そこに現れる事象について，インタビューや参与観察などを用いて究明する，というものです。例えば，佐藤郁哉は，京都の暴走族を対象に1年間にわたる参与観察とインタビュー（ただし調査票調査も併用しています）を行い，彼らの行動原理を「文化の呪縛」という観点から明らかにしました（佐藤，1984）。こうした事例研究は，量的調査とは違って，多くの人を調べられないので，結果の一般性に問題が生じる場合もありますが，量的調査で見落としがちな事象や，研究者が思いもよらなかった現象を発見することで，新しい仮説を導き出すこともあります。この点で両者は相互補完的関係にあります。近年では，量的調査と質的調査を組み合わせたミックスドメソード，多様な情報源からの知見が収斂することで結果の信憑性を高めようというトライアンギュレーション（三角測量）なども提唱されています（轟・杉野，2013）。ただし，本書は「社会統計学」の教科書ですから，量的調査の分析法を扱います。

【学習課題】

Q1.1 次の文言は命題の形をとっているか。
(a) アノミーとは，社会規範が弛緩して人々の欲望が無制限に昂進する状態である。
(b) 景気がよい時代ほど，アノミーが生じやすい。
(c) アノミーの度合いが強まるほど，自殺や非行・犯罪が増大する。

Q1.2 次の命題の概念を示せ。
(a) 経済成長の度合いが大きいほど，政治への不満は減少する。
(b) 母親が働いていると，子どもは性別役割意識をもたない。
(c) 青少年の活動範囲が広いほど，性行動は活発である。

Q1.3 次の仮説の独立変数と従属変数を示せ。
(a) 対前年比GNP（国内総生産）の伸び率が高いほど，内閣支持率が高い。
(b) 母親がフルタイム就業している子どもは，母親がパートタイム・専業主婦である子どもより，女性の就労に肯定的である。
(c) アルバイトをしている高校生ほど，デート経験年齢が低い。

第2章
調査データをどう分析するのか

―― **本章の目標** ――
　社会調査データの分析における記述と説明を具体例をもとに学ぶとともに，度数分布や記述統計による記述，統計的説明の意味を理解する。また，統計的説明において仮説の検定がもつ意味を，サンプリングという考え方もふまえて学習する。

キーワード　度数分布　記述統計　統計的説明　標本　標本調査　標本抽出（サンプリング）と統計的推定　検定　対立仮説と帰無仮説

1　社会事象の記述

　第1章では，社会調査の目的が社会事象の測定にもとづく記述と説明にある，と述べた。では，実際に調査データの分析をつうじて社会事象を「記述」し，「説明」するとはどういったことなのかみてみよう。まず，社会事象の記述は，一般に度数分布をとることや記述統計量を計算することから始められる。

1.1　度数分布

　度数分布とは，各変数について値（カテゴリー）に該当する個体（対象者）の数のパターンを意味する。例えば，2011年の第7回「青少年の性行動全国調査」では，高校生のキス経験の度数分布は表2.1のようになっている（無回答の81名は集計から外してある）。

表2.1　高校生のキス経験の度数分布
(人)

キス経験	度　数
あ　り	1093
な　し	1404
合　計	2497

この表をもとに，第3章で示すようにキス経験率（百分率）を計算すると，2497人中1093人が経験者だから，43.8％（1093÷2497×100＝43.8）となる（なお百分率は少数第二位を四捨五入して，小数第一位まで示すのが一般的である）。

1.2 度数分布のグラフ表示による記述

同様に，1974年から2011年までのキス経験率を計算し，その変化を男女別に折れ線グラフで示すと，図2.1のようになる。

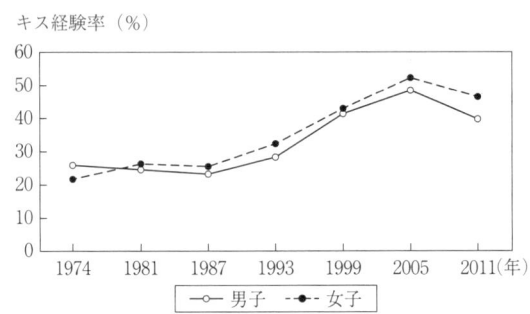

図2.1 高校生のキス経験率の推移

（出典）第1回〜第7回「青少年の性行動全国調査」（1974〜2011年）。

この図からは，1974年から2011年にかけての高校生のキス経験率については，次のような記述ができる。

①1987年までは，男女とも経験率は25％程度で推移してきた。

②1993年以降，男女とも経験率が急激に上がった。

③ところが，2005年から2011年にかけて，男女とも経験率が10ポイント程度，減少した。

④また1981年から2011年にかけては女子の経験率が男子の経験率を上回っている。

このように1つの度数分布を記述することによって，次に説明すべき社会事象がいくつも提起される。今の例で言えば，なぜ1970年代から80年代は経験率の上昇が見られなかったのか，なぜ1990年代に入って高校生の性行動が活発化したのか，またその現象がなぜ女子高校生で顕著に見られたのか，さらに2000

年代に入って,なぜ男女とも経験率が減少したのか,といった社会事象が説明するべき問題となる。

1.3 代表値による記述

しかし,その前に表2.1や図2.1のような度数分布を要約的に記述する統計量(**記述統計量**)が必要になる。詳しくは第4章で紹介するが,記述統計量には,**①代表値**と**②変動の測度**がある。

まず,代表値とは,全体の分布を代表する値であり,例えば平均値,最頻値などがこれにあたる。このうち,**最頻値**とは,回答の度数の最も多いカテゴリーを言う。先の表2.1の高校生のキス経験では,回答のカテゴリーが2つあるうち「経験なし」(1404人)が「経験あり」(1093人)より多いので,「経験なし」が最頻値である。また性的関心の経験について最頻値を男女別・年齢別に集計すると,「経験あり」が最頻値となるのは,(つまり「性的関心の経験者」が「未経験者」を越えるのは),女子では18歳だが,男子では15歳であり,性的関心をもつ者が半数を超えるのは,女子に比べ男子で3年ほど早いことがわかる。同様に,さまざまな性意識・行動の経験率の最頻値を求め,いずれも「経験あり」が最頻値となる年齢を男女別に比べると,表2.2のように男女の性的発達の違いを記述できる。

表2.2 最頻値からみた男女の性的発達の差異

年　齢	男子の性的経験	女子の性的経験
11歳以前		月経
12歳		告白された
13歳	告白された	
14歳		
15歳	性的関心・射精経験	
16歳	告白した・自慰経験	告白した・デート経験
17歳	デート経験	
18歳	キス経験	性的関心・キス経験
19歳		
20歳		
21歳	性交経験	性交経験
22歳以降		自慰経験

例えば，生理的側面では，女子は11歳以前に月経を経験する者が最頻値となるが，男子の射精経験者が未経験者を超えて最頻値となるのは15歳と，生理的側面では女子の性的発達が先行する。ところが心理面では，性的関心の経験者が最頻値となるのは男子では15歳だが，女子では18歳と3年ほど遅くなっている。また行動面では「告白された」「デート経験」は男子より女子で1歳早くなっていることもわかる。

1.4 変動の測度による記述

次に，**変動の測度**とは，度数分布のバラツキを示す統計量で，第4章で触れる**分散**や**標準偏差**がこれにあたる。なぜ変動の測度を計算するかというと，1つは代表値の代表性を検討するためである。例えば，分散（バラツキ）の大きい分布の平均値より，分散の小さな平均値のほうが，代表性があるといえる。なぜなら，図2.2に示したように平均値より隔たった観測個体が少ないからである（詳しくは第4章参照）。

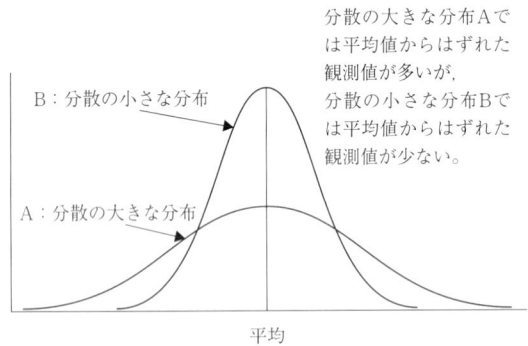

図2.2 分散（バラツキ）の大きな分布と小さな分布における平均値の代表性

2つめは，逆にバラツキのない変数は説明できない，ということである。先の表2.1では高校生のなかにキスを経験した者と，していない者がいた（つまり「キス経験」にバラツキがあった）。だから，どのような高校生がキスを経験し，どのような高校生が経験していないのか，という問いをたて，高校生のキス経験を促進（もしくは抑制）する原因を探ることができる。もし日本の高校

生が全員，キスを経験していたら，高校生のキス行動を引き起こす要因は説明の対象にならないのである．

2　社会事象の説明

2.1　記述から説明へ

　このように説明するべき社会事象が記述され，何が説明されるべきかポイントが明らかになったならば，次に仮説をたててその事象を説明することになる．先に，記述の②として，1993年以降，男女ともキスの経験率が急激に上がったことを指摘したが，このことはどのような仮説によって説明できるだろうか．まず考えられるのは，1990年代になって情報化の流れが若い世代にまで及んだということである．すなわち，情報化の流れが若い世代にも及んだ結果，家族や学校という集団による社会統制が弱まったこと，その結果，若者が本来もっていた性的欲求が行動に移されやすくなったことが考えられる．例えば，高校生も携帯電話やテレビ，パソコン，ビデオデッキなどの情報機器を個人所有することで，親の目を離れた交友関係や情報接触をすることが可能になった．

　そこで，「PHS・携帯電話を保有している高校生ほど，キス経験率が高い」という仮説をもとに分析をしてみよう．ここでは1999年の第5回「青少年の性行動全国調査」のデータを用いて分析する．図2.3は，高校生を男女に分けたうえで，PHS・携帯電話の保有別にキス経験率を棒グラフにした結果を示している（なお，1999年当時の高校生のPHS・携帯電話の保有率は，この調査によれば，男子で53%，女子で62%だった）．

　この図2.3から明らかなように，PHS・携帯電話を保有し，家族の統制を離れた友人との交際が可能な者ほど，男女ともキス経験率が高い．したがって，図2.3からみるかぎり「PHS・携帯電話を保有している高校生ほど，キス経験率が高い」という仮説は検証され，1990年代に情報化が若者文化に浸透し，彼ら・彼女らに対する家族による社会統制が弱まった結果，若者の性行動が活発化したことが示唆された．

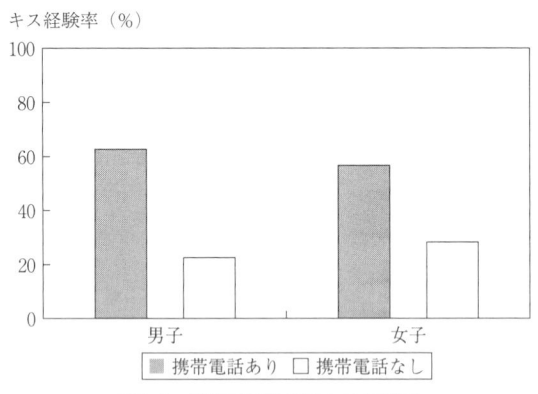

図2.3　携帯電話保有別キス経験率

(出典) 第5回「青少年の性行動全国調査」(1999年)。

2.2　因果分析の難しさ——独立変数の条件

　ただし，詳しくは第13章，第14章で触れるが，これで因果関係が確定したとは言えない。今の例で言えば，携帯電話→キス経験という因果関係を想定していたが，逆にキス経験→携帯電話という因果関係も想定できるからである。すなわち，キスをするような親密な恋人がいるから，そのコミュニケーション・ツールとして携帯電話を保有したという逆の因果関係も想定することができる (図2.4)。

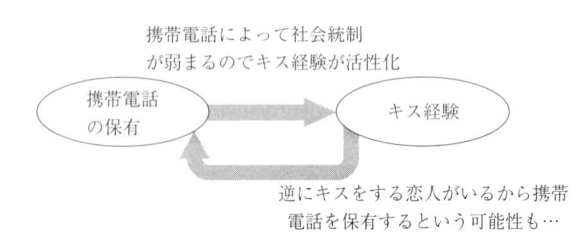

図2.4　携帯電話とキス経験の関係

　このように，どちらが独立変数（原因）でどちらが従属変数（結果）となるかを決定するのは難しい問題である。一般的に言えば，独立変数は以下の特性を備えている。

　①従属変数よりも時間的に先に生じる。例えば，学歴が先に決まって年収が

その後に決まるので，学歴は年収の独立変数になりうる（時間的先行）。

②両者の関係が不可逆的である。一方の変数によって他方の変数が分布が変わっても，その逆はないこと。例えば，性別によって性別役割意識の違いが生じることはあっても，性別役割意識が変化しても性別は変化しない（関係の不可逆性）。

③変数が疑似相関（直接的な因果関係がないにもかかわらず，観察される相関関係）にないこと（非擬似性：これについては第13章で学ぶ）。

この例でわかるように，2つの変数の間に関連（相関関係）があったからといって，ただちに因果関係があるとは言えない。いずれにせよ，疑似相関も発見しながら変数間の因果関係を確定することが，社会統計学の最終目標となることを，肝に銘じてほしい。

また，図2.3に戻ると，PHS・携帯電話の有無によって，男子では40ポイント程度，また女子では30ポイント弱のキス経験率の違いがある。これに対して，個室の有無では，個室保有者は非保有者に比べ，男子で10ポイント，女子で11ポイント程度，キス経験率が高い。では，いったいどの程度の違いがあったとき，社会統制の強弱は，性行動（キス経験）に関連すると言えるのか，といった質問がよくだされる。統計的に見て有意な（有意味な）差とはどの程度のものか，これを決定するのが，後で述べる統計的検定の問題である。

③ 統計的説明とは何か

3.1 仮説・独立変数・従属変数

検定の問題に入る前に，ここでそもそも社会事象を統計的に説明するとはどんなことかみておこう。まず，統計的分析の最終的な目的は，第1章でも述べたように，主としてある社会現象がおこった**因果関係**（原因と結果の関係）を説明することであった。例えば，なぜ高校生の性行動は1990年代に活発化したのか，その原因を探るのである。

そのために，これまで述べてきたように，統計的説明においてはまず仮説をたてる。**仮説**とは，原因（**独立変数**）と結果（**従属変数**）の因果関係を示したも

のだった。例えば、「家族による社会統制が弱いほど、性行動は活発である」といった仮説である。この例でわかるように、一般に仮説とは独立変数の値（PHS・携帯電話の保有）が変化すると、それに伴って従属変数の値（キス経験の有無）が変化することを示した文章である。

そして、統計的説明では、すでに例示したように、変数間の関係が問題になる。そもそも変数とは、観測個体（調査対象者）によってとる値が異なる事象を意味していた（高校生によって情報機器の保有やキス経験の有無が違う）。つまり、統計的分析の対象となるのは、先にも述べたように、こうした変数、すなわち観測個体によって観測値にバラツキ（変動・分散）のある事象のみである。逆に言うと、観測値にバラツキのない事象は統計的分析の対象とはならない。

したがって、統計的分析とは、一般に次のような作業を言う。すなわち、**従属変数のバラツキに対して、独立変数がどの程度の影響を与えているのかを明らかにすること**、である。そして、この影響が大きいほど、独立変数が従属変数におよぼす影響が大きい（それだけ規定力もしくは説明力が大きい）と言うことができる。

3.2 統計的説明とは何か

以上のことを第5章で扱うクロス集計を例に説明しよう。まず、下の2つの表（架空例）をみてみよう。いずれも高校生のキス経験者の度数を男女別に集計したものである。

表2.3a 性別とキス経験（架空例）
（人）

キス経験	性別 男子	性別 女子	全体
あり	10	10	20
なし	40	40	80
合計	50	50	100

表2.3b 性別とキス経験（架空例）
（人）

キス経験	性別 男子	性別 女子	全体
あり	50	0	50
なし	0	50	50
合計	50	50	100

まず表2.3aでは、性別とキス経験が全く関連しないことがわかる。なぜなら、男子でキス経験をしている者が20％（50人中10人）、女子でキス経験のある

者が20％（50人中10人）となり，性別によってキス経験の比率がまったく同じである。つまり，表2.3a は男女でキス経験率に差がないので，性別とキス経験は無関係という状態である。言い換えると，性別によってキス経験率がまったく説明されていない状態である。

これに対して，表2.3b では，性別とキス経験率が完全に関連していることがわかる。なぜなら，男子は全員，つまり100％（50人中50人）がキス経験があり，女子は全員，つまり100％（50人中50人）がキス経験がないからである。つまり，この表は，性別によってキス経験が完全に説明される状態（性別がわかるとキス経験が完全に誤差なしで予測することができる状態）である。

このことからすると，クロス集計の場合，完全な統計的説明とは，**独立変数のカテゴリー（この場合は性別）ごとに集計することによって，そのカテゴリー内部では（つまり男子と女子においては）従属変数（キス経験）のバラツキがまったくなくなった状態**を言う。

以上，2つの表は，①従属変数が独立変数によってまったく説明されない状態（表2.3a），②従属変数が独立変数によって完全に説明された状態，言い換えれば100％が説明された状態（表2.3b）という両極端を示していた。

ところが，実際の2011年の第7回「青少年の性行動全国調査」から高校生について得られた集計結果は，この両極の中間にある状態，すなわち表2.4（実測値）のような状態である。

表2.4 性別とキス経験（度数クロス表）

(人)

キス経験	性別		全体
	男子	女子	
あり	387	706	1093
なし	588	816	1404
合計	975	1522	2497

そこで，こうした実際のデータについては，独立変数が従属変数を実際に説明するかどうか，言い換えると統計的にみて独立変数と従属変数が関連するのか（この例では性別とキス経験が関連するのか）を検討するためには，統計的検定

（具体的には，第6章で紹介するカイ二乗検定）を行うことになる。

4 統計的検定はなぜ必要か

4.1 社会調査における標本抽出

統計的検定は実際にどのように行われるかという詳細は，第6章以降に譲るが，ここではなぜ統計的検定が必要なのかを説明しておこう。すなわち，**統計的検定が必要なのは，社会調査のほとんどが標本調査として行われるからである**。

では，標本調査とはどのようなことを言うのだろうか。これまで繰り返し述べてきたように，社会調査の目的は，社会事象すなわち人々の状態や意識を正確に記述し，説明することにある。そのために1つの望ましい方法は，調査対象となりうる人のすべてにその状態や意見を聞くことである（これを**全数調査**と言う）。5年に1度，10月に実施される国勢調査は，全数調査の典型的な例である。しかし，これは政府が行う調査であるから可能なことで，普通の社会調査においては，費用や労力の点から全数調査を行うことはまず不可能である。例えば日本人の性行動を調べるために，日本人全員に性行動を聞くことはほぼ不可能である。

そこで，実際の調査では，日本人全員のなかから調査対象者となる人を選ぶ。このとき調査対象となる人々の全体（この場合は日本人全体）を**母集団**と呼び，そのなかから実際の調査対象者として選ばれた人を**標本（サンプル）**と言う。そして，この標本を選び出す作業を**標本抽出（サンプリング）**と呼ぶ。また，こうして選ばれた標本を対象にして行う調査を（先の全数調査に対して）**標本調査**と言う。つまり，標本調査とは，選びだされた一定の部分（標本）によって全体（母集団）のあり方を推測する（このことを**統計的推定**と言う）ものである。そこで，標本調査における母集団と標本との関係は，図2.5のように示すことができる。

ここでの問題は，この標本抽出の方法である。標本抽出の結果，偏った標本が選ばれた場合，調査結果（母集団の統計的推定）は誤ったものとなってしま

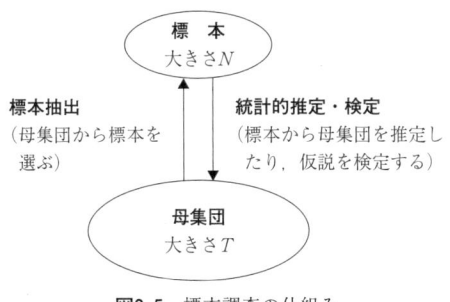

図2.5 標本調査の仕組み

う。標本は母集団の性格をそのまま偏りなく保存したもの，つまり母集団の正確な縮図となっていなければならないのである。

この標本抽出には，大きくわけて2つの方法がある。1つは**無作為抽出法（ランダム・サンプリング）**であり，もう1つは**有意抽出法**である。

4.2　単純無作為抽出法

まず，無作為抽出法とは，調査者が意図的な作為を排除して，まったく機械的に母集団から標本を抽出することを意味する。この無作為抽出法にもいくつかのやり方があるが，代表的な方法として**単純無作為抽出法**がある。これは，母集団の各個体（個人）に通し番号を振っておき，乱数表から1つずつ乱数をひいて，その乱数にあたる番号をもった個体（個人）を調査対象者として選ぶ方法である。乱数表には0〜9の数値がランダムに並んでいる（最近ではExcelの関数で乱数を発生させることが多い）から，この表を使えばすべての個体が同じ確率で標本として選ばれることになる。したがって，この方法を使えば母集団の性格をそのまま保存した標本を無作為に抽出することができる。

4.3　層化多段抽出法

しかし，この方法を使って標本抽出をするには，母集団の個体すべてに通し番号を振っておかなければならないので，現実には困難が伴う。そこで，実際の全国規模の社会調査では，選挙人名簿や住民基本台帳などを利用した**層化多段抽出法**が用いられる。この方法では，まず全国の市町村をその人口規模に

よって分類し（これを**層化**と言う），次に各人口規模の層から，その市町村の人口規模に応じた確率で，無作為に市町村を選ぶ（第1次抽出）。そして，選ばれた市町村のなかからやはり無作為に投票区を選ぶ（第2次抽出）。最後に，各投票区の選挙人名簿（この名簿には有権者ごとに番号が振ってある）などをもとに，調査対象となる個人を無作為に抽出する（第3次抽出）。このように段階的に標本抽出の対象を絞っていくことによって，無作為抽出の原理を生かしつつ，より簡便な方法で標本を抽出することが可能になる。

4.4 有意抽出法

これに対して，有意抽出法とは，調査者が意図的に特定の基準を設けることによって，母集団を代表する標本を選び出すことを意味する。この有意抽出法にもいくつかの方法があるが，その代表的なものとして**割当法**がある。これは，ある母集団に関して標本抽出をする基準（属性）をあらかじめ意図的に設定し，その基準に応じて標本数の割り当てをするものである。

一例として，ここでは日本人全体から性別と年齢という2つの属性（基準）にもとづいて標本抽出をする方法を考えてみよう。先にも述べたように，日本では5年に1度，国勢調査が行われている。この国勢調査は全数調査であるから，これをもとに全人口（母集団）の性別構成，年齢構成がほぼ正確にわかっている。そこで，それぞれの人口構成比に応じた標本数を決定することができる。例えば，20代の男性が全人口の12%いるならば，標本においても20代の男性を12%とる（標本数が1000ならば，20代の男性は120人となる）。こうすれば，年齢と性別という2つの基準に関するかぎり，標本は母集団の正確な縮図となっている（ただし，この方法では例えば職業や学歴に関してはそのかぎりではないことに注意が必要である）。

4.5 標本調査における検定の手順

このような標本調査から得られる統計量は**標本統計量**と言われる。例えば，先の表2.1によれば，2011年の第7回「青少年の性行動全国調査」で，高校生の標本2497人（無回答を除く）のうちキス経験者は1093人，未経験者は1404人

であった。したがって，キス経験率は43.8％（1093÷2497×100＝43.8）である。また，表2.4から，男子高校生のキス経験率は39.7％（387÷975×100），女子高校生では46.4％（706÷1522×100）である。これが，高校生のキス経験率の標本統計量である。ところが，この年，文部科学省の「学校基本調査」によれば，全国の高校生（全日制）は3,233,248名であり，この調査の場合，全国の高校生から約0.08％（2578÷3233248×100＝0.079）を抽出し，キス経験率の標本統計量（男子39.7％，女子46.4％）を計算していることになる。

これに対して，標本抽出のもととなった母集団（日本の高校生3,233,248人）における統計量（この場合はキス経験率）は**母数**と言われる。統計的検定あるいは推定の基本問題は，標本統計量から母数を推定し，標本調査で得られた結論（例えば，男女でキス経験率に差がある）を母集団にも一般化できるか，検討することにある（図2.5）。このことを**統計的検定**という。

仮説の統計的検定の手順に関して言えば，われわれがある理論的立場から証明したい仮説（これを**対立仮説**という）を確かめるためには，まずこの仮説を否定する仮説（**帰無仮説**）をたてる。例えば，「高校生の携帯電話の保有は，キスの経験の有無に関係する（携帯電話をもっている高校生ほど，キス経験者が多い）」という仮説を証明したければ，まず「高校生の携帯電話の保有は，キスの経験の有無に関係しない」という帰無仮説をたてる。次に，標本調査から得られた標本統計量（例えば先に示したカイ二乗値）などをもとに，この帰無仮説が母集団で成り立つ可能性を検討する。そして，その可能性すなわち確率がきわめて低い（例えば5％または1％以下）場合，帰無仮説を否定し（これを「**帰無仮説の棄却**」という），初めて対立仮説を暫定的に採用することになる。したがって，仮説の検定には，確率（確率分布）に関する知識が必要となる。このことについては，後の章や他のテキスト（Bohrnstedt and Knoke, 1988＝1990など）を参照してもらいたい。

───■コラム②■───

　統計的検定は，どのような考え方にもとづくのでしょうか。

ここでK.ポッパー（Poper, 1959＝1971, 1972）の『科学的発見の論理』という本に出

てくる「カラスはすべて黒い」という命題はどのように証明されるのか，という問題を考えてみましょう。

たまたまあなたが今日，自宅近くで見たカラスは黒かったかもしれません。しかし，このことから，明日，明後日，さらに10年後，20年後に見るカラスが黒いことは証明されません。また，あなたの自宅近くのカラスは黒かったかもしれませんが，このことから隣町の公園のカラス，山の向こうのカラス，さらには南米の熱帯林のカラス，北欧の森に棲むカラスが黒いことまでは分からないのです。「カラスはすべて黒い」という命題は，世界中のカラスを未来永劫にわたって観察しなければ，証明できないのです。だから，「いかに多くの黒いカラスの事例をわれわれが観察したにしても，このことは，**すべての**カラスは黒い，という結論を正当化するものではない」(Poper, 1959=1971：30〔太字原文〕)のです。

では，「カラスは黒い」という命題は証明できないのでしょうか。こう考えてみましょう。「カラスは黒い」という命題は直接，検証できませんが，「カラスは白い」という命題は簡単に否定（棄却）できます。なぜなら，あなたは自宅近くですでに黒いカラス（白くないカラス）を見ているからです。同様に「カラスは赤い」「カラスは緑」「カラスは黄色」という命題も否定できます。つまり，われわれは黒いカラスを見るたびに「カラスは黒くない」という命題を否定している限りにおいて，暫定的に「カラスは黒い」という仮説を日々，確認しているにすぎないのです。

この考え方は，仮説の証明に関する「論理実証主義」という考え方です。この立場に立てば，われわれの日常的な信念（「カラスは黒い」）と同様，科学的命題も常に暫定的な仮説にすぎないのです。あるいは科学とは，つねにデータによって吟味されつづけなければならない仮説，データによって反証可能な仮説をもとに，間違った仮説を否定しつづけることによって，「真理」に一歩ずつ近づいていく営みであると言えます。

実際，科学的研究では，正しいことを証明するよりも，間違いを立証する（反証する）ことの方が容易であり，仮説の反証の積み重ねによって，間接的に「真理」を証明していくことになるのです。だから，「**われわれは知るのではない：ただ推測しうるだけである**」。そして，「絶対に確実で論証可能な知識という古い科学の理念は，幻想である。（中略）科学的客観性の要求は，すべての科学的言明を**永遠に暫定的**なものにとどまらざるをえなくさせる」(Poper, 1959=1972：345-347〔太字原文〕)のです。

こうした考え方にたって，以下では自分が証明したい仮説（「カラスは黒い」）をあえて否定する帰無仮説をたて，この帰無仮説が間違っていることを立証することで，対立仮説を間接的に論証する，という手続きで仮説の検証を行います。

【例題2.1】
次の(ア)〜(エ)の4つの対立仮説については，どのような帰無仮説がたてられるかを述べよ。
(ア)性別によって，デート経験率が異なる
(イ)アルバイト経験の有無は，キス経験の有無に関連する
(ウ)デート経験の有無は，性を「明るい」ととらえることに関係する
(エ)友人の有無は，学校の友人関係を「楽しい」と考えるかに関係する

5 まとめ

　ここでは，「青少年の性行動全国調査」のデータから得られた具体例をもとに，社会調査データの分析における記述と説明について学んだ。社会調査データの統計的分析は，まず度数分布や記述統計によって社会事象の状態を記述し，説明するべき問題を確定することから始まる。次に，その問題が生じた原因について仮説をたて，独立変数（原因）と従属変数（結果）の関係を説明することになる。
　また，社会調査は一般に標本調査として行われる。すなわち，統計的説明の対象となる集団全体，例えば日本国民という母集団から，その母集団の正確な縮図となるような標本を一定の数，抽出し，実際の社会調査を行う。そこで，標本調査から得られた標本統計量や変数間の関係によって，たてられた仮説が母集団にもあてはまるかを検討してみる必要がある。このことを統計的推測または検定と言う。こうした仮説の統計的検定にあたっては，証明したい対立仮説に反する帰無仮説をたて，この帰無仮説が母集団で成りたつ可能性（確率）を検討する。そして，その可能性がきわめて低い場合，帰無仮説を棄却（否定）し，対立仮説を暫定的に採用することになる。

(ア)「性別によって，デート経験率に違いはない」
(イ)「アルバイト経験の有無は，キス経験の有無に関連しない」
(ウ)「デート経験の有無は，性を「明るい」ととらえるかに関係しない」
(エ)「友人の有無は，学校の友人関係を「楽しい」と考えるかに関係しない」

―― ■コラム③■ ――

最近，社会調査の回収率が低下している と言われますが，本当でしょうか。

　本当です。次の図2.6は日本の代表的な継続調査の回収率を示したものですが，どの調査も戦後一貫して低下傾向にあります。

　1940年代は8～9割あった回収率は，戦後ずっと低下し続け，2000年代では4～6割台に落ち込んでいます。とくに2000年代に入って，どの調査も回収率が急落していますが，その一因は2005年に施行された個人情報保護法によるところが大きいと言われます（篠木，2010：13）。同法の制定と翌年の「住民基本台帳法」の改訂によって，学術目的の調査であっても，標本抽出台帳となる住民基本台帳や選挙人名簿の閲覧を認めない自治体も現れ始めました（轟・杉野，2013：204）。

　しかし，個人情報保護法でいう個人情報の定義は，「生存する個人に関する情報であって，当該情報に含まれる氏名，生年月日その他の記述等により特定の個人を識別することができるもの（他の情報と容易に照合することができ，それにより特定の個人を識別することができることとなるものを含む。）をいう」（第二条）となっています。社会調査の場合，住民基本台帳や選挙人名簿から標本抽出し，個人名や住所などを書き写して対象者を訪問しますが，標本リストは厳重に管理され，調査が終わると廃棄されます。たしかに社会調査では学歴や収入，支持政党など個人のプライバシーに関わる事柄を尋ねるので誤解されやすいのですが，データになった時点では個人情報に当たる氏名や住所は入っていません。例えば，学生の試験の答案には，学生番号や氏名が入っていて，個人が特定・識別できるので個人情報と言えますが，調査票は無記名なので個人情報にはあたらないと考えてよいでしょう。

　さらに回収率の低下があらゆる層，どの属性をもった人々でも均等に生じているならば，調査結果に歪みが生じることは少ないのですが，実際には若年層や都市部で回収率が低下していることがわかっています。また面接調査における調査不能の理由としては，「一時不在」（そこに居住していることはわかっているにもかかわらず，何回訪問しても面会できない）と「調査拒否」が近年，増えていることが指摘されています（篠木，2010：12，轟・杉野，2013：206）。このうち前者については，とくに都市部の若年労働者においては，残業や休日出勤などで長時間労働に携わるうえに，通勤時間も長いので，夜間はもとより休日に訪問しても接触できないことが考えられます。また，都市部で増えたオートロックのマンションも対象者との接触を妨げています。

(%)

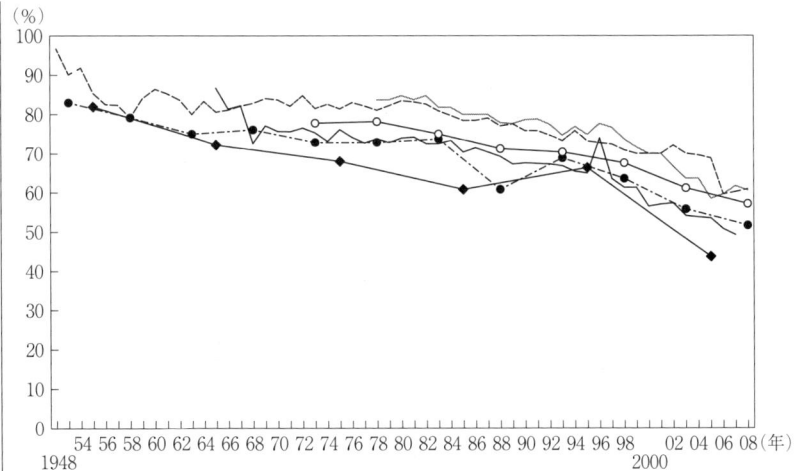

[図2.6 回収率の変化のグラフ]

凡例:
- SSM調査
- 国民性調査
- 国民生活に関する世論調査
- 日本人の意識調査
- 定期国民意識調査
- 『全国世論調査の現況』収録調査全体

注1) 1976（昭和51）年度版から1996（平成8）年度版の『全国世論調査の現況』（内閣府大臣官房政府広報室発行）において示されている無作為抽出を用いた調査の回収率の平均は，カテゴリーの中央値（ただし20％未満のカテゴリーは15，20～30％未満のように分けられたカテゴリーは25，100％の回収率の場合は100）を用いて算出した。

注2)『全国世論調査の現況』1965（昭和40）年度版から1975（昭和50）年度版の回収率は，抽出法別のデータが掲載されていないため，全体の回収率を算出して示している。

図2.6　回収率の変化

（出典）篠木，2010，：11．

後者の「調査拒否」については，個人情報保護法の施行以降，プライバシー意識が高まったことに加えて，アンケート調査を装った詐欺まがいの商法が増えてきたことが対象者の警戒心を強めたことが考えられます。

　こうした欠票（回収できなかった調査票）を少なくし，回収率を上げることのできる決定的な方法は，残念ながら，今のところありません。例えば「一時不在」の人に調査票を郵送すれば，本人に直接会えなくても，対象者には調査票は届きます。ただ，調査票の分量にもよるでしょうが，長時間労働で多忙な対象者が時間をとって調査票に記入し，投函してくれるとは考えられません。「拒否」に関して言えば，本書の第15章にもあるように，プライバシー意識の高まりとともに人々の社会的関心の低下が大きく関わっていると考えられます。

　従来から調査者と対象者の信頼関係（ラポール）の重要性が強調されていましたが（新・盛山，2008：172），事例研究におけるインタビューのように何度も両者が接触す

る場合ならいざしらず，調査票を用いた面接調査では初対面の人間どうしが質問−応答するわけですから，この二者関係における信頼では問題は解決できず，もっと広範な文脈で対象者との関係を考えてみる必要があるようです。一般に対象者は①多忙な時間を割いて調査に協力するコストと，②それによって自分が得る利益，および③調査結果が社会に還元され，よりよい社会になるという利益の三者を比較考量し，利益がコストを上回れば調査に協力すると考えられます（稲葉，2006：8-11）。ところが，実際の調査は調査者の利益（論文を書いたり，学会発表をするなど）になっても，対象者には若干の謝礼が支払われるだけで，社会への貢献も目に見えるものではありません。こうした状況では，対象者に協力を求めるには，長期的に見ればその調査が社会的な問題の解決にも貢献するという利益があることを対象者に伝え，調査の社会的有用性に対する信頼を回復するよう努めるしかありません。調査結果を回答者に送ったり，ホームページで公開するなど，地道な試みを積み重ねていくことも取り組まれるべき課題と言えましょう。

【学習課題】

Q2.1 次の文章（a）〜（f）の空欄に適切な語句を入れ，文章を完成させよ。

（a）統計的分析の目的は，仮説をもとに，ある社会現象がおこった原因と結果の関係すなわち□□□を説明することである。

（b）統計的説明の対象となるものは，観測個体によってとる値が異なる現象であり，これを統計的分析では□□□と呼ぶ。

（c）仮説において原因とみなされる変数は□□□と呼ばれる。

（d）これに対して，仮説において結果となる変数は□□□と言う。

（e）無作為に選びだされた一定の部分によって全体（母集団）のあり方を推測する調査を□□□いう。

（f）標本統計量から母数を推定し，標本調査で得られた結論を母集団にも一般化できるか，検討することを□□□と言う。

Q2.2 次の仮説を対立仮説とした場合，どのような帰無仮説がたてられるか述べよ。

（a）学歴によって年収が異なる。

（b）車・バイクの保有状況は，キス経験の有無に関連する。

(c) 恋人のいる者はいない者に比べて，性を「明るい」ととらえる。
(d) 年収が多い者ほど，生活に満足している。

第3章
度数分布表を作成する

本章の目標

社会調査データ分析の出発点となる記述の基礎として，度数分布表の作成，百分率（パーセンテージ）の計算法などを変数の性質（離散変数・連続変数）ごとに学習し，累積度数分布やパーセンタイル，分位数の概念についても理解を深める。

キーワード 離散変数と連続変数　度数分布表　百分率累積度数分布　パーセンタイル　分位数

1 離散変数と連続変数

データ分析の第一歩は，これまでにも述べたように社会事象を記述することである。社会事象を記述することで，説明するべき問題が明らかになるからである。これからデータによる事象の記述の仕方を学ぶが，どのような方法でデータを集計し，記述するかは変数の性質によって異なってくる。ここでは，まず変数の性質からみていこう。

第1章で変数には独立変数（原因）と従属変数（結果）があることを学んだ。これはその変数が仮説において果たす役割（原因と結果）に注目した分類である。これに対して，変数はその性質に注目すると，離散変数と連続変数に分けられる。まず，**離散変数とは，変数の値としてつけられた数値が連続的な数量ではなく，属性や状態を区別するだけのカテゴリーを意味するもの**を言う。一例をあげると，性別は離散変数である。性別の場合，例えば男性に1，女性に2を与えることによって，男女を区別しているにすぎない。ここでは，1，2という数値は調査対象者の属性としての性別を区別するためのカテゴリーであって，数量としての意味をもたない。したがって，性別が区別できれば，男性が2，女性が1であってもかわない。また，ここでは1，2という数値は連

続的な数量ではないので，四則演算（加減乗除）を適用して平均値を求めることはできない（性別の数値を平均して平均性別1.45という計算はしない）。

ただし，離散変数に与えられた数値が，順序を示す場合がある。例えば，「あなたは学校生活に満足していますか」という問に「1満足している」「2どちらかといえば満足」「3どちらかといえば不満」「4不満」と答えさせた場合は，1，2，3，4という数字は満足の度合（順序）を示している。この場合は，離散変数でも**順序づけられる離散変数**という。他方，先の性別の場合は，**順序づけられない離散変数**という。

これに対して，**連続変数**とは，**変数の値としてつけられた数値が連続的な数量を意味するもの**をいう。例えば，身長や体重，年齢などは連続変数である。これらの連続変数に与えられた数値（例えば，身長172cm，体重63kg，年齢19歳）は，特定の単位（cm，kg，歳）によって測定された連続的な数量としての性質をもつので，四則演算を適用して平均値（平均身長，平均体重，平均年齢）を計算することができる。

以上の例からわかるように，連続変数と離散変数では集計の仕方が異なっている（例えば，平均を計算するかどうか）。

【例題3.1】

以下の（ア）〜（オ）の質問項目で測定される変数は離散変数か，連続変数か。また離散変数の場合，順序がつけられるかどうか答えよ（2011年の第7回「青少年の性行動全国調査」より一部改編）。

（ア）あなたはいままでにデートをしたことがありますか？

| 1 ある | 2 ない |

（イ）初めてデートしたのは何歳のときでしたか？

☐歳

（ウ）デートに誘うのはあなたの方からですか，相手の方からですか？

| 1　主に自分　　2　どちらともいえない　　3　主に相手 |

（エ）あなたはこれまで何人の人とデートの経験がありますか？

　　　　人

（オ）あなたは「愛情がなくてもセックス（性交）をすること」をどう思いますか。

| 1　かまわない |
| 2　どちらかといえばかまわない |
| 3　どちらかといえばよくない |
| 4　よくない |

2　度数分布をとる

2.1　度数分布表の作成

　さて，離散変数について集計を行う第一歩は，**度数分布**をとることである。**度数**とは，**ある回答カテゴリーに該当する者の数**（例えば，ある回答の選択肢を選んだ者の数）を意味する。**度数分布表**とは，回答のカテゴリーごとに何人がその回答を選んでいるか人数を数えて，表にしたものである。例えば，第7回「青少年の性行動全国調査」では，「あなたはいままで性的な意味でキスの経験がありますか」という問いに対して，男子大学生では「ある」と答えた者は672人，「ない」と答えた者は355人いた。そこでこの問いに回答した合計1027人の男子大学生について度数分布を示したものが表3.1aである。

（ア）順序づけられない離散変数　　（イ）連続変数　　（ウ）順序づけられる離散変数
（エ）連続変数　　（オ）順序づけられる離散変数

表3.1a 男子大学生におけるキス経験
(人)

キス経験	度数
ある	672
ない	355
合計	1027

同様にして，女子大学生についてキス経験の度数分布を示すと，表3.1bのようになる。

表3.1b 女子大学生におけるキス経験
(人)

キス経験	度数
ある	955
ない	579
合計	1534

2.2 百分率度数分布表の作成

しかし，この2組の標本（男子大学生と女子大学生）では，標本数（合計の数）が異なるため，度数分布から大学生では男女いずれの経験率が高いかという比較をすることはできない。このように標本数の異なる複数の標本を比較するためには，それぞれの度数を標本数で割って**相対度数（比率）**もしくはそれを百倍した**百分率（パーセンテージ）**を求めることによって，標本の大きさを標準化（標本の大きさの影響を取り除く）して比較可能にする必要がある。すなわち，百分率を求めると，どちらも合計が100％に標準化されるので，相互に比較できる。例えば，男子大学生のキス経験率（比率）は，経験者の数672人を標本数（合計欄の1027）で割って672÷1027＝0.654，百分率はこれを100倍して65.4％となる。すなわち，比率 P_i は，以下の式で求められる。

$$P_i = \frac{f_i}{N} \quad \text{ただし，} \Sigma P_i = 1 \quad \begin{array}{l} P_i : \text{ある変数のカテゴリー}i\text{の比率} \\ f_i : \text{ある変数のカテゴリー}i\text{の度数} \\ N : \text{標本の大きさ} \end{array}$$

同様にして女子大学生についてもキス経験率を計算し，大学生のキス経験の

表3.2 男女別にみた大学生のキス経験率

(%)

キス経験	性別 男子	性別 女子	全体
ある	65.4	62.3	63.5
ない	34.6	37.7	36.5
合計	100.0	100.0	100.0
(実数)	(1027)	(1534)	(2561)

百分率を男女で比較しやすい形で整理したものが表3.2である。

このように百分率を求めることは，標本数が異なる集団（この場合は男子大学生と女子大学生）の特性を比べるために，全体を100に揃えて比較可能な状態を作り出す，標準化の作業にほかならない。この標準化の作業は，これからも統計量の計算でしばしば用いられる。

このような，百分率度数分布表を書くときには，以下のことに注意する必要がある。

①表には通し番号を振り，集計の内容を示す表題（タイトル）を付ける。
②百分率は小数点第2位を四捨五入して，第1位まで示すことが多い。
③表のなかには％を示さず，表の上の（　）のなかに単位（％）を記す。
④合計欄の（　）のなかに百分率を計算したときに分母となった実数（これを**基数**という）を示すのが一般的である。
⑤罫線は横罫だけを使い，数値を比較しやすいようにする。

■コラム④■

計算結果は何桁まで求めればよいのでしょうか。

データから何らかの値を計算したときに，計算結果が割り切れない値になることがあります。あるいは，割り切れても，小数点以下の桁数が非常に多くなることもあります。その場合，どのくらい小さな桁まで表示すればよいでしょうか。

社会調査で得られたデータで重要なのは**有効数字**の桁数です。有効数字とは，測定誤差を含まない範囲の数字のことで，例えば，79.21, 0.692, 0.0015の有効数字は，そ

れぞれ4桁，3桁，2桁になります。また，5.10と5.1ではその意味が異なり，5.10は小数点以下3桁目を四捨五入した値（5.095から5.104の範囲），5.1は小数点以下2桁目を四捨五入した値（5.05から5.14の範囲）であることを表しています。

有効数字の桁数に関しては，加減乗除あるいは$\sqrt{\,}$の計算それぞれについて法則がありますが（安田・原，1982：235），あまり神経質に考える必要はありません。一般的に，有効数字より2つ下の桁までで十分で，データ数が20以下程度のときは1つ下のけたまででよいともいわれています（吉田，1998：43）。

社会調査の標本データの場合には，連続変数の平均値や標準偏差は10分の1の位（例えば平均年収460.3万円）まで，回答の比率は1000分の1の位（例えば，0.692，パーセントで示せば69.2％）まで示すことが多いようです。標本のサイズが小さいデータの場合は，もう1桁少なくてもよいでしょう。

ただし，計算の途中で結果を四捨五入し，さらにその値を使って計算を続けるような場合には，常に最後に求める答えの有効数字より2桁程度多めにとって計算していく必要があります。そうしないと，最終的な計算結果が大幅にずれてしまうことになるからです。またメモリー機能（コラム⑥参照）や関数電卓を使って，なるべく計算回数を少なくすることも大切です。

【例題3.2】

第7回「青少年の性行動全国調査」によると，高校生については，男子でキス経験の「ある」者は387人，「ない」者は588人であった。他方，女子では「ある」者が706人，「ない」者が816人であった。

（1）下の表3.3の（カ）〜（サ）に数値を入れ，度数分布表を作成せよ。

表3.3 男女別に見た高校生のキス経験

(人)

キス経験	性別 男子	女子
あり	（カ）	（キ）
なし	（ク）	（ケ）
合計	100.0	100.0
（実数）	（コ）	（サ）

カ 387　キ 706　ク 588　ケ 816　コ 975　サ 1522

（2）次に男女別にキス経験の百分率を計算し，表3.4のシ〜チを埋めよ。

表3.4 男女別に見た高校生のキス経験

(%)

キス経験	性　別	
	男　子	女　子
あ　り	（ シ ）	（ ス ）
な　し	（ セ ）	（ ソ ）
合　計 （実　数）	100.0 （ タ ）	100.0 （ チ ）

3 グラフの作成
──棒グラフ・ヒストグラム・度数多角形──

3.1 棒グラフとヒストグラム

　このような度数分布は棒グラフやヒストグラムで視覚的に表現することができる。まず図3.1は男子高校生についてキス経験の有無を**棒グラフ**で表したものである。ここでは，キス経験という変数が順序づけできない離散変数であるため，棒グラフの棒を離して表現している。

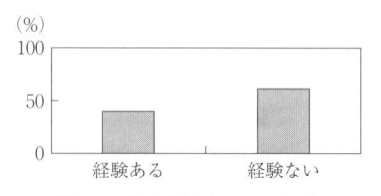

図3.1 男子高校生のキス経験

　これに対して，順序づけできる離散変数に関しては，ヒストグラムで度数分布を示す。**ヒストグラム**とは，順序づけ可能な変数の各カテゴリーに属する個体の百分率を隣接する棒グラフを用いて図示したものである。例えば，図3.2は男子大学生に「男性は女性をリードすべきだ」という意見への賛否を尋ねた

シ　39.7　　ス　46.4　　セ　60.3　　ソ　53.6　　タ　975　　チ　1522

回答の分布をヒストグラムで示したものである．この回答のカテゴリー（選択肢）は，順序づけられるものなので，図3.1の棒グラフとは異なり，図3.2のグラフは隣接したヒストグラムとなっている．

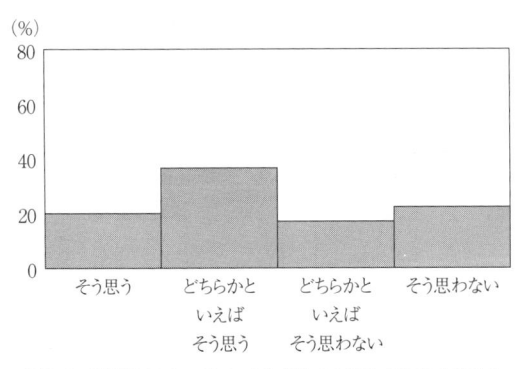

図3.2 「男性がリードすべきだ」の可否（男子大学生）

3.2 度数多角形の利用

さらにこのヒストグラムの中点を結んだものが**度数多角形**と言われる．図3.3のグラフは，先の図3.2から作成した男子大学生の男性のリーダーシップに関する度数多角形に，同じ設問に関する女子大学生の回答を重ねて書いたものである．

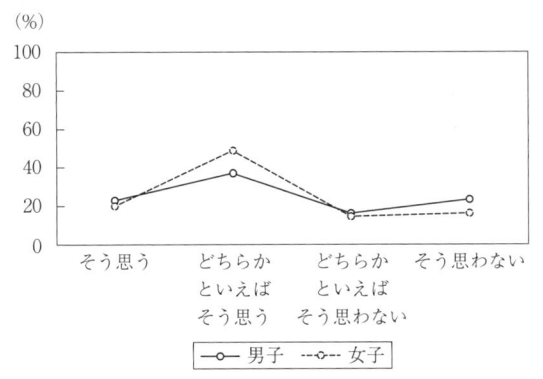

図3.3 「男性がリードすべき」への賛否（大学生男女）

これによると，男女とももっとも多い回答は「どちらかといえばそう思う」

だが，その比率は男性より女性で9ポイントほど多い。その一方で，「そうは思わない」という回答は逆に男子で7ポイントほど多くなっており，男女の平等化を志向するいわゆる「草食系男子」（森岡，2008）の存在をうかがわせている。

このように，度数多角形は，分布の違いを比較する際にはとくに有効である。例えば，キス経験年齢（はじめてキスを経験した年齢）が2005年と2011年でどのように変化しているかをみるために，図3.4aは男子について，また図3.4bは女子について，2005年と2011年のキス経験年齢の度数多角形を重ねて書いたものである。

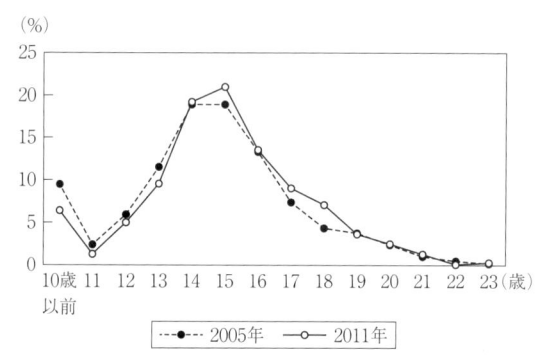

図3.4a 男子のキス経験年齢の度数多角形（2005年と2011年）

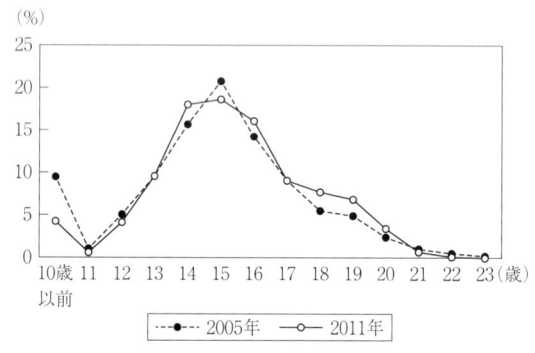

図3.4b 女子のキス経験年齢の度数多角形（2005年と2011年）

この2つの図をみると，男子では2005年に比べ2011年には13歳以前でキスを

経験する者が減って，18歳前後に経験する者が増えている。同様に女子でも，18歳以降に経験する者が増え，全体に度数多角形が右に寄っていること，すなわち経験年齢の高年化が進んでいることがわかる。前章の図2.1で，2005年から2011年にかけて高校生のキス経験率が低下したことから，青少年の性行動の不活発化を指摘したが，大学生のキス経験年齢の分布の変化からも，同様の傾向をみいだすことができる。

3.3　連続変数に関する度数分布とグラフ作成

これまでは，主として離散変数について度数分布をとってきたが，連続変数（例：年齢，年収）をもとに度数分布をとるには，観測値をいくつかのカテゴリー（**測定クラス**）に合併しなければならない。例えば，年齢ならば20歳〜29歳を20代に，30歳〜39歳を30代にまとめることできる。この場合，もとの連続的な観測値の分布が歪められないように測定区間を設定するといった配慮が必要となる。連続変数を測定クラスに合併した場合，順序づけできる離散変数になるので，グラフを描くときは，図3.2のようなヒストグラムとなる。

4　累積度数分布

4.1　累積度数分布表の作成

他方，度数分布をもとに，累積度数分布をとることができる。**累積度数とは，その値以下の観測値の度数の和をとったもので，特定の反応値が全体の分布のなかで占める相対的位置を示す**。ただし，累積度数をとるためには，値が順序づけられて並べ替えられなければならない。したがって，これが適用できるのは連続変数および順序づけできる離散変数で測定された項目であり，順序づけできない離散変数には適用できない。

さて，表3.5は，2011年の第7回「青少年の性行動全国調査」の男子のデータからキス経験者1172人のキス経験年齢の分布を示したものである。この表から累積度数および累積百分率の計算の仕方を説明しよう。まず，この表の第2列（①の欄）には，通常の度数が入っている。これに対して，第3列（②の欄）

が累積度数である．累積度数とは，その値以下の観測値の度数の和をとったものであった．そこで，「10歳以前」の累積度数には，①の値(75)がそのまま入る．次に「11歳」の累積度数には，「10歳以前」の度数75と「11歳」の度数15の和90（75＋15）が入る．同様に「12歳」の累積度数には，「10歳以前」の度数75と「11歳」の度数15と「12歳」の度数59の和149（75＋15＋59）が入る．この149という累積度数は，「12歳以前にキスを経験した者が149人いる」ことを意味している．このように順次，下位の度数を足していくと，最後の行23歳では，標本数1172となる．

同様に，第4列（③の欄）の百分率を順次，下位のものを足していくと，第5列（④の欄）の累積百分率が計算できる．この累積百分率は，最後の行（「23歳」）では，100.0％となる．

表3.5 男子のキス経験年齢の度数分布と累積度数分布

キス経験年齢	①度数	②累積度数	③百分率	④累積百分率
10歳以前	75	75	6.5	6.5
11歳	15	90	1.3	7.7
12歳	59	149	5.0	12.7
13歳	112	261	9.6	22.3
14歳	225	486	19.2	41.5
15歳	245	731	20.9	62.4
16歳	162	893	13.8	76.2
17歳	106	999	9.0	85.2
18歳	83	1082	7.1	92.3
19歳	44	1126	3.8	96.1
20歳	28	1154	2.4	98.5
21歳	15	1169	1.3	99.7
22歳	2	1171	0.2	99.9
23歳	1	1172	0.1	100.0

4.2 累積度数分布の利用

この累積度数分布によって，ある観測値の相対的位置がわかる．例えば，表3.5からみると18歳で初めてキスを経験した場合，すでに18歳までにキスを経験した者は92.3％いるので，その人はキス経験に関しては比較的「奥手」ということになる（ただし，経験年齢は，キスを経験した人にしか聞くことができないの

で，この解釈には慎重でなければならない。実際，このデータから18歳男子のキス経験率を計算すると54.7%である）。

さらに，この累積百分率をグラフにして，分布を比較することもできる。図3.5はキス年齢の累積百分率を男女別に示したものである。

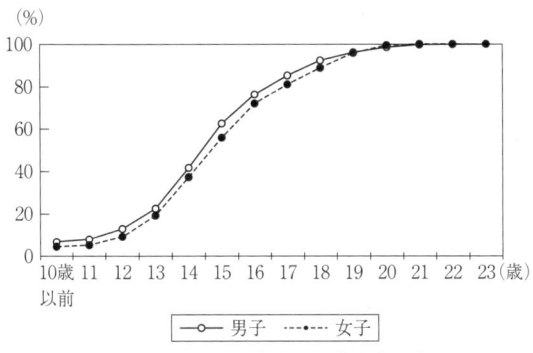

図3.5　キス経験年齢の累積度数分布

この図からは，18歳くらいまでは男子のキス経験率が女子を上回っているが，19歳以降で両者の差異がなくなることが分かる。

5　パーセンタイルと分位数

5.1　パーセンタイル

この累積度数分布表から求めることができるものに，パーセンタイルがある。**パーセンタイル**とは，**ある反応値以下の百分率がその百分率となるような反応値**である。例えば，80パーセンタイルとは観測個体の下位80%が入る値である。図3.6では，累積度数分布の曲線が縦軸の80%と交わるときの横軸の値（経験年齢）を意味する。したがって，この80パーセンタイルは，観測値によって観測個体を下位80%と上位20%に分けるものである。

なお，このパーセンタイルは，ここでは省略するが厳密な式によって求めることができる（Bohrnstedt and Knoke, 1988＝1990：44-46などを参照）。それによって80パーセンタイルを計算すると，男子は17.42歳，女子は17.89歳となる。これは図3.6で言えば，男女それぞれの累積百分率曲線が80%から横に引いた線

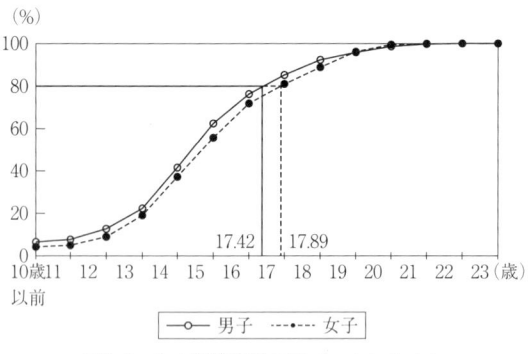

図3.6 キス経験年齢の80パーセンタイル

が交わるところから下に垂線を下ろし，横軸と交わるところにある年齢である。

5.2 分位数

このパーセンタイルを応用したものに分位数がある。**分位数（quantile）とは，観測個体をその群に属する個体数が同じ比率になるように観測値を分割する数値**である。例えば，四分位数とは観測個体の分布を等しく四等分する数であり，第1四分位数 Q_1 は25パーセンタイル，第2四分位数 Q_2 は50パーセンタイル，第3四分位数 Q_3 は75パーセンタイルにあたる。この3つの四分位数によって，観測個体の分布は四等分されることになる（図3.7）。

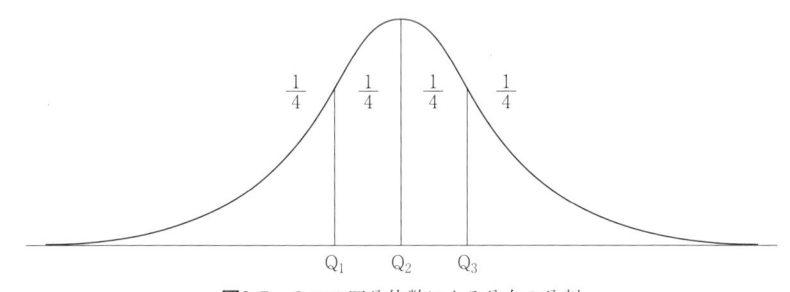

図3.7 3つの四分位数による分布の分割
（Q_1：第1四分位数，Q_2：第2四分位数，Q_3：第3四分位数）

6　まとめ

　この章では，まず変数はその性質から離散変数と連続変数に分けられることを学んだ。離散変数とは，性別などのように変数の値としてつけられた数値が連続的な数量ではなく，状態や属性を区別するだけのカテゴリーを意味するものであった。これに対して，連続変数とは，年齢や身長のように，変数の値としてつけられた数値が連続的な数量を意味するものであった。どのような方法でデータを集計し，記述するかは，こうした変数の性質によって異なってくる。連続変数は値が連続しているので四則演算を適用して平均値などの計算ができたが，離散変数は値が連続的ではないので四則演算を適用した統計量を計算することができなかった。そこで，離散変数について記述するには，度数すなわち該当する反応カテゴリーの数（回答の選択肢を選んだ人の数）を数えあげることで度数分布表を作成したり，百分率を計算することになる。他方，値が連続している連続変数について度数分布をとるには，連続変数を適切な測定クラスに合併し，観測値の区間を区切って度数を数えるのが一般的である。また，次章で扱う平均や分散などによる記述もしばしば使われる。

　他方，標本数が異なる度数分布を比較するためには，百分率を計算する必要があった。その結果は百分率度数分布表にまとめたり，棒グラフやヒストグラム，度数多角形などで視覚的に表示することによって，分布の形状を記述することができた。さらに累積度数分布を計算したり，パーセンタイルや分位数によって度数分布を記述することもできた。こうして度数分布表の作成は，社会調査データ分析の出発点となる記述の基礎となるものである。

【学習課題】

Q3.1　2011年の第7回「青少年の性行動全国調査」の質問項目（一部を改編）のうち，以下の項目から得られる変数は離散変数か，連続変数か。また離散変数の場合，順序づけできるかどうか答えよ。

（a）あなたの年齢は何歳ですか？

　　□　歳

（b）あなたが在学している学校を教えてください。

| 1 | 高等学校普通科 | 2 | 高等学校普通科以外 | 3 | 専門学校 |
| 4 | 短期大学 | 5 | 国公立大学 | 6 | 私立大学 |

（c）あなたにとって，現在の「学校の授業」のイメージはどのようなものですか。

| 1　楽しい　　2　楽しくない　　3　どちらともいえない |

（d）あなたは，1日にどのくらい友人や付き合っている人に携帯電話でメールを送りますか。

1	5通未満	2	5〜9通くらい
3	10〜19通くらい	4	20通以上
5	携帯電話を持っていない		

（e）あなたは，いままでにデートをしたことがありますか。

| 1　ある　　2　ない |

（f）【デートを経験した人に伺います】これまで何人の人とデートをしましたか。□に記入してください。

　　□　人

Q3.2 第7回「青少年の性行動全国調査」では，中学生の男子のうち「よく話をする異性の友人」が「たくさんいる」という者が250人，「数人いる」という者が635人，「ひとりいる」という者が26人，「いないのでほしい」と答えた者が56人，「いないが特にほしいとは思わない」という者が280人いた。他方，中学生の女子では，「たくさんいる」という者が264人，「数人いる」

という者が646人,「ひとりいる」という者が36人,「いないのでほしい」と答えた者が57人,「いないが特にほしいとは思わない」という者が212人いた.

（a）男子中学生について回答の百分率度数分布表を作成せよ.
（b）女子中学生について回答の百分率度数分布表を作成せよ.
（c）「よく話す異性の友人」が「たくさんいる」「数人いる」という者の合計比率（百分率）は男子と女子でどちらが多いか.
（d）「よく話す異性の友人」が「いないが特にほしいとは思わない」という者の比率（百分率）は男子と女子でどちらが多いか.

Q3.3 以下の表3.6は,性別（1＝男子,2＝女子）,デート経験（1＝ある,2＝ない,9＝無回答）,デート経験年齢（実年齢,なお99は「無回答」,98は「非該当（デート未経験者）」）を示したものである（架空例）.次の（a）から（d）の表を作成せよ.

表3.6 性別とデート経験のデータ

サンプル番号	性別	デート経験	デート経験年齢	サンプル番号	性別	デート経験	デート経験年齢
1	1	2	98	21	1	2	98
2	1	1	12	22	2	2	98
3	2	1	12	23	1	1	15
4	1	1	14	24	2	1	14
5	2	1	14	25	2	1	14
6	2	1	14	26	1	1	15
7	2	1	12	27	2	1	20
8	1	1	13	28	1	1	15
9	2	2	98	29	2	1	15
10	1	2	98	30	2	1	13
11	1	1	12	31	1	1	99
12	1	2	98	32	2	1	11
13	1	2	98	33	1	9	98
14	1	2	98	34	2	2	98
15	1	1	12	35	2	1	18
16	2	1	12	36	1	1	14
17	2	1	13	37	2	2	98
18	2	1	14	38	2	2	98
19	2	1	15	39	1	1	19
20	2	1	14	40	1	1	18

（a）性別の度数分布表を作成せよ。

（b）デート経験の有無について，百分率度数分布表を作成せよ。

（c）デート経験年齢について，13歳以前に経験した者，14歳から15歳の間に経験した者，16歳以降に経験した者の測定クラスに分けて，度数分布表と百分率度数分布表を作成せよ。

（d）デート経験年齢の累積度数分布表を作成せよ。

第4章

度数分布を記述する

本章の目標

変数の度数分布を数値化し，統計量を用いて記述する方法について学ぶ。分布の中心を表す代表値（最頻値・中央値・平均値）と分布の散らばり（バラツキ）を表す変動の測度（多様性指数・質的変動指数・範囲・分散・標準偏差）の計算の方法，異なる分布の間で値を比較するためのZ得点がもつ意味について理解する。

キーワード　代表値　変動の測度　最頻値　中央値　平均値　多様性指数　質的変動指数　範囲　分散　標準偏差　Z得点　偏差値

1 分布の中心を表す代表値

データ分析において変数の度数分布を記述するには，大きく分けて2つの方法がある。1つは，度数分布表やグラフを使って視覚的に表現する方法（第3章），もう1つは分布の特性を数値化された値，すなわち**統計量**として表現する方法（本章）である。ここでは初めに，**代表値**と呼ばれる，分布の中心を表す統計量を3つ学ぶことにしよう。

1.1　最頻値 (mode)

最頻値は，分布に含まれるカテゴリー全体のなかで最も度数の多いカテゴリーのことである。例えば2011年の第7回「青少年の性行動全国調査」では，デートの費用を自分と交際相手のどちらが払っているかという問いがある。男子高校生についてその回答結果を示すと図4.1のようになり，この例では，「そのときによる」と答えた者が93人と最も多いので，最頻値は「そのときによる」ということになる（実際にはデート相手がいない者が一番多いが，ここでは除いている）。

このように，最頻値は，他のカテゴリーよりも度数が大きければよいので，図4.1のような離散変数でも，あるいは連続変数でも求めることができる。ただし，最も度数が多いカテゴリー以外の分布に関する情報は使わずに求めているため，例えば分布の山が1つでない（度数がほぼ同程度に大きいカテゴリーが複数ある）場合などには，分布の中心をうまく表現できない可能性もある。この例でも，「そのときによる」だけが分布の中心というよりは，「主に自分」「半分ずつ」にも回答が分散しており，「主に相手」という回答が少ないと解釈するべきだろう。

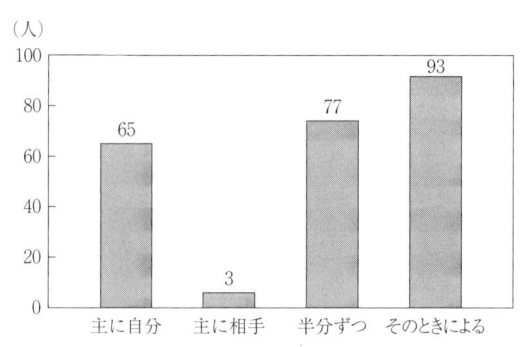

図4.1　デートにおける費用の支払い（男子高校生）

1.2　中央値（median）

中央値は，変数のカテゴリーをその大きさの順に並べたときにできる分布を，等しい度数に2分する数値である。つまり中央値は，中央値より小さな値をとる各カテゴリーの度数の合計と，中央値よりも大きな値をとるカテゴリーの度数の合計が等しくなるという意味で，分布の中心を示すことになる。このように，中央値を求めるためにはカテゴリーを「大きさの順に並べる」必要があるので，連続変数や順序づけられる離散変数については中央値を求めることが可能だが，順序づけられない離散変数（例えば図4.1のデートにおける費用の支払い）について求めることはできない。

簡単な例で中央値の求め方を考えてみよう。表4.1は，ある試験の点数（連続変数）を2つの班のメンバー全員について点数の低い順に並べたものである。A班は9人なので，中央値はちょうど真ん中にあたる5番目の点数，つ

まり77点になる。また、全体の度数（人数）が偶数の場合は、中央にある2つの値の中間を中央値とすればよい。B班については全体の人数が10人と偶数なので、5番目と6番目の点数の中間、すなわち78点と80点の中間なので（78＋80）÷2＝79となり79点が中央値である。

表4.1 ある試験における点数の分布（架空例）

	1	2	3	4	5	6	7	8	9	10
A班（9人）	65	68	70	75	77	82	88	93	95	
B班（10人）	57	62	72	74	78	80	84	90	93	95

実際に社会調査のデータを分析する場合には標本のサイズがこれよりもずっと大きなデータを扱うことになるが、すでに第3章で学習したパーセンタイルを手がかりにすれば、中央値を見つけることができる。順序づけ可能な離散変数であれば、累積度数分布表をもとに、累積百分率を求めたときの累積百分率が50％、すなわち50パーセンタイルが含まれるカテゴリーを探せばよい。連続変数の場合も、50パーセンタイルが含まれるカテゴリーを探した後に、そのなかでさらに厳密な中央値を、計算によって求めることができる（例えば、Bohrnstedt and Knoke, 1988=1990：44-46を参照）。

【例題4.1】

表4.2に示したのは、2011年の第7回「青少年の性行動全国調査」における大学生（女子）の、結婚に対する意識（「好きな人がいても、早く結婚する必要はない」に対する賛否）である。これについて、最頻値（ア）と中央値（イ）を求めよ。なお、百分率の合計が100.0になっていないのは四捨五入のためである。

表4.2 結婚に対する女子大学生の態度の度数分布と累積度数分布

早く結婚する必要はない	度数	累積度数	百分率	累積百分率
そう思う	674	674	46.8	46.8
どちらかといえばそう思う	612	1286	42.5	89.3
どちらかといえばそう思わない	111	1397	7.7	97.0
そう思わない	44	1441	3.1	100.1

ア　最頻値は「そう思う」　イ　中央値は「どちらかといえばそう思う」

1.3 平均値 (mean)

われわれに最もなじみのある代表値は，**平均値**であろう。平均値は，分布している値の総和を値の総個数で割った数値で，算術平均とも呼ばれる。このように，平均値を求めるには値を足す，割るという計算が必要になるため，平均値を求めることができるのは連続変数だけである。

数式で表せば，総個体数を N とすると，平均値 $\bar{Y}$（「ワイバー」と読む）は次の式で求められる（Σ記号についてはコラム⑤を参照）。

$$\bar{Y} = \frac{\sum_{i=1}^{N} Y_i}{N} \tag{4.1}$$

手始めに，表4.1の架空データを用いて，A班の平均値を求めてみると次のようになる。

$$\bar{Y} = \frac{\sum_{i=1}^{9} Y_i}{9} = \frac{65+68+70+75+77+82+88+93+95}{9} = 79.2$$

一方，度数分布表にまとめられているデータのように，同じ値をとる個体が複数あるデータについて平均値を求める場合には，次の式を用いて計算すればよい。K は変数がとりうる値の数（度数分布表におけるカテゴリーの数），f_i は数値が Y_i であるケースの数（度数分布表における各カテゴリーの度数）である。

$$\bar{Y} = \frac{\sum_{i=1}^{K} (Y_i f_i)}{N} \tag{4.2}$$

■■コラム⑤■■

Σ（シグマ）記号は何を表しているのでしょうか。

本書には，Σという記号がたびたび出てきます。これは「シグマ」と読む総和記号です。「Σが出てきてから数学がわからなくなった」という人も多いようですが，恐れることはありません。ここでΣの意味を理解しておきましょう。

ある連続変数を Y，小さな添え字の i は対象（社会調査なら個々の回答者）につけら

れた通し番号とします。そして、Y_i と書けば i 番目の対象についての変数 Y の観測値を指します。例えば表4.3について X_3 と書けば、3番目の対象の変数 X の値ですから、$X_3=75$ となります。

表4.3 Σ記号の説明のための数値例

変 数	対象の通し番号				
	1	2	3	4	5
X	60	82	75	90	68
Y	80	76	92	84	70

このように記号を使うと、Σの意味を次のように書くことができます。

$$\sum_{i=1}^{N} Y_i = Y_1 + Y_2 + \cdots + Y_N$$

Σの下に $i=1$、上には N とありますが、このようにΣの下にあるのは i の下限、上にあるのは i の上限を表しています。そして、Σは、i をこの下限から上限までの範囲として、Σ記号の後ろにある変数がとる値をすべて足しなさい、という意味です。例えば、上の表の変数 Y については、次のようになるでしょう。

$$\sum_{i=1}^{5} Y_i = Y_1 + Y_2 + Y_3 + Y_4 + Y_5 = 80+76+92+84+70 = 402$$

Σの後ろに式が入る場合にはやや難しい印象があるかもしれませんが、これも同様で、それぞれの i について式の値を足していけばよいことになります。例えば、次の式に表4.3のデータをあてはめて計算すると、答えは-27になるはずです。試してみてください。

$$\sum_{i=1}^{5}(X_i - Y_i) = (X_1-Y_1)+(X_2-Y_2)+\cdots+(X_5-Y_5)$$

【例題4.2】

以下に示した2011年の第7回「青少年の性行動全国調査」における男子高校生のデート経験年齢（表4.4）について、空欄を埋めながら平均値を求めなさい。また、最頻値はいくつか。「10歳以下」は、10歳として計算すること。

（1）(4.2)式のうち、K はカテゴリーの数なので、表4.4の場合は10歳から18歳までの（　ウ　）個である。

（2）N は総個体数なので、累積度数から（　エ　）とわかる。

表4.4　男子高校生のデート経験年齢の度数分布と累積度数分布

年齢	度数	累積度数	百分率	累積百分率
10歳以下	14	14	2.6	2.6
11歳	9	23	1.7	4.3
12歳	54	77	10.0	14.2
13歳	95	172	17.6	31.8
14歳	141	313	26.1	57.9
15歳	124	437	22.9	80.8
16歳	72	509	13.3	94.1
17歳	29	538	5.4	99.4
18歳	3	541	0.6	100.0

（3）以下の式で（11×（　オ　））の部分には11歳というカテゴリーの度数である（　オ　）が入り，計算すると平均値は（　カ　）となる。

$$\bar{Y} = \frac{\sum_{i=1}^{(ウ)}(Y_i f_i)}{(エ)}$$

$$= \frac{1}{(エ)}[(10 \times 14) + (11 \times (オ)) + (12 \times 54) + \cdots + (17 \times 29) + (18 \times 3)]$$

（4）最頻値は，（　キ　）歳である。

　一般に，平均値はすべての測定値の情報を利用して求めることから，分布の中心を表すうえで代表性が高い統計量になる。また，分布している個々の値からの距離の二乗和（各測定値から平均値を引いた値を二乗した値の合計）が最も小さくなる値であることも覚えておこう。このことは，われわれがある連続変数の値を予測する際に，予測をするための情報（例えば独立変数）がない場合，誤差を最も小さくする最適な予測値が平均値であることを意味している。また，離散変数の最適な予測値は最頻値である。こうした考え方にもとづくPRE統計量については，第11章以降で詳しく説明する。

　以上，最頻値，中央値，平均値と3つの代表値を学習した。グラフを描いたとき山（度数が多いカテゴリー）が1つで完全に左右対象な分布であれば，最頻

ウ　9　　エ　541　　オ　9　　カ　14.1　　キ　14

値，中央値，平均値は等しくなるけれども，そうでなければ，これらの値は異なる。したがって，代表値それぞれの特性を理解し適切に使い分けること，あるいは併用することが重要である。

例えば，連続変数なら多くの場合は平均値を求めることになるが，平均値には，極端に小さな値や極端に大きな値をとる個体（「外れ値」という）が分布に含まれたときにその影響を受けやすいという問題もある。高額な年俸をもらうスーパースターが1人だけいるサッカークラブについて年俸の平均値を計算すると，ほとんどの選手の年俸はそれよりずっと低くなってしまうというような例である。そのような場合，測定値の大きさの順序から求めているため，外れ値の影響を受けにくい中央値が参考になるだろう。

■コラム⑥■

電卓についている M+ や MR のキーはどう使うのですか。
効率よく電卓を使う方法を教えてください。

このテキストで用いる計算には，関数電卓のようにさまざまな機能を備えた電卓は必要ありません。M+ や MR などのメモリー機能や√機能がついていれば十分です。しかし，これらの機能の使い方を知らないと，かえって計算に手間取ってしまうこともあります。ここでは電卓を上手に使う方法として，（1）メモリー機能の使い方と，（2）二乗計算の方法の2点を紹介したいと思います。

1）メモリー機能の使い方

通常，電卓にはメモリーと呼ばれる記憶装置が1つ備わっています。これを活用すれば，途中でメモをとらなくても，計算を続けていくことができます。電卓のメーカーや種類によって多少キーの表記や機能が異なるのですが，およそ次のようなキーが見つかるはずです。

M+ (メモリープラス)…入力した数値や計算した結果をメモリーに足します。
M− (メモリーマイナス)…入力した数値や計算した結果をメモリーから引きます。
MR / RM (メモリーリコール)…これまでのメモリー計算の結果を呼び出します。
MC / CM (メモリークリア)…これまでのメモリー計算の結果をクリアします。

（|MRC|や|RM/CM|のようなキーは，1度押すとメモリー内容を呼び出し，もう1度押すとクリアします）

では，これらのキーを使って，次の計算をしてみましょう。

計算式：(120×3)+(320÷4)-(243-178)=375

キー操作：|120| |×| |3| |=| |M+| |320| |÷| |4| |=| |M+| |243| |-| |178| |=| |M-| |MR|

ディスプレイには，375の計算結果とともに，M（Memory）のマークが表示されているはずです。このマークがついている間は，メモリーに計算結果が残っています。したがって，別の計算を始めるときには，|MC|や|CM|，|CA|（クリアオール）などのキーで，メモリーの内容を消去する必要があります。

2）二乗計算の方法

もう1つ，電卓の使用方法として意外と知られていないのが，二乗計算の方法です。入力した数値や計算結果に対して，|×|キーを押した後，そのまま|=|キーを押せば，元の数値を二乗した計算結果が表示されます。この方法を用いれば，小数点以下の桁数の多い数値でも，メモを取ることなく，計算を進められます。

計算式：$(7÷3)^2 = 5.444…$

キー操作：|7| |÷| |3| |×| |=| |5.444…|

ちょっとしたことですが，上の2つの方法を知っていれば，本書でとりあげる分散や標準偏差，カイ二乗値などの計算が，かなりスムーズになると思います。最後に，先の2つの方法を組み合わせて，標準偏差の計算を練習してみましょう。√をとる前に|=|を押して，いったん計算結果（分散）を表示させることも大事なポイントです。

計算式：$S_Y = \sqrt{\dfrac{(92-70)^2+(76-70)^2+(68-70)^2+(44-70)^2}{3}} = 20$

キー操作：|92| |-| |70| |×| |=| |M+| |76| |-| |70| |×| |=| |M+| |68| |-| |70| |×| |=| |M+| |44| |-| |70| |×| |=| |M+| |MR| |÷| |3| |=| |√|

2 分布の散らばりを表す変動の測度（1）
―― 離散変数の場合 ――

データを記述する際に重要なのは，分布の中心がどのあたりにあるかということと，値の散らばり具合（バラツキ）がどの程度かということである。散らばりを表す統計量を**変動の測度**と呼ぶ。まず，離散変数の変動の測度を見てみ

よう。

2.1 多様性指数

多様性指数 D は，母集団から無作為に抽出した2つのケース（個体）がそれぞれ別々のカテゴリーに属している確率により，離散変数の値の散らばりを表すものだ。例えば，2011年の年7回「青少年の性行動全国調査」では，表4.5に示したように，「学校の授業のイメージ」と「家庭のイメージ」の質問がある。高校生のイメージは，学校の授業については「楽しい」「楽しくない」「どちらともいえない」の3つの選択肢に回答が散らばっているのに対して，「家庭」については「楽しい」と「どちらともいえない」に回答が集中しているようだ。多様性指数を使うと，このような回答の散らばりの違いを表すことができる。

表4.5 学校の授業と家庭に対する高校生のイメージ

	学校の授業		家　　庭	
	度　数	比　率	度　数	比　率
楽しい	883	0.343	1492	0.579
楽しくない	558	0.217	190	0.074
どちらともいえない	1135	0.441	894	0.347

多様性指数は，カテゴリーの数を K，i 番目のカテゴリーに含まれているケースの比率を p_i とすると，次の式によって求められる。

$$D = 1 - \sum_{i=1}^{K} p_i^2 \tag{4.3}$$

多様性指数は，すべてのケースが1つのカテゴリーに属する場合に最小値0をとり，すべてのケースが K 個のカテゴリーに均等に散らばった場合に最大値 $(K-1)/K$ をとる。例えば，ある変数のカテゴリーが5個のときには $(5-1)/5 = 0.8$ より最大値が0.8であるのに対して，カテゴリーが10個になると $(10-1)/10 = 0.9$ より最大値は0.9になる。このように，最大値がカテゴリー数 K によって異なるため，多様性指数の値を比較する際には注意が必要である。

2.2 質的変動指数

そこで,カテゴリー数が異なる離散変数の散らばり(バラツキ)を比較する場合には,多様性指数を $(K-1)/K$ で割った**質的変動指数 *IQV*** を求めればよい。質的変動指数は,常に最小値が0,最大値が1である。

$$IQV = \frac{D}{(K-1)/K} = \frac{K}{K-1}D \tag{4.4}$$

では実際に,表4.5のうち,高校生の学校の授業に対するイメージについて,多様性指数と質的変動指数を求めてみよう。表4.5にある比率を,(4.3)式と(4.4)式に代入すればよい。

$$D = 1 - \sum_{i=1}^{3} p_i^2 = 1 - (0.343^2 + 0.217^2 + 0.441^2) = 0.641$$

$$IQV = \frac{3}{3-1} \times 0.641 = 0.962$$

【例題4.3】

表4.5のうち,高校生の家庭に対するイメージについて,空欄を埋めながら,多様性指数と質的変動指数を求めよ。

$$D = 1 - \sum_{i=1}^{3} p_i^2 = 1 - (0.579^2 + (\quad ク \quad)^2 + 0.347^2) = (\quad ケ \quad)$$

$$IQV = \frac{3}{3-1} \times (\quad ケ \quad) = (\quad コ \quad)$$

先に示した学校の授業の場合と比べると,多様性指数も質的変動指数も値が小さくなっており,家庭に対するイメージの散らばりが小さいことを数値で表すことができた。

ク 0.074　ケ 0.539　コ 0.809

第4章　度数分布を記述する

③ 分布の散らばりを表す変動の測度（2）
――連続変数の場合――

3.1　範囲（range）

連続変数に関する変動の測度の1つで，最大値と最小値の差として定義されるのが**範囲**である。範囲は単純に，変数の分布における両端の値がどれだけ離れているかを表す。例えば，表4.4（男子高校生のデート経験年齢）を例に，10歳以下を10歳として考えると，18－10＝8となり，範囲は8である。

3.2　分散（variance）と標準偏差（standard deviation）

分散 s_Y^2 は，(4.5) 式に示したように，分布しているケース個々の値と平均値の差を二乗し，その総和を $N-1$ で割った値である。これは，「個々の値と平均値との距離の平均」を考えていることになり，二乗してから総和をとるのは，平均値より大きい値の場合（平均値との差が正になる）と平均値より小さい値の場合（平均値との差が負になる）で，値が打ち消しあうのを防ぐためである。

$$s_Y^2 = \frac{\sum_{i=1}^{N}(Y_i-\bar{Y})^2}{N-1} \tag{4.5}$$

ところで，分散は，二乗して求めているため，尺度がもとの測定単位と異なるものになっている。例えば，年齢に関する変数で分散を求めると，年齢を二乗した単位で測定した散らばりを表す値になってしまう。そこで，分散の測定単位をもとに戻すため，分散の平方根をとったのが**標準偏差** s_Y である。つまり，標準偏差を求めれば，個々の値が平均値からどのくらい離れているのかについての標準的な値が，もとの値と同じ単位で得られることになる。標準偏差を求める式は次のようになる。

$$s_Y = \sqrt{s_Y^2} = \sqrt{\frac{\sum_{i=1}^{N}(Y_i-\bar{Y})^2}{N-1}} \tag{4.6}$$

なお，(4.5)，(4.6) 式で分母を $N-1$ としているのは，社会調査における

標本データの分析を念頭に，母集団の分散（標準偏差）を推定する場合に偏りのない推定値となる**不偏分散（不偏標準偏差）**を紹介したものである（Bohnstedt and Knoke, 1988＝1990：132-133を参照）。標本データを用いた推定や検定を行わない場合は，分母をNとして計算してよい。

【例題4.4】

表4.1に示した試験の点数（架空例）について，B班の点数の平均値は78.5であった。このとき，表4.6の空欄を埋めて，分散と標準偏差を求めなさい。

表4.6　分散と標準偏差の計算例

$Y_i - \bar{Y}$			$(Y_i - \bar{Y})^2$
57 − 78.5	=	−21.5	462.25
62 − 78.5	=	−16.5	272.25
72 − 78.5	=	−6.5	42.25
74 − 78.5	=	（　サ　）	（　シ　）
78 − 78.5	=	−0.5	0.25
80 − 78.5	=	1.5	2.25
84 − 78.5	=	5.5	30.25
90 − 78.5	=	11.5	132.25
93 − 78.5	=	14.5	210.25
95 − 78.5	=	16.5	272.25

$$s_Y^2 = \frac{\sum_{i=1}^{10}(Y_i - 78.5)^2}{10-1} = \frac{(462.25+272.25+\cdots+210.25+272.25)}{9} = (\ ス\ )$$

$$s_Y = \sqrt{(\ ス\ )} = (\ セ\ )$$

したがって，分散は（　ス　），標準偏差は（　セ　）となる。

なお，平均値を求める場合と同様に，カテゴリーにまとめられているデータ（度数分布表として与えられているデータ）から分散を求める必要がある場合もあ

サ　−4.5　　シ　20.25　　ス　160.5　　セ　12.67

る。その際は，(4.7)式を使うことになる。カテゴリーごとに平均値との差の二乗和を求め，当該カテゴリーの度数をかけたうえで足し合わせていき，最後に $N-1$ で割ればよい。

$$s_Y{}^2 = \frac{\sum_{i=1}^{K}(Y_i - \bar{Y})^2 f_i}{N-1} \tag{4.7}$$

④ Z 得点と偏差値

データを分析する際には，複数の分布についてそこに含まれる値を比較したくなることがある。しかし，同じような値であっても，それぞれの分布で平均値や標準偏差が異なれば，その位置づけは異なる。例えば，問題が難しくクラスメートの点数が全体的に低いテストでの70点と，問題が簡単で高得点の人が多いテストでの70点を考えてみると，その意味はずいぶん違うのではないだろうか。

このように平均値や標準偏差の異なる複数の分布で値を比較するためには，それらの違いを考慮した**標準得点**を求めればよい。標準得点のうち，平均値が0，標準偏差が1になっているものを **Z 得点**と呼び，次の式で求めることができる。

$$Z_i = \frac{(Y_i - \bar{Y})}{s_Y} \tag{4.8}$$

Z 得点は，常に平均値が0，標準偏差が1になり，もとの値が平均値より大きければ正の値，平均値と等しければ0，平均値より小さければ負の値になる。また，Z 得点の絶対値が大きいほど平均値から離れていることを表す。このように平均値と標準偏差が特定の値になるようにデータを変換することを**標準化**という。

なお，標準得点のより身近な例として，**偏差値**をあげることができる。偏差値は，Z 得点を10倍して50を足すことで求めることができ，もとの値を，平均

値が50，標準偏差が10となるように標準化したものといえる。これによって，平均値や標準偏差が異なる分布で得点を比較することが可能になる。

【例題4.5】

100点満点のテストにおける以下の点数について，それぞれZ得点と偏差値を求めなさい。

(1) 平均値75点，標準偏差10点の場合の70点は，Z得点で（ ソ ），偏差値では（ タ ）。

(2) 平均値75点，標準偏差10点の場合の80点は，Z得点で（ チ ），偏差値では（ ツ ）。

(3) 平均値85点，標準偏差20点の場合の80点は，Z得点で（ テ ），偏差値では（ ト ）。

(4) 平均値75点，標準偏差10点の場合の90点は，Z得点で（ ナ ），偏差値では（ ニ ）。

5 まとめ

この章では，変数の特性を数値化し，統計量を用いて記述する方法について解説した。初めに，最頻値・中央値・平均値という3つの代表値によって分布の中心を表す方法を学んだ。連続変数については，この3つの代表値をすべて求めることができるが，順序づけできない離散変数で求められるのは最頻値のみ，順序づけできる離散変数の場合は最頻値と中央値の2つであった。次に，分布の散らばり（バラツキ）を表す変動の測度について学習した。離散変数については，多様性指数と質的変動指数を，連続変数については範囲，分散，標準偏差を用いることができた。

これらの代表値，変動の測度を求めることによって，個々の変数の分布について，中心がどのあたりで，観測値はどのくらい散らばっているのか，その特

ソ －0.5　タ 45　チ 0.5　ツ 55　テ －0.25　ト 47.5　ナ 1.5
ニ 65

徴をつかむことができる。

また，もとのデータの値を，その平均値と標準偏差を用いて標準得点へと変換する（標準化する）方法も学んだ。標準化して求めたZ得点や偏差値を用いることで，平均値や標準偏差が異なる複数の分布における値を比較することが可能になった。

われわれがデータ分析を進めるうえでは，さまざまな仮説を検証するためにいくつもの変数を用いることになる。多くの変数を少数の指標にまとめるための手法や，変数のあいだの複雑な因果関係を明らかにするための手法など，より高度な分析手法もある。いずれの場合でも，まずは個々の変数の分布がどのようになっているかをよく調べることが重要である。変数の特徴を把握しておくことは，分析結果を適切に解釈することにつながり，さらに新たな仮説を考えるための基礎になるからである。

【学習課題】

Q4.1 表4.7に示した2011年の第7回「青少年の性行動全国調査」における女子高校生のデート費用の支払いに関する回答について，（a）最頻値，（b）多様性指数，（c）質的変動指数を求めよ。

表4.7 デートにおける費用の支払い（女子高校生）

デートの費用	度　数	比　率
主に自分	16	0.034
主に相手	136	0.288
半分ずつ	148	0.313
そのときによる	173	0.366
合　計	473	1.001

注）四捨五入のため，比率の合計が1.000にならない。

Q4.2 表4.8に示した第7回「青少年の性行動全国調査」における女子高校生のデート経験年齢について，（a）最頻値，（b）範囲，（c）平均値，（d）分散，（e）標準偏差を求めよ。ここでも，「10歳以下」は10歳として扱う。

表4.8 女子高校生のデート経験年齢の度数分布と累積度数分布

年　齢	度　数	累積度数	百分率	累積百分率
10歳以下	10	10	1.1	1.1
11歳	10	20	1.1	2.2
12歳	67	87	7.5	9.7
13歳	169	256	18.9	28.6
14歳	257	513	28.7	57.4
15歳	206	719	23.0	80.4
16歳	139	858	15.5	96.0
17歳	33	891	3.7	99.7
18歳	3	894	0.3	100.0

第5章
クロス集計表を作成する

本章の目標

まず2つの離散変数の関係から因果推論をするために，クロス集計を行う方法について学習する。そして，標本調査において標本から母集団を推定する考え方を紹介しながら，仮説の統計的検定の意味について理解を深める。

キーワード　クロス集計（度数クロス表・百分率クロス表）　セル　行周辺分布と列周辺分布　母集団と標本　母数と標本統計量　仮説検定

1　仮説による変数間の関係の説明

1.1　変数間の関係——変数の組み合わせと分析手法

　第1章では，社会調査の目的が社会事象の測定にもとづく記述と説明にある，と述べた。社会調査データの分析においては，度数分布の変動（バラツキ）の原因を説明するために，変数間の関係について仮説をたてて分析が行われる。また，これまで変数には，仮説において占める位置という観点から独立変数（原因）と従属変数（結果）が区別され，また変数の性質という観点からは離散変数と連続変数を区別してきた。したがって，仮説の立て方（変数の関連のさせ方）という点では，表5.1の4つのタイプがあることになる。そして，どのタイプの仮説を立てるかによって分析手法（仮説検定の仕方）が異なってくる。

　本章以降は，それぞれの分析手法を順次学んでいくことになる。なお，表5.1のうち，従属変数が離散変数で，独立変数が連続変数の場合の分析手法（例えば判別分析など）は本書では扱わない。

表5.1 仮説を構成する変数の組み合わせ

従属変数	独立変数	仮説検定・統計的分析の手法
離散変数	離散変数	クロス集計表分析（第5章，第6章）
		エラボレーション（第13章，第14章）
連続変数	離散変数	t検定（第8章）分散分析（第9章）
連続変数	連続変数	回帰分析（第10章，第11章）
離散変数	連続変数	―

注）多変量解析も含めた詳しい分析手法は第15章の表15.2を参照。

1.2 社会事象における因果関係の説明

クロス集計表の作成は，表5.1にもあるように，その仮説に示された関係（因果関係など）が，離散変数間に存在するかを検討する手続きの1つである。では，実際に調査データをもとにクロス集計表を作成して，社会事象を説明するとはどういったことなのかみてみよう。

ここでは，第1章でとりあげた問題，すなわち1990年代になって高校生の性行動（キス経験）が活発化していたが，その原因を情報化の進展によって説明するという問題をふりかえってみよう。すなわち，この時期の性行動の活発化については，90年代になって情報化の流れが若い世代にまで及んだ結果，家族や学校という集団による社会統制が弱まったために，若者が本来もっていた性的欲求が行動に移されやすくなったことが考えられる。例えば，高校生も携帯電話やテレビ，パソコン，ビデオデッキなどの情報機器を個人所有することで，親の目（家族による社会統制）を離れた交友関係の形成や性情報への接触をすることが可能になった。そこで，「PHS・携帯電話を保有している高校生ほど，キス経験者が多い」という仮説をもとに分析をしてみよう。図5.1は，高校生の男女それぞれについてPHS・携帯電話の保有別にキス経験の有無をクロス集計した結果を示している（なお，1999年当時の高校生のPHS・携帯電話の保有率は男子で53％，女子で62％だった）。

この図5.1から明らかなように，PHS・携帯電話を保有し，家族の統制を離れた友人との交際が可能な者ほど，男女ともキス経験率が高い。したがって，「PHS・携帯電話を保有している高校生ほど，キス経験者が多い」という仮説は検証され，1990年代に情報化が若者文化に浸透し，彼ら・彼女らに対する家

第5章　クロス集計表を作成する

キス経験率（%）

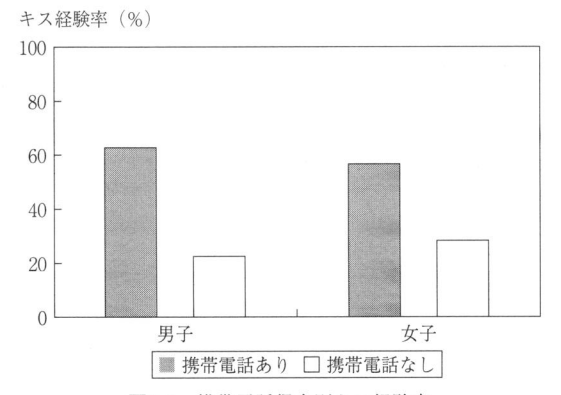

図5.1 携帯電話保有別キス経験率
（出典）第5回「青少年の性行動全国調査」(1999年)。

族による社会統制が弱まった結果，若者の性行動が活発化したことが示唆されたことになる。ただし，ここでは携帯電話保有→キス経験という因果関係を考えているが，第2章の図2.4の箇所でも述べたように，キス経験（キスをするほど親しい恋人がいる）→携帯電話保有という逆の因果関係の存在も考えられるので，さらに慎重な因果分析をする必要があることは言うまでもない。

2 クロス集計表

2.1 度数クロス集計表の作成

実際には，この図5.1のうち，男子のグラフは，表5.2のようなクロス集計表をグラフに表したものである（ただしグラフに表示したのは，「キス経験あり」の百分率のみ）。**クロス集計表**とは，この表5.2のように，2つの離散変数がとる反応カテゴリーの組み合わせの分布を同時に表示したものである。

この表から前章でみた最頻値を比べても，携帯電話を持っている者ではキス経験「あり」(61.5%) が最頻値であるのに対し，持っていない者ではキス経験「なし」(78.4%) となり，この当時，携帯電話の有無がキス経験といかに強く結びついていたことがわかる。

表5.2 男子高校生の携帯保有とキス経験

(%)

キス経験	携帯電話の保有	
	あり	なし
あ り	61.5	21.6
な し	38.5	78.4
合　計	100.0	100.0
(実　数)	(551)	(500)

　この2つの変数（携帯電話保有とキス経験）を調べた性行動調査の元データから一部（10サンプル）を示すと，表5.3のようになっている。

表5.3 性行動調査の元データ一部

サンプル番号	携帯電話保有	キス経験
001	1	1
002	0	1
003	1	0
004	1	1
005	0	0
006	1	1
007	0	1
008	0	0
009	0	0
010	1	0

注）携帯保有・キス経験とも「あり」は1，「なし」は0。

　この2つの変数（携帯電話保有とキス経験）のとる値はいずれも2つ（「1あり」と「0なし」）なので，実際に得られる観測値の組み合わせは表5.4のように4（2×2）通りになる。この表の④の欄には表5.3から該当するサンプル番号を書き入れ，⑤の欄にはその度数を入れた。

表5.4 観測値の組み合せ

①組み合わせ	②携帯電話保有	③キス経験	④該当するサンプル番号			⑤度数
Ⅰ	1	1	001	004	006	3
Ⅱ	0	1	002	007		2
Ⅲ	1	0	003	010		2
Ⅳ	0	0	005	008	009	3

　同様の集計を該当するサンプル（この場合では，男子高校生のサンプル1051人）

に行い，それぞれの組み合わせごとに度数を数え，まとめると表5.5のような度数クロス集計表となる。

表5.5 携帯電話保有とキス経験：度数クロス表

(人)

キス経験	携帯電話の保有	
	あり	なし
あ り	339	108
な し	212	392
合 計	551	500

2.2 百分率クロス表の作成

しかし，この度数クロス表から，携帯電話の有無によるキス経験者数の差異を比較することはできない。なぜなら，表5.5の合計欄に示されたように，携帯電話を持っている者と持っていない者の標本数が異なるからである。携帯電話の保有状況によるキス経験の違いをみるためには，こうした標本数の違いの影響を取り除く必要がある。具体的には，携帯電話の保有状況ごとに，キス経験率（百分率）を計算し，比較すると，どちらの合計も100%となって標準化された状態での比較が可能になる。

表5.5から計算すると，携帯電話ありの者の場合，キス経験率は

$339 \div 551 \times 100 = 61.5$

となる。他方，携帯電話なしの者の場合，キス経験率は，

$108 \div 500 \times 100 = 21.6$

である。この百分率が，表5.2の1行目に入っているキス経験率である。

【例題5.1】

次の表5.6aは，2011年の第7回「青少年の性行動全国調査」から，家族による社会統制の弱さの指標として個室の有無をとりあげ，女子高校生について個室の有無とキス経験の関係を示した度数クロス表である。この表5.6aから個室保有状況ごとにキス経験の百分率を計算し，表5.6bの（ア）～（エ）の空欄を埋めよ。

表5.6a 女子高校生の個室保有とキス経験：度数クロス表
(人)

キス経験の有無	個室の保有 持っている	個室の保有 持っていない	全体
あり	553	141	694
なし	587	217	804
合計	1140	358	1498

表5.6b 女子高校生の個室保有とキス経験：百分率クロス表
(%)

キス経験の有無	個室の保有 持っている	個室の保有 持っていない	全体
あり	(ア)	(イ)	46.3
なし	(ウ)	(エ)	53.7
合計(実数)	100.0 (1140)	100.0 (358)	100.0 (1498)

3 クロス集計表の作成の留意点

3.1 度数クロス表から百分率クロス表へ

ここでクロス集計表作成に関する基本的事項をまとめておく。まず，これまでみてきたように，クロス集計表には**度数クロス表**と**百分率クロス表**がある。手計算でクロス集計を行うときは，まず度数クロス表を作成し，これをもとに百分率（比率）を計算し，百分率クロス表をつくる（実際にはExcelのピボットテーブルやSPSSを使えば簡単にクロス集計表は作成できる）。そして，百分率クロス表で比率（百分率）を比較することで仮説を検討することになる。なお，百分率クロス表を作成する場合，①表のタイトル脇に単位（％）を示し，表中の数値には％を入れない，②度数は合計欄の（ ）内のみに百分率を計算した際の分母（基数）を示す，などして表を簡略化して，比率（百分率）の比較をしやすくするのが一般的である。

ア 48.5　イ 39.4　ウ 51.5　エ 60.6

3.2 クロス集計表の構成要素

次に，クロス集計表を構成する要素について，表5.7のクロス集計表の一般形をもとに説明しておく。まず，クロス集計表を構成する反応カテゴリーのそれぞれの組合せ，具体的には1つひとつの枠を**セル**と呼ぶ。セル内の度数はf，比率（百分率）はpにそれぞれの位置を表す添え字i, jを付けて表す。また，クロス集計表の横のセルの並びは**行**といい，添え字のiで位置を表す。これに対して，クロス集計表の縦のセルの並びは**列**と呼び，添え字のjで位置を示す。例えば，1行1列目の度数はf_{11}，2行1列目の百分率はp_{21}と表される（必ず行の番号が先になる）。したがって，一般的にはセルの度数はf_{ij}，百分率はp_{ij}で表されることになる。

表5.7 クロス集計表の一般形

		行周辺分布		セル度数・比率の一般形
f_{11} p_{11}	f_{12} p_{12}	$f_{1.}$ $p_{1.}$		
f_{21} p_{21}	f_{22} p_{22}	$f_{2.}$ $p_{2.}$		$f_{i.}$ $p_{i.}$ $\quad f_{ij}\ p_{ij}$
$f_{.1}$ $p_{.1}$	$f_{.2}$ $p_{.2}$	$f_{..} = N$ $p_{..} = 1$		

列周辺分布
$f_{.j}, \quad p_{.j}$

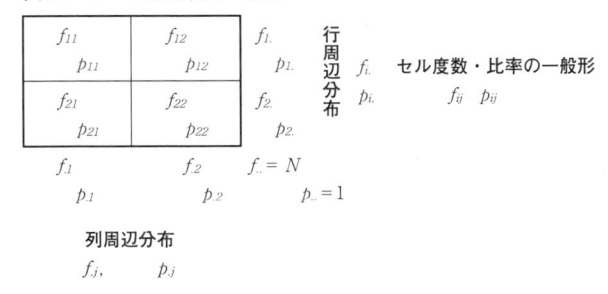

他方，度数や比率を行（つまり横）に合計した和は**行周辺分布**といい，表の右側に示される。これも一般形で示すと，行周辺度数は$f_{i.}$，1行目なら$f_{1.}$，2行目なら$f_{2.}$，行周辺百分率は$p_{i.}$，1行目なら$p_{1.}$，2行目なら$p_{2.}$となる。これに対して，度数・比率の列（縦）の和は**列周辺分布**と呼び，表の下側に示される。一般形で示すと，列周辺度数は$f_{.j}$，1列目なら$f_{.1}$，2列目なら$f_{.2}$，列周辺百分率は$p_{.j}$，1列目なら$p_{.1}$，2列目なら$p_{.2}$となる。

【例題5.2】

性別と生活満足の関係を示した表5.8の度数クロス表（架空例）から次の（オ）～（ク）の値を求めよ。

表5.8 性別と生活満足度（人）

	男性	女性
満足	20	10
不満	60	10

$f_{12}=$（　オ　）　　$f_{22}=$（　カ　）
$f_{1.}=$（　キ　）　　$f_{2.}=$（　ク　）

3.3 百分率は独立変数のカテゴリーごとに計算する

　ここで，クロス集計表を作成するうえで，間違えやすい重要な点を注意しておく。それは，因果関係を考える時には，**百分率は独立変数のカテゴリーごとに計算する**，という規則である。このことを例題5.2の表5.8をもとに説明しよう。この度数クロス表からは，以下の2つの百分率クロス表を計算することができる。表5.9aは列（縦）で比率を計算した列百分率クロス表，表5.9bは行（横）で比率を求めた行百分率クロス表である。このどちらが望ましい集計の仕方か，先の規則との関わりで考えてみよう。

表5.9a 列百分率クロス表
(%)

	男性	女性
満足	25.0	50.0
不満	75.0	50.0
合計（実数）	100.0 (80)	100.0 (20)

表5.9b 行百分率クロス表
(%)

	男性	女性	合計（実数）
満足	66.7	33.3	100.0 (30)
不満	85.7	14.3	100.0 (70)

　このうち，まず表5.9aの列百分率では，男女ごとに満足・不満の比率を計算している。そして，男性では満足が25％だが，女性では50％が満足しており，男性に比べ女性の生活満足度が高い，という知見が導かれる。これに対して，表5.9bの行百分率では，満足・不満ごとに性別の比率が計算されている。そして，満足・不満とも男性が多いことが示されている。この架空のデータでは，表5.9aの合計欄の実数にあるように，男性サンプルが多いので，この結果はそのためである。そもそも，このクロス集計表を作成した意図は，男女で満足度に差があるかを検討することにあった。すなわち，性別が独立変数（原因）となって，生活満足度という従属変数（結果）の分布が変わってくる，と

オ　10　　カ　10　　キ　30　　ク　20

いう想定をしていた。したがって，百分率は独立変数のカテゴリーごとに計算するという規則に従って，表5.9aのように独立変数である性別ごとに従属変数の満足・不満の列百分率を計算し，これを男女で比較するという分析をする必要がある。

【例題5.3】

学歴社会仮説「学歴が高いほど収入が多い」という仮説を検討するために，表5.10aのような度数クロス表（架空例）を作成した。以下の文章の（ケ）〜（サ）の欄を埋めよ。

この仮説の場合，独立変数は（　ケ　）で，従属変数は（　コ　）である。そこで，計算されるべき百分率は列百分率（表5.10b）と行百分率（表5.10c）のうち（　サ　）である。

表5.10a 学歴と年収の度数クロス表

(人)

年収	学歴			合計
	初等学歴	中等学歴	高等学歴	
高収入	100	546	275	921
低収入	130	550	150	830
合計	230	1096	425	1751

表5.10b 学歴と年収の列百分率クロス表

(%)

年収	学歴		
	初等学歴	中等学歴	高等学歴
高収入	43.5	49.8	64.7
低収入	56.5	50.2	35.3
合計	100.0 (230)	100.0 (1096)	100.0 (425)

ケ　学歴　　コ　年収　　サ　列百分率

表5.10c 学歴と年収の行百分率クロス表

(%)

年収	学歴			合計（実数）
	初等学歴	中等学歴	高等学歴	
高収入	10.9	59.3	29.9	100.0 (921)
低収入	15.7	66.3	18.1	100.0 (830)

4 仮説の検定

4.1 標本抽出と統計的推定・検定

　先に表5.2で男子高校生について携帯電話の保有状況とキス経験率の関連をみたが，キス経験率は携帯電話ありの者では61.5％，なしの者では21.6％となっており，携帯電話を持っている者ほど，キス経験率が40ポイントほど高いと結論づけられた。他方，例題5.1で女子高校生について個室の有無とキス経験の関連をみたとき，キス経験率が個室保有者では48.5％，非保有者では39.4％であった。この両者の差は9ポイントほどであり，先ほどの男子高校生における携帯電話保有によるキス経験率の差（約40ポイント）に比べると少ない。ここで出てくる疑問は，百分率にどのくらいの差があった場合，統計的にみて差があると言えるのか，またその結果，仮説が検証されたと言えるのか，という問題であろう。

　このことを考えるためには，第2章で学んだ標本調査における仮説検定の考え方を思い起こしてみる必要がある。すなわち，社会調査のほとんどは全数調査ではなく，標本調査として行われていた。例えば，2011年の第7回「青少年の性行動全国調査」が行われたとき，文部科学省の「学校基本調査」によれば，全国の高校生（全日制）は3,233,248人いた。これに対して，この調査の場合，全国の高校生から2578人，すなわち約0.08％（2578÷3233248×100 = 0.0797）の高校生を標本として抽出し，キス経験率（男子39.7％，女子46.4％）を計算していることになる。これは第2章でも述べたように，**標本統計量**と呼ばれる。

　これに対して，標本抽出のもととなった母集団（日本の高校生全員3,233,248人）における統計量（この場合はキス経験率）は**母数**と言われる。先にも述べたよう

第5章　クロス集計表を作成する

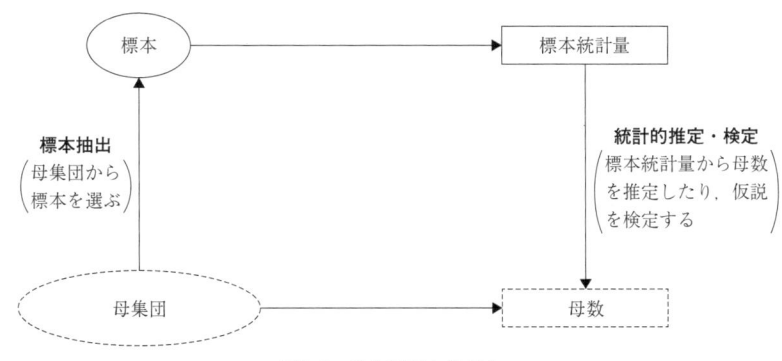

```
    標本 ────────────→ 標本統計量
     ↑                    │
  標本抽出              統計的推定・検定
 (母集団から           (標本統計量から母数
  標本を選ぶ)           を推定したり，仮説
     │                  を検定する)
     │                    │
    母集団 ──────────→  母数
```

図5.2　標本調査の仕組み

に，統計的検定あるいは推定の基本問題は，図5.2に示したように，標本統計量から母数を推定し，標本調査で得られた結論（例えば携帯電話や個室の保有状況によってキス経験率に差がある）を母集団にも一般化できるか検討することにある。

4.2　仮説検定の手順

こうした仮説の統計的検定の手順は，以下のとおりである。まず第2章のコラム②でも「カラスは黒い」という命題の証明を例に述べたように，われわれがある理論的立場から証明したい仮説（これを**対立仮説**という）を確かめるためには，この仮説を否定する仮説（**帰無仮説**）をたてる。例えば「高校生の携帯電話の保有は，キスの経験の有無に関係する（携帯電話を持っている高校生ほど，キス経験者が多い）」という仮説を証明したければ，まず「高校生の携帯電話の保有は，キスの経験の有無に関係しない」という帰無仮説をたてる。次に，標本調査から得られた標本統計量をもとに，この帰無仮説が母集団で成り立つ可能性（確率）を検討する。そして，その可能性すなわち確率がきわめて低い（例えば5％または1％以下）の場合，帰無仮説を否定し（これを「**帰無仮説の棄却**」という），初めて対立仮説を暫定的に採用することになる。

これをまとめると，仮説検定の一般的手順は以下のようになる。

○検定の一般的手続き——帰無仮説と対立仮説

①調査によって証明したい仮説（対立仮説）に反する仮説（帰無仮説）をたてる。

　　例：対立仮説「AはBと関係がある」

　　　　帰無仮説「AはBと関係がない」

②次に，帰無仮説が母集団において採択される確率を計算する。

③帰無仮説が採択される確率が一定の水準（例えば5％：これを$\alpha = 0.05$と表記）に比べても小さい場合には，帰無仮説を棄却（否定）し，はじめて対立仮説を採択する。

次章では，こうした手順によってクロス集計表の分析から実際に仮説検定を行う方法としてカイ二乗検定を紹介する。

5　まとめ

　この章では，まず離散変数の間の関係から因果推論（原因と結果の関係の推論）をする方法としてクロス集計について学んだ。クロス集計表とは，2つの離散変数の関係を示した表であった。そして，クロス集計表を構成する枠はセルと呼び，度数はfに，比率はpにそれぞれの位置を表す添え字のiとjをつけて表していた。そしてiが行（横の並び），jが列（縦の並び）の数を示していた。またクロス集計表の横（行）の合計は行周辺分布，縦の合計は列周辺分布と呼ばれた（これらの概念は第6章でクロス集計表による仮説検定をするうえで重要になる）。

　こうしたクロス集計表を作る際には，まず度数クロス表を作成してから，百分率を計算し，百分率クロス表を作成することになる。その際，重要なことは，仮説における独立変数のカテゴリーごとに従属変数の百分率を計算し，比較することで，仮説を検討するということであった。さらに，独立変数のカテゴリーによって従属変数の分布にどの程度の差があったら仮説が検証されたかについて知るには，第2章で触れた統計的検定の考え方を応用する必要があ

る。というのも、社会調査は基本的に標本調査として行われるので、標本統計量から母集団の母数を統計的に推定したり、標本に現れた変数間の関係がどの程度の確率で母集団に現れるかという仮説検定が必要になるからである。この仮説検定は、証明したい対立仮説（2変数は関係する）に反する帰無仮説（2変数は関係しない）をたて、この帰無仮説が母集団において成り立つのか、あるいは棄却できるか検討する。そして、帰無仮説が棄却されたとき、すなわち母集団において、きわめて低い確率でしか成り立たないことがわかったとき、初めて証明したかった対立仮説を採択するという手順を踏む。こうした仮説検定の実際については、第6章でカイ二乗検定について学ぶなかで理解を深めることになる。

【学習課題】

Q5.1 2011年の第7回「青少年の性行動全国調査」では、対象者に「あなたは、友人の性的な行動や経験が、どの程度気になりますか」と聞いている。下の表5.11aは、この友人の性行動への関心についての回答を学校段階（中学・高校・大学）別に集計した度数クロス表を示している。

表5.11a 学校段階と友人の性行動への関心

（人）

学校段階	友人の性行動への関心			合計
	非常に気になる	少し気になる	全然気にならない	
中　学	250	932	1263	2445
高　校	295	1246	986	2527
大　学	295	1358	890	2543
全　体	840	3536	3139	7515

（a）この表で独立変数になるのは、友人の性行動への関心と学校段階のどちらか。
（b）この度数クロス表から百分率クロス表を作成するためには、計算されるべき百分率は行百分率と列百分率のいずれか。
（c）実際に百分率クロス表を作成せよ。

Q5.2 ギデンス（Giddens, 1992＝1995）によれば，男女の排他的な恋愛・結婚・性愛の三位一体を規範とする恋愛は「ロマンティック・ラヴ」と呼ばれる。このロマンテック・ラヴは，同時に近代家族の性別役割分業を伴うものであったから，近年は若い世代に忌避され，「コンフルエント・ラヴ」すなわち固定的な男女関係ではなく，より平等主義的な恋愛に移行しつつあるという。こうしたコンフルエント・ラヴでは，また「自由に塑型できるセクシュアリティ」たとえば同性愛も許容されるようになる。そこで，「性別役割分業に反対する人ほど，同性愛に許容的態度をとる」という仮説をたてた。表5.12aは，大学生男女について性別役割意識（「男性は外で働き，女性は家庭を守るべきだ」への態度）と「同性愛」への態度との関連をみた度数クロス表である。

表5.12a 性別役割分業への態度と同性愛への態度の関連
（人）

性別役割分業への態度	同性愛への態度 賛成	同性愛への態度 反対	合計
賛　成	148	199	347
反　対	930	718	1648
全　体	1078	917	1995

注）回答者は大学生。またどちらの項目も5段階（「そう思う」「どちらかといえばそう思う」「どちらといえばそう思わない」「そう思わない」「わからない」）で賛否を訊いているが，「賛成」「反対」に回答をまとめたうえで，「わからない」という回答を除いた。

（a）この仮説で独立変数になるのは，同性愛への態度と性別役割意識のどちらか。

（b）この仮説を検討するために計算されるべき百分率は行百分率と列百分率のいずれか。

（c）実際に百分率クロス表を作成し，作成したクロス集計表からは仮説に沿った傾向がみられるか述べよ。

Q5.3 第7回「青少年の性行動全国調査」によれば，性交経験がある大学生のうち，性を「楽しい」と考える者は317人，「どちらかといえば楽しい」と

いう者は654人,「どちらかといえば楽しくない」という者は167人,「楽しくない」とする者は36人だった。これに対して,性交経験のない大学生では,性を「楽しい」という者は110人,「どちらかといえば楽しい」とする者は694人,「どちらかといえば楽しくない」とする者は355人,「楽しくない」と答えた者は125人だった。

（a）このデータをもとに「性を楽しいと考える者ほど性交経験者が多い」という仮説を検討するためのクロス集計表を作成せよ。

（b）このデータから「性交経験者ほど性を楽しいと考える者が多い」という仮説を検討するためのクロス集計表を作成せよ。

第6章
クロス集計表を分析する——カイ二乗検定

本章の目標

クロス集計表から因果関係に関する仮説検定を行う技法として，カイ二乗検定の方法を学ぶ。そして，カイ二乗検定統計量の計算の仕方を学習するとともに，検定統計量のもつ意味や自由度の概念を理解したうえで，実際にカイ二乗検定による仮説の検討を行う。

キーワード 仮説検定　カイ二乗値　統計的独立　観測度数と期待度数　自由度　検定統計量　カイ二乗分布　限界値

1　カイ二乗検定の考え方

1.1　仮説検定の一般的手順
第5章では，仮説検定の一般的手続きを以下のようにまとめた。

○検定の一般的手続き——帰無仮説と対立仮説
①調査によって証明したい仮説（対立仮説）に反する仮説（帰無仮説）をたてる。
　　例：対立仮説「AはBと関係がある」
　　　　帰無仮説「AはBと関係がない」
②次に，帰無仮説が母集団において採択される確率を計算する。
③帰無仮説が採択される確率が一定の水準（例えば5％：これを $\alpha = 0.05$ と表記）に比べても小さい場合には，帰無仮説を棄却し，初めて対立仮説を採択する。

このような考え方にたってクロス集計表の分析から仮説を統計的に検定するには，まず帰無仮説「AはBと関係がない」という状態（これを**統計的独立**と

いう）を作りだし，実際に得られたクロス集計表がこの状態からどの程度，隔たっているか検討すればよい。そして，両者が大きく隔たっている場合に，帰無仮説「AはBと関係がない」を棄却（否定）し，対立仮説「AはBと関係がある」を採択（採用）することになる。このように実際のクロス集計表が帰無仮説からどれだけ隔たっているか評価する統計量（これを**検定統計量**という）は，χ^2値（「カイ2乗値」と読む）と呼ばれる。そして，このχ^2値を計算し，クロス集計表における2つの変数に関連があるか検討することを**カイ二乗検定**という。

1.2 カイ二乗検定のステップ

このカイ二乗検定においてχ^2値を計算するステップは次のようにまとめることができる。

○ χ^2値を求めるステップ

ステップ1．実際に得られたクロス集計表をもとに，帰無仮説の状態，すなわち独立変数と従属変数がまったく関係していない統計的独立の状態を予測する。

ステップ2．実際のクロス集計表が，この統計的独立の状態からどの程度，隔たっているかを計算する。

こうして計算されるχ^2値が大きいほど（言い換えると実際のクロス集計表が統計的独立という状態からかけ離れているほど），独立変数と従属変数は関連があるということになる。

2 統計的独立の予測

2.1 独立した確率事象

では，まずステップ1で独立変数と従属変数が統計的に独立している状態はどのように予測されるのだろうか。

ここで，クロス集計表のセル度数を表す記号の復習をしておく。まず，第5章で示したように，実際に観測されたセル度数は**観測度数**と言い，

$$f_{ij}$$

であらわした（i は行，j は列を表していた）。これに対して，統計的独立という仮定のもとで予測されるクロス集計表の各セル度数を**期待度数**と言い，

$$\hat{f}_{ij}$$（「f ハット ij」と読む）

と表記する。

さて，ここでの問題は観測された度数 f_{ij} をもとに，統計的独立という仮定のもとでの期待度数 $\hat{f}_{ij}$ を予測することである。この予測をするためには，初歩的な確率論の知識が必要になる。このことを以下の例題で考えてみよう。

【例題6.1】

以下の文章の空欄（ア）を埋め，統計的に独立した2つの事象の同時生起確率を求めよ。

1枚のコインを投げて，表の出る確率は0.5，裏の出る確率は0.5である。2つのコインAとBを別々に（独立に）投げた場合の表裏の組み合わせは表6.1のようになる。この表からみて，どちらのコインも表になる確率は（ ア ）である。

表6.1 コインの表裏の組み合わせ

組み合わせ	コインA	コインB
I	表	表
II	裏	裏
III	裏	表
IV	表	裏

この例題6.1では，2つのコインは互いに他の影響を受けることなく，表か裏となる。こうした場合を2つの**独立した確率事象**という。そして，この例からみると，

2つの独立な事象が同時に起こる確率は，各事象が生じる確率の積に等しい

ア　0.25

という定理が成り立つことになる。2つのコインを独立に投げた場合，どちらも表になる確率は，コインAが表になる確率とコインBが表になる確率の積で，

0.5×0.5=0.25（表6.1でみれば1/4）

となるからである。

2.2 統計的独立の仮定のもとでの期待度数の計算

このことをクロス集計表の場合にあてはめて考えてみよう。クロス集計表の場合，2つの変数が統計的に独立している状態とは，どんな状態をいうのか。クロス集計表で，2変数が統計的に独立であるということは，

各セルの比率が，対応する行周辺比率と列周辺比率の積であることを意味している。

このことを次の例題6.2で確認してみよう。

【例題6.2】

表6.2の観測度数（架空例）をもとに，2変数（性別と満足度）が統計的に独立している状態での期待度数を予測して，次の（イ）～（コ）を埋めよ。

表6.2 性別と満足度（観測度数）

	男 性	女 性	
満 足	20	10	30
不 満	60	10	70
	80	20	100

（1）この表をもとに，まず行周辺比率を計算する。例えば，

（性別に関係なく）ある人が満足している確率（行周辺比率）

$$p_{1.} = (\quad イ \quad)$$

（2）次に列周辺比率を計算する。例えば，

（満足度に関係なく）ある人が男である確率（列周辺比率）

$$p_{.1} = (\quad ウ \quad)$$

(3) 以上の確率の積から2変数が独立しているときの各セル比率・セル度数を計算する。例えば，ある人が「男でありかつ満足」の確率は

$$p_{11} = p_{1.} \times p_{.1} = (　イ　) \times (　ウ　) = (　エ　)$$

また，全サンプル数は N =100だったから，これをこの確率にかけて，「男でかつ満足している人の数（期待度数）」は，

$$\hat{f}_{11} = p_{11} \times N = (　エ　) \times 100 = (　オ　)$$

(4) 以下，同様にして $\hat{f}_{21}, \hat{f}_{12}, \hat{f}_{22}$ を求め，表6.3の(カ)〜(ク)を埋めてみよう。

表6.3 性別と満足度（期待度数）

	男性	女性	
満足	(　オ　)	(　カ　)	30
不満	(　キ　)	(　ク　)	70
	80	20	100

(5) この表が統計的独立の状態，すなわち性別と満足度に関連がない状態になっているか検討してみる。そのためには，性別ごとに「満足」の比率（百分率）を計算してみればよい。両者が一致すれば性別と満足度は統計的に独立している（関係がない）ことになる。

まず男性の場合，満足の百分率は

(　オ　) ÷ 80 × 100 = (　ケ　)

次に女性の場合，満足の百分率は

(　カ　) ÷ 20 × 100 = (　コ　)

となり，性別によって満足の比率に差がなく，性別と満足度は統計的に独立していることがわかる。

イ 0.3　ウ 0.8　エ 0.24　オ 24　カ 6　キ 56　ク 14
ケ 30.0　コ 30.0

第6章 クロス集計表を分析する――カイ二乗検定

3 χ^2値の計算

さて，以上でχ^2値を求めるステップ1の作業，すなわち，**実際に得られたクロス集計表をもとに，独立変数と従属変数がまったく関係していない状態（統計的独立の状態）を予測する**ことができた。

次は，ステップ2の作業，すなわち，**実際のクロス集計表がこの統計的独立の状態からどの程度，隔たっているかを計算する**。この手順は以下のとおりである。

（1）まず，統計的独立のもとでの期待度数と観測度数の差を各セルごとに求める。**この値が大きいほど，各セルの観測度数は，統計的独立という仮定から外れていることになる**。式で表わすと，以下のようになる。

$$\hat{f}_{ij} - f_{ij}$$

（2）次に，この差には正負があるので二乗して正の値とする。また，この差は期待度数$\hat{f}_{ij}$の大きさにも影響されるので，各セルごとに期待度数$\hat{f}_{ij}$で割って標準化する。これも式で示すと，以下のようになる。

$$\frac{\left(\hat{f}_{ij} - f_{ij}\right)^2}{\hat{f}_{ij}}$$

（3）この値をすべて（行Rと列Cについて）足してχ^2値を求める。

$$\chi^2 = \sum_{i=1}^{R} \sum_{j=1}^{C} \frac{\left(\hat{f}_{ij} - f_{ij}\right)^2}{\hat{f}_{ij}}$$

以上の手順を実際の例題で確かめてみよう。

【例題6.3】

以下の手順で先の表6.2（観測度数の表）および例題6.2で計算した表6.3（統計的独立のもとでの期待度数の表）からχ^2値を求めよ。

87

（1）各セルごとに期待度数（表6.3）と観測度数（表6.2）の差を求める。例えば、「男性・満足」の期待度数と観測度数の差は（　オ　）－20＝（　サ　）である。同様にして表6.4の（シ）～（セ）を計算せよ。

表6.4 期待度数と観測度数の差
$$\hat{f}_{ij} - f_{ij}$$

	男性	女性
満足	（　サ　）	（　シ　）
不満	（　ス　）	（　セ　）

（2）この差を二乗し、期待度数で割って標準化する。例えば、「男性・満足」のセルの差を2乗し標準化すると、（　サ　）^{2}÷（　オ　）＝（　ソ　）となる。同様に表6.5の（タ）～（ツ）を計算せよ。

表6.5 期待度数と観測度数の差の2乗を標準化した値
$$\frac{(\hat{f}_{ij} - f_{ij})^2}{\hat{f}_{ij}}$$

	男性	女性
満足	（　ソ　）	（　タ　）
不満	（　チ　）	（　ツ　）

（3）最後に4つのセルの値を合計してχ^2値を求める。

$$x^2 = \sum_{i=1}^{R} \sum_{j=1}^{C} \frac{(\hat{f}_{ij} - f_{ij})^2}{\hat{f}_{ij}} = (　ソ　) + (　タ　) + (　チ　) + (　ツ　) = (　テ　)$$

4 クロス集計表の自由度

4.1　χ^2値の意味

さて、以上の手順でχ^2値は求めることができた。もう一度、χ^2値の意味を確認するならば、この値は計算手順でもわかるように、

実際の観測度数が、統計的独立という状態での期待度数からどれだけ隔たっ

サ　4　　シ　－4　　ス　－4　　セ　4　　ソ　0.667　　タ　2.667　　チ　0.286
ツ　1.143　　テ　4.763

ているか

を示す検定統計量であった。つまり，この χ^2 値が大きいほど，実際に観測された2変数（この例では性別と満足度）は

統計的独立という帰無仮説の状態から離れている，すなわち2変数は統計的にみて関連している

と言える。

次に問題になるのは，この χ^2 値がどの程度の値をとったときに2変数は統計的に関連していると言えるのか，ということである。

4.2 クロス集計表の自由度の定義式

これまでの χ^2 値の計算手順でわかるように，χ^2 値の大きさはクロス集計表の大きさに比例する。すなわち，χ^2 値を計算する際に，すべてのセルについて値を足しあわせた。したがって，セルの数が多いほど，言い換えるとクロス集計表が大きいほど，χ^2 値も自動的に大きくなる。こうしたクロス集計表の大きさは，**自由度**（*df*：degree of freedom）という統計量で評価する。クロス集計表の自由度とは，

周辺度数が固定された場合に，値を変化させることのできるセルの数

を意味する。先に統計的独立という状態での期待度数を計算するとき，周辺度数は固定して（変化させずに）各セルの期待度数を求めた。したがって，周辺度数が固定された場合に，いくつのセルの値を自由に（周辺度数に関係なく）変化させることのできるかが χ^2 値に影響する。

このクロス集計表の自由度は

$$df = (r-1)(c-1) \quad :ここで r は行の数，c は列の数$$

で計算される。

この式からわかるように，自由度とは，χ^2 値の構成要素として足し合わせるセルの数の多さを示すものでもある。したがって，後ほどカイ二乗分布をみるが，自由度が大きいほど，より大きな χ^2 値が観察される確率も大きくなる。

【例題6.4】

以下の文章の空欄（ト）～（ニ）を埋め，表6.2の自由度を求めよ。

表6.2の場合，行の数は（ ト ），列の数は（ ナ ）なので，自由度は

[（ ト ）− 1］×［（ ナ ）− 1］＝（ ニ ）

となる。つまり，2×2表で周辺度数が固定された場合，自由に値を決められるセルの数は1である。

5 カイ二乗分布表

5.1 カイ二乗分布表の見方

さて，以上の手順でクロス集計表の自由度が計算されたならば，カイ二乗分布表（付表A，259頁）をみる。このカイ二乗分布表では，

ある自由度のクロス集計表において，ある値以上の χ^2 値が母集団において現れる確率

が**有意水準α**として示されている。

すなわち，この表では，まず，いちばん左の列にクロス集計表の自由度（df）が表示されている。また，いちばん上の行には有意水準（α）が表示されている（付表A（259頁）では，αの値は0.10からはじまって0.01まで3つの値となっている）。通常，クロス集計表で仮説検定をする場合，有意水準は$\alpha = 0.05$（5％水準）もしくは$\alpha = 0.01$（1％水準）を使う。

そこで，例えば自由度10のクロス集計表で有意水準5％とした場合，$df = 10$の行と$\alpha = 0.05$の列の交わるセルをみると18.307となっている。このことは，次のことを意味する。

自由度10のクロス集計表においては，χ^2値が母集団において，18.307を超える確率は5％以下（$\alpha = 0.05$）である。

この値18.307は，計算されたχ^2値がこれを上回ったら2変数の統計的独立を仮定した帰無仮説を棄却できるという意味で**限界値**（c.v.：critical value）という。

ト 2　ナ 2　ニ 1

5.2 カイ二乗検定の手順

そこで，こうしたカイ二乗分布の性質を利用して，以下の手順でクロス集計表による仮説の検定を行う。

(1) 帰無仮説を棄却する有意水準（α）を設定する。
　　通常は5％（$\alpha=0.05$）または1％（$\alpha=0.01$）とする。
(2) クロス集計表の自由度（df）を計算する。先に説明したように，自由度は $df=(r-1)(c-1)$ で計算される（ここではrは行の数，cは列の数）。
(3) カイ二乗分布表で，dfに対応する行と，有意水準のαレベルに対応する列とが交わるセルにある限界値を見る。
(4) クロス集計表から求めたχ^2値がこの限界値よりも大きいならば，実際に観測された度数（観測度数）は，統計的独立によって期待される度数（期待度数）から大きく隔たっているので，2変数は関連していると言える。つまり，帰無仮説は棄却され，対立仮説は採択される。

【例題6.5】

巻末の付表A（259頁）から以下の自由度，有意水準に対応する限界値を求めよ。

① $df=5$　$\alpha=0.05$　c.v. =（　ヌ　）
② $df=15$　$\alpha=0.01$　c.v. =（　ネ　）

【例題6.6】

表6.2のクロス集計表（性別と満足度）の場合，例題6.3で求めたようにカイ二乗値は $\chi^2=4.763$ であった。また，このクロス集計表の場合，自由度は例題6.4で確認したように $df=1$ であった。以下の文章の（ノ）を埋め，（ハ）～（フ）はあてはまる語句を選べ。

付録Aのカイ二乗分布表から見て有意水準を $\alpha=0.05$ とした場合の限界値は（　ノ　）である。求めたχ^2乗値はこの限界値を（ハ）（上回って・下回って）い

ヌ　11.070　　ネ　30.578　　ノ　3.841　　ハ　上回って　　ヒ　棄却され
フ　関連がある

るので，帰無仮説は^{ヒ)}（棄却され・棄却されず），性別と満足度には^{フ)}（関連がある・関連がない）ことになる。

■**コラム⑦**■

カイ二乗分布とはどのようなものでしょうか。

　カイ二乗分布表には，ある自由度のクロス集計表において，ある値以上の χ^2 値が母集団において現れる確率が示されていました。仮説は母集団についてたてられますので，仮説が成り立つかどうかは，標本ではなく母集団に関して検討されることになります。そのためには，標本から求められた χ^2 値の大きさが，母集団においてどの程度の確率で生じるかを検討する必要があります。そして，その χ^2 値の大きさが母集団から得られる確率がきわめて小さいとき（１％もしくは５％以下のとき），帰無仮説「２変数が関係しない（独立である）」を棄却し，対立仮説「２変数は関係する」を採択することになります。

　こうした仮説の検定のために用いられる統計量（カイ二乗検定の場合は χ^2 値）を**検定統計量**と言います。すなわち，検定統計量とは，一般に無作為抽出標本から母集団に関する仮説の検定を行う際に用いる統計量で，標本数と自由度によって決まる特徴的な**標本分布**を示すものです（このテキストでは χ^2 値のほかに，t 値と F 値を紹介します）。ここでいう標本分布とは，母集団から一定の大きさの標本が可能な限り抽出された場合の検定統計量の分布を言います。たとえば，50の要素からなる母集団から大きさ５の標本を抽出する場合，標本の組合せは，

$$_{50}C_5 = \frac{50!}{5! \times (50-5)!} = 2118760$$

存在します。

　この標本１つひとつについて，AとBという２変数のデータを収集し，クロス集計表を作って2,118,760回 χ^2 値を求めた場合，その分布はカイ二乗分布に近似することになります（図6.1）。

　ここには，自由度 $df = 2$，8，22のカイ二乗分布が示されています。横軸は χ^2 値，縦軸はその χ^2 値が観測される確率 $p(Y)$ が示されています。

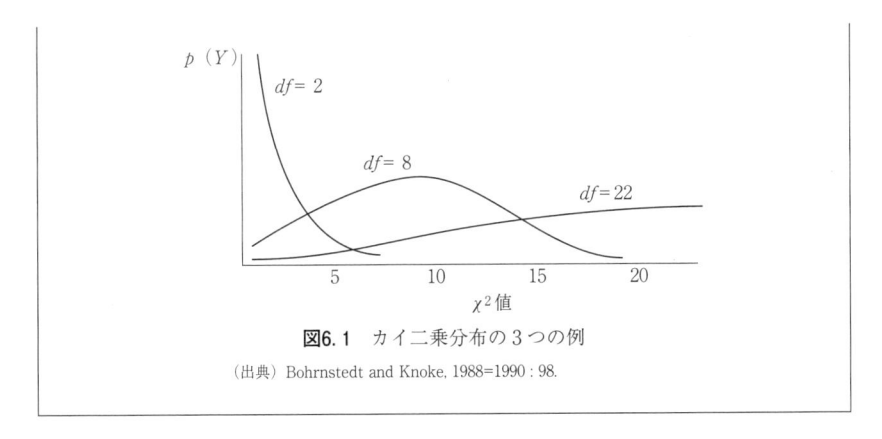

第6章　クロス集計表を分析する——カイ二乗検定

図6.1 カイ二乗分布の3つの例
（出典）Bohrnstedt and Knoke, 1988＝1990：98．

6 まとめ

　カイ二乗検定は，クロス集計表をもとに，そこに現れた変数間の関係が母集団にも一般化できるか検討することで，仮説の検証をする統計的検定の一手法であった。そして，対立仮説（「AとBは関係する」）を否定する帰無仮説（「AとBは関係しない」）のもとで，χ^2値を計算し，その大きさを評価することで，カイ二乗検定を行う。すなわち，まず実際に得られたクロス集計表をもとに，帰無仮説の状態，すなわち独立変数と従属変数がまったく関係していない統計的独立の状態を予測した。次に，実際のクロス集計表がこの統計的独立の状態からどの程度，隔たっているかを，χ^2値によって評価した。つまり，χ^2値が大きいほど，実際に標本調査で観察されたクロス集計表は，帰無仮説（すなわち統計的独立の状態）から隔たっていることになる。

　このχ^2値は，一定の自由度のもとでのカイ二乗分布に従っていた。カイ二乗分布は，ある自由度のクロス集計表において，ある大きさのχ^2値が母集団において現れる確率が限界値として示されていた。そこで，帰無仮説を棄却する確率水準（α）を設定し，自由度をもとにカイ二乗分布表で限界値を見て，クロス集計表から求めたχ^2値がこの限界値よりも大きいならば，実際に観測された度数は，統計的独立によって期待される度数から大きく隔たっているの

で，帰無仮説を棄却し，2変数は関連していると結論づける。逆に，もしクロス集計表から求めたχ^2値がこの限界値よりも小さいならば，帰無仮説は棄却できず，2変数は統計的にみて有意な関連にはないと結論づけることになる。

ただし，χ^2値の大きさは，標本の大きさやクロス表の自由度に影響されやすい。とくに標本数が大きいとχ^2値は大きな値をとり，帰無仮説は棄却されやすい。そこで，カイ二乗検定で2変数の関連が有意であると確認された場合，2変数の関連の強さを関連係数で検討することになる。これについては，第12章で学習することになる。

【学習課題】

Q6.1 2011年の第7回「青少年の性行動全国調査」より，家庭のイメージと男子高校生のキス経験の間に表6.6aのような関係がみられた。ここから「男子高校生のキス経験は家庭のイメージと関係する」という仮説を次の(a)〜(h)の手順で検討せよ。

表6.6a 家庭のイメージとキス経験の有無：男子高校生

(人)

キス経験	家庭のイメージ			合計
	楽しい	どちらともいえない	楽しくない	
あり	215	140	32	387
なし	305	239	44	588
全体	520	379	76	975

(a) この対立仮説を検証するための帰無仮説を述べよ。

(b) 帰無仮説（統計的独立の仮定）のもとでの期待度数を計算し，下の表6.6bの各セルを埋めよ。

表6.6b 帰無仮説のもとでの期待度数

キス経験	家庭のイメージ			合計
	楽しい	どちらともいえない	楽しくない	
あり				387
なし				588
全体	520	379	76	975

どの家庭イメージにおいても，キス経験のあるものが39.7%であること

（家庭イメージとキス経験が独立であること）を確認せよ．

（c）期待度数（表6.6b）と観測度数（表6.6a）の差を各セルごとに求め，下の表6.6cのセルを埋めよ．

表6.6c 期待度数（表6.6b）と観測度数（表6.6a）の差

キス経験	家庭のイメージ		
	楽しい	どちらともいえない	楽しくない
あり			
なし			

（d）期待度数と観測度数の差（表6.6c）を2乗して期待度数（表6.6b）で標準化して，表6.6dの各セルを埋めよ．

表6.6d 期待度数で標準化した期待度数と観測度数の差の2乗を標準化

キス経験	家庭のイメージ		
	楽しい	どちらともいえない	楽しくない
あり			
なし			

（e）以上からχ^2値を求めよ．

（f）このクロス集計表の自由度はいくつか．

（g）$\alpha=0.05$としたときの限界値はいくつか．

（h）以下の（　）内のあてはまる語句を○で囲み，検定結果を完成させよ．

　　求められたχ^2値はこの（限界値よりも大きい・小さい）ので，帰無仮説「家庭イメージとキス経験は関係しない」は（棄却され・棄却されず），家庭のイメージと男子高校生のキス経験は（関係する・関係しない）ことになる．

Q6.2 下の表6.7は第5章の例題5.1で示した女子高校生の個室保有状況とキス経験のクロス集計表である．この表をもとに「個室の有無とキス経験は関係する」という仮説を$\alpha=0.01$としてカイ二乗検定を用いて検定せよ．

表6.7a 女子高校生の個室保有とキス経験：度数クロス表
(人)

キス経験	個室の保有 持っている	持っていない	合　計
あ　り	553	141	694
な　し	587	217	804
合　計	1140	358	1498

第7章

2つの平均の差を検定する（1）——正規分布

本章の目標

連続変数における2つの平均値の間に統計的にみて有意な差があるかといえるかは，どのように検討すればよいだろうか。本章では，2つの平均の差を検定する方法のうち，標準誤差が既知の場合に正規分布を利用して行う検定について学習する。正規分布の性質を理解したうえで，実際に仮説の検討を行う。

キーワード　確率分布　正規分布　中心極限定理　標本分布　標準誤差　平均の差の検定

1　確率分布

社会調査で得られたデータを2つのグループに分けて，その平均値を比較する場合がある。例えば，年収の平均値を男女で比較する，居住地を都市部と町村部の2つに分けて通勤時間の平均値を比較するなど，さまざまな例をあげることができる。このように2つの平均値を比較したとき，統計的にみて有意な差があるといえるかどうかは，統計的検定の問題となる。第7章と第8章では，こうした2つの平均の差の検定について扱う。

まずはその準備として，**確率分布**について学習しよう。

確率分布とは，母集団においてある変数の K 個の値がそれぞれ何らかの出現確率をもつ場合の，この K 個の値の集合のことである。例えば，$Y_1, Y_2, \cdots, Y_K$ と K 個の値があり，Y_1 が出現する確率を $p(Y_1)$，Y_2 が出現する確率を $p(Y_2)$，そして Y_K が出現する確率を $p(Y_K)$ と表すならば，これら $Y_1, Y_2, \cdots, Y_K$ の集合は確率分布と呼ぶことができる。確率分布は，その値の性質によって離散確率分布と連続確率分布に分けることができる。

1.1 離散確率分布

離散変数における確率分布のことを，**離散確率分布**と呼ぶ。離散確率分布では，ある値をとる個体を観測する確率はその値をとるケースの相対度数（比率）に等しくなる。すなわち母集団の大きさを T，カテゴリー値 Y_i をとる個体の和を n_i とすると（つまり $n_1 + n_2 + \cdots + n_K = T$），母集団のうちある値をとる個体を観測する確率は，$p(Y_i) = n_i/T$ となる。また，全カテゴリーの確率の和は1になる。

$$\sum_{i=1}^{K} p(Y_i) = 1$$

また，確率分布には**経験的な確率分布**と**理論的な確率分布**という区別がある。経験的な確率分布は，例えば，国勢調査から得られる人口の分布のように，経験的に得られる観測値における確率分布のことである。ある1人を無作為に取り出したとき，その人がある都道府県の居住者である確率は，母集団のなかでその県の居住者が占める相対度数（比率）を求めればわかる。一方，理論的な確率分布の例としては，コイン・トスで表と裏がそれぞれ出る確率やサイコロを振って出る目の確率の分布があげられる。コインやサイコロに歪みがなければ，理論的に，コインの表裏は $1/2 = 0.5$ の確率で，サイコロの目は $1/6 = 0.167$ の確率で出るはずである。

1.2 連続確率分布

連続変数における確率分布を，**連続確率分布**と呼ぶ。連続変数には値に途切れがないため，連続確率分布では，2つの値（a と b）の間の領域に着目し，点 a と点 b の間にある Y という値を観察する確率を α と考え，このことを $p(a \leq Y \leq b) = \alpha$ と表す。これは，視覚的にはその確率分布全体の面積のうち，その範囲に含まれる領域の面積のことになる（図7.1）。

すでに学習したカイ二乗分布や，これから学習する正規分布，t 分布，F 分布などは，統計的推定や検定によく利用される理論的連続確率分布である。

第7章　2つの平均の差を検定する（1）——正規分布

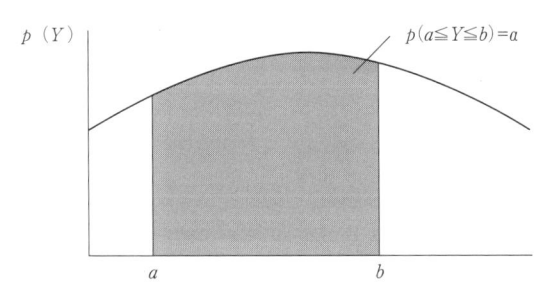

図7.1 連続確率分布における確率の捉え方

2　正規分布とその性質

2.1　正規分布とは

正規分布（normal distribution）は，山が1つで平均値に関して対称な，なめらかな釣り鐘形をした理論的連続確率分布である。以下の式によって記述され，ここで，πは円周率（3.14159…），eは自然対数の底（2.71828…）なので，正規分布の形は母平均μ_Yと母分散σ_Y^2の2つ値によって決まることになる。例えば，正規分布の曲線は図7.2に示したような形になるが，この曲線の形（山の位置や高さ，裾のなめらかさ）が，母平均や母分散の値によって異なることになる。

$$p(Y) = \frac{1}{\sqrt{2\pi\sigma_Y^2}} e^{-(Y-\mu_Y)^2/2\sigma_Y^2}$$

さて，正規分布で重要なことは，標準偏差を基準にして，平均からの距離と，そこに含まれる面積（すなわち，その範囲の事象が観察される確率）との関係がわかっているということである。例えば図7.2で見ると，母平均（μ_Y）から標準偏差（σ_Y）1つ分だけ離れた値（$\mu_Y \pm \sigma_Y$）が全体の約68.2%であり，標準偏差2つ分だけ離れた値（$\mu_Y \pm 2\sigma_Y$）となると95.4%になる。また，理論的にはこの横軸は$-\infty$から∞（無限大）までであり，裾は横軸に接することはない。

正規分布のなかでも，統計的推測や検定には，平均が0，標準偏差が1であ

図7.2 正規分布のイメージ

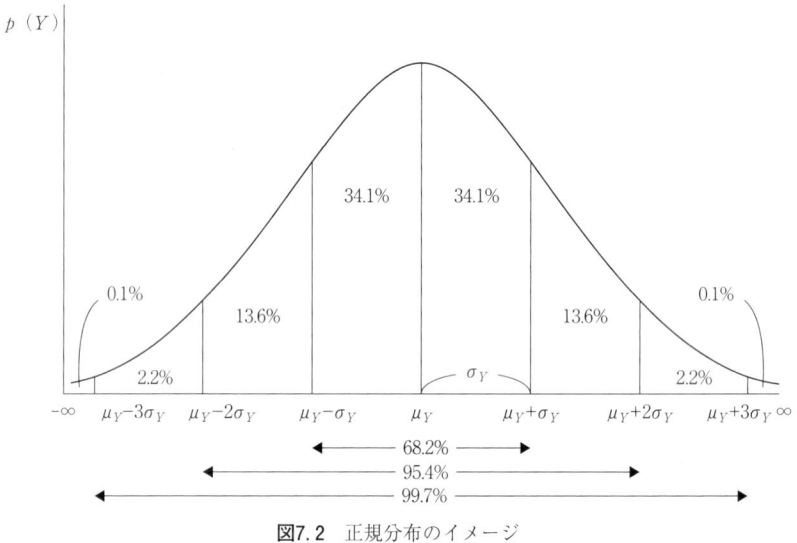

る Z 得点についての正規分布（**標準正規分布**と呼ぶ）を用いる。それは，第4章で学んだように，いかなる値も平均との差を標準偏差で割るという計算によって，つまり $Z = (Y - \mu_Y)/\sigma_Y$ と変換すれば Z 得点に変換することができるからである。この標準正規分布に関して，次の3つのことを確認しておこう。すなわち，①ある分布をしている確率の合計は1なので，正規曲線で囲まれる領域の面積は1である，② Z 得点の平均は0なので，この領域は平均0を境にして2等分される，③ Z 得点の標準偏差は1なので，標準正規分布は標準偏差を基準としてある値 Z_α が生じる確率を表している。つまり，図7.3で色のついている部分が，0と Z_α の間の値が生起する確率を表していることになる。

ここで示した正規分布に対応する確率は付表B（260頁）に示してある。この表の読み方を説明しておこう。付表Bの Z の下に並んでいる数字（いちばん左の列）は Z の小数点第一位までを，Z の右に並んでいる数字（一番上の行）は Z の小数点第二位を示している。この両者の交わるところにある数値が，0から Z_α の間の値が生じる確率（図7.3で色のついた部分の面積）である。

これらのことを踏まえて，例えば，標準偏差を単位として平均から1.50倍以上離れた値（Z_α）が生起する確率を求めてみよう。Z 得点の平均は0，標準

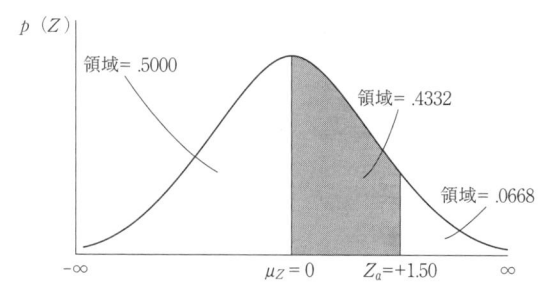

第7章 2つの平均の差を検定する（1）——正規分布

図7.3 標準正規分布においてある値が生じる確率

偏差は1なので，平均0から標準偏差の1.50倍だけ離れた値は $Z_\alpha = \mu + 1.50 \sigma = 0 + 1.50 \times 1 = 1.50$ となる。次に，付表B（260頁）で，Zの下の数（小数点第一位までの値を示す）を見て1.5のところを探す。さらに，そこから表を横にたどり.00の列（小数点第二位の値を示す）を見ると.4332という数字がある。これが0と Z_α（この場合は1.50）の間の値が生じる確率になる。また，分布の右半分の確率は.5000であるから，Z_α 以上の値が生じる確率も.5000 − .4332 = .0668と求められる。このことを図7.3で確認しておこう。

【例題7.1】

標準正規分布において，標準偏差を単位として平均から2.50倍以上離れた値が生じる確率を，以下の空欄を埋めながら求めよ。

（1）$Z_\alpha = \mu_z + （\ ア\ ）\sigma_z = （\ イ\ ） + （\ ア\ ） \times （\ ウ\ ） = （\ エ\ ）$

（2）付表B（260頁）で，Zの下の数を見て（　エ　）のところを探し，そこから横にたどり.00の列を見ると（　オ　）とある。

（3）.5000 − （　オ　）= （　カ　）より，平均から2.50倍以上離れた値が生じる確率は（　カ　）であるとわかる。

以上のように求められる任意の Z_α 以上の値が生じる確率，図7.3で考えれば Z_α から分布の裾にかけての領域のことを，アルファ領域と呼ぶ。

さて，先の例では，Z_α の値からそれ以上の値が生じる確率 α（標準正規分布の裾にかけてのアルファ領域の面積）を求めた。この考え方を利用して，逆に，

101

確率αからZ_αの値を求める，すなわち標準正規分布の裾にかけての面積をある値で切り取るためのZ_αの値を求めることもできる。例えば，αを0.05にするには次のようにすればよい。分布の右半分の面積（確率）は0.5000なので，0.5000－0.0500＝0.4500より，付表B（260頁）で0.4500を探す。すると，近い値として.4495と.4505の2つがみつかり，これはそれぞれ1.64と1.65に対応している。この2つの中間をとると1.645となり，正規分布においてαが0.05となるZ_αの値は1.645ということになる。

こうして求めたαを利用して，正規分布を利用した統計的検定ができるようになることは，すでに第5章や第6章で学習したカイ二乗検定と同様である（本章の第3節）。

なお，ここではアルファ領域を分布の右側一方だけに設定しているが，アルファ領域を分布の左右両側に分けることもできる。その場合，上側の確率と下側の確率をそれぞれ2分の1にすればよい。例えばαが0.05のときにはその2分の1である0.025を使ってZ_αの値を求めればよい。実際には，0.5000－0.0250＝0.4750より，0.4750に対応するZ_αの値を探せば1.96が見つかるはずである（確認すること）。統計的検定を行う際には，仮説の内容によって片側検定と両側検定という2つの方法を使いわけることになり，アルファ領域を右側だけにとるか左右両側にとるかということは，この片側検定と両側検定の使い分けに関係してくる。第7章では基本的な考え方を理解するために片側検定について学習し，両側検定との使い分けについては，第8章で説明することにしよう。

【例題7.2】

αを0.01にするためのZ_αの値を，以下の空欄を埋めながら求めなさい。付表B（260頁）を利用すること。

（1）（　キ　）－（　ク　）＝（　ケ　）より，付表B（260頁）で（　ケ　）を探す。

（2）すると，近い値として（　コ　）と（　サ　）の2つが見つかり，これはそ

ア　2.50　　イ　0　　ウ　1　　エ　2.50　　オ　.4938　　カ　.0062

れぞれ（　シ　）と（　ス　）に対応している。
(3) この2つの中間をとると（　セ　）となり，正規分布においてαが0.01となるZ_αの値は（　セ　）ということになる。

2.2　中心極限定理

さて，正規分布に関連する重要事項に，**中心極限定理**がある。これは，「平均μ_Y，分散σ_Y^2の母集団から，N個の観測値からなる標本をすべての組み合わせにわたって無作為抽出したとき，Nが大きくなるほど，標本平均の分布は平均μ_Y，分散σ_Y^2/Nの正規分布に近似する」ということを述べた定理である。数式で示せば，次のようになる。ここで$\mu_{\bar{Y}}$はすべての標本平均$\bar{Y}$の分布の平均を，$\sigma_{\bar{Y}}^2$はすべての標本平均$\bar{Y}$の分布の分散を意味する。

$$\mu_{\bar{Y}} = \mu_Y$$
$$\sigma_{\bar{Y}}^2 = \sigma_Y^2/N$$

中心極限定理から，次の2つのことがわかる。

第1に，母集団からあらゆる組み合わせで無作為抽した標本のすべてにおいて標本平均を求めた場合，その標本平均からなる分布（これを標本平均の**標本分布**と呼ぶ）の平均は，その標本を抽出した母集団の平均に等しくなる。例えば，人口30万人の市で1500人を無作為抽出して調査を実施するとしよう。このとき，30万人から選ぶ1500人の組み合わせには，数え切れないほどのパターンがありうる。したがって，実際には「あらゆる組み合わせで無作為抽出し標本平均を求める」という作業は行わないのだが，母集団である30万人の市民における平均や分散がわかれば，そこから，あらゆる組み合わせで無作為抽出したと想定される1500人の標本の数々から得られるであろう標本平均の分布（標本分布）の形がわかる，ということである。

第2に，母平均に近い標本平均を得るためには，標本数Nを大きくすればよい，ということである。このことは，Nが大きくなれば，平均の標本分布の

キ　0.5000　　ク　0.0100　　ケ　0.4900　　コ　.4898　　サ　.4901　　シ　2.32
ス　2.33　　セ　2.325

分散 $\sigma^2_{\bar{Y}} = \sigma^2_Y/N$ が小さくなることから確認できる。すべての平均の標本分布の分散が小さいほど，母平均に近い標本平均が得られる確率が大きくなるからである。なお，標本分布の標準偏差は，**標準誤差** $\sigma_{\bar{Y}}$ と呼ばれ，以下の式で示される。

$$\sigma_{\bar{Y}} = \sigma_Y/\sqrt{N}$$

中心極限定理は，やや難しく感じるかもしれないが，統計的検定を行うための基礎となる重要な考え方なので，しっかり身につけておきたい。

■コラム⑧■

中心極限定理は，具体的にはどのようなものでしょうか。

ここでは，社会統計学の古典的なテキストで使われている例を見てみます。西平(1985)は，次のように，母集団についてすべてわかっている場合についての平均値がどのようになるかを示しています（一部改編しています）。

A さんから I さんまでの9人からなる母集団について，1カ月当たりの小遣い額を調べたところ，表7.1のようになったとします。この母集団では，平均が $\mu_Y = 3$，分散が $\sigma^2_Y = 1.33…$ です。

表7.1 $N = 9$ の母集団における小遣い額の分布（架空例）

個　人	A	B	C	D	E	F	G	H	I	合　計
小遣い額（万円）	1	2	2	3	3	3	4	4	5	27

この9人から，例えば (A, B, C, D) や (A, B, C, G) のように4人の標本を抽出する（9人の母集団から $N = 4$ の観測値からなる標本を抽出する）組み合わせは，以下の計算により，全部で126通りあることがわかります。

$$_9C_4 = \frac{9!}{4!(9-4)!} = \frac{9 \times 8 \times 7 \times 6 \times 5 \times 4 \times 3 \times 2 \times 1}{4 \times 3 \times 2 \times 1 \times (5 \times 4 \times 3 \times 2 \times 1)} = 126$$

次に，その126通りの標本でそれぞれ小遣い額の標本平均（$\bar{Y}$）がどうなるかを考えてみましょう。図7.4の左上にあるように，この9人からなる母集団は，ブロックを使えば，小遣い3万円の3人を中心に，その左右に2万円と4万円が2人ずつ，左右の端に1万円と5万円が1人ずつの山型で表現できます。ここから4人の標本を抽

第7章　2つの平均の差を検定する（1）——正規分布

出したとき，例えば，(A, B, C, D), (A, B, C, E), (A, B, C, F) の3つの組み合わせは，ブロックを使うと，小遣い2万円の2人（BさんとCさん）を中心に，左に1万円の1人（Aさん），右に3万円の人が1人（Dさん，Eさん，Fさんのうち1人）の山型になるでしょう。このとき，標本平均は $\bar{Y} = \frac{1}{4}$（1×1＋2×2＋3×1）＝2より2になります。また，この組み合わせは小遣い3万円の人がDさん，Eさん，Fさんの誰になるかによって3通り考えられます。同様に，(1, 2, 2, 4) となる組み合わせは (A, B, C, G) と (A, B, C, H) の2通り，(1, 2, 3, 3) となる組み合わせは (A, B, D, E) などの6通りあり，これらの8つの組み合わせの標本平均は2.25です。このようにしてすべての組み合わせについて標本平均（$\bar{Y}$）を求め，それぞれ何通りあるか（どのように分布するか）を整理すると図7.4の棒グラフようになるのです（これが「標本分布」です）。

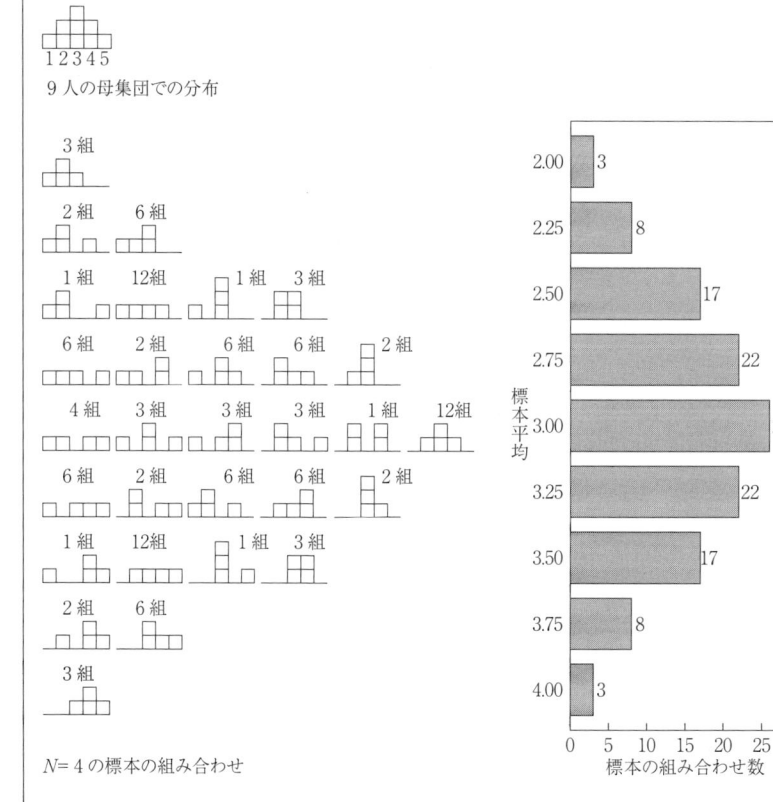

図7.4　標本の組み合わせと標本平均の分布

また、標本分布の平均（$\mu_{\bar{Y}}$）を計算すると、次のようになります（(4.2)式を参照）。

$$\mu_{\bar{Y}} = \frac{1}{126}(2.00 \times 3 + 2.25 \times 8 + 2.50 \times 17 + 2.75 \times 22 + \cdots + 4 \times 3) = 3$$

この値は、先に示した母集団の平均（μ_Y）と等しくなりました。中心極限定理からわかる2つのことのうち、1番目の「標本分布の平均は、その標本を抽出した母集団の平均に等しくなる」ということは、このようなことです。

さらに、中心極限定理からわかることの2つめとして、「母平均に近い標本平均を得るためには、標本数 N を大きくすればよい」とありました。このことも確認しておきましょう。

標準誤差（標本分布の標準偏差）は $\sigma_{\bar{Y}} = \sigma_Y / \sqrt{N}$ ですが、N が大きくなれば、この右辺の分母の値が大きくなりますから、標準誤差の値も小さくなっていきます。さきに学んだように、正規分布では標準偏差を基準にして平均からの距離と面積（事象が観察される確率）の関係がわかっていますが、標本分布の標準偏差である標準誤差の値が小さくなれば、「標準偏差1つ分だけ離れた値」や「標準偏差2つ分だけ離れた値」も小さくなっていきます。つまり、標本数 N を大きくすれば標本分布の幅が小さくなり、標本平均は母平均を中心にそのまわりに集まってくるのです（このことから「中心極限定理」と呼ばれています）。

図7.4でも、N を4ではなく5へ、さらに6へと大きくすれば、標準誤差が小さくなり、母平均に近い標本平均が観測される確率が高くなります。以上より、標本調査では、標本数が大きいほど誤差が小さくなることもわかるでしょう。

3 2つの平均の差の検定（標準誤差が既知の場合）

3.1 平均の差の検定の考え方

さて、いよいよ平均の差の検定にとりかかることにしよう。基本的な手続きは、第6章で学んだカイ二乗検定と同様である。すなわち、帰無仮説と対立仮説を立てて、帰無仮説が棄却されれば対立仮説が採択されることになる。

平均の差の検定は、2つの標本平均を比較し、母集団で平均（母平均）が異なっているかどうかを確認するものである。したがって次のような仮説を検討することになる。対立仮説（H_1）は、ある集団の母平均の方がもう一方の母

第7章 2つの平均の差を検定する（1）——正規分布

平均よりも高い（例えば，都市部住民の平均通勤時間 μ_2 は町村部における平均通勤時間 μ_1 よりも長い）こと，帰無仮説（H_0）は，2つの母平均に差がない（例えば，都市部と町村部とで，平均通勤時間に差がない）ことを示している。

H_0： $\mu_1 = \mu_2$
H_1： $\mu_1 < \mu_2$

また，前節で学習した中心極限定理から，次のようなことがわかっている。それは，「平均が μ_1 で分散が σ_1^2，平均が μ_2 で分散が σ_2^2 である2つの母集団から，それぞれ大きさ N_1 と N_2 の無作為標本を抽出し，それぞれの標本平均を求める。するとこの2つの標本平均の差は，平均 $\mu_2 - \mu_1$，標準偏差（標準誤差）$\sqrt{\sigma_1^2/N_1 + \sigma_2^2/N_2}$ の正規分布に従う」ということである。このことは，以下のように表現される。ここで $\mu_{(\bar{Y}_2 - \bar{Y}_1)}$ は2つの標本平均の差の標本分布の平均を，$\sigma_{(\bar{Y}_2 - \bar{Y}_1)}$ は2つの標本平均の差の標本分布の標準偏差（標準誤差）を意味する。

$$\mu_{(\bar{Y}_2 - \bar{Y}_1)} = \mu_2 - \mu_1 \tag{7.1}$$

$$\sigma_{(\bar{Y}_2 - \bar{Y}_1)} = \sqrt{\frac{\sigma_1^2}{N_1} + \frac{\sigma_2^2}{N_2}} \tag{7.2}$$

つまり「標本平均の差の標本分布の平均は，2つの母平均の差に等しくなる」ということが示されており，これを踏まえて2つの母平均に関する仮説を検定できることになる。

3.2 標準誤差の推定

標本調査の場合，母分散（σ_1^2 と σ_2^2）の真の値はわからないので，(7.2)式で標準誤差を求めることができない。ただし，ここで，N_1 と N_2 が十分に大きければ（$N_1 + N_2 \geq 50$），母分散は，標本分散（s_1^2 と s_2^2）から推定できると考えられるので，次式を用いて，標本分散から標準誤差（標本分布の標準偏差）を推定することになる。σ の上についている ^ はハットと読み，推定値であることを表している。

$$\hat{\sigma}_{(\bar{Y}_2-\bar{Y}_1)} = \sqrt{\frac{s_1^2}{N_1} + \frac{s_2^2}{N_2}} \tag{7.3}$$

3.3　Z得点への変換

　正規分布表を用いて検定を行うためには，標本平均の差をZ得点に変換する必要がある。そのための式は（7.4）である。Z得点へ変換するには，一般的には，もとの値と平均との差を標準偏差で割るという計算を行う（つまり，$Z=(Y-\mu_Y)/\sigma_Y$）。ここでは，（7.1）式と（7.2）式から，分子はもともと$(\bar{Y}_2-\bar{Y}_1)-(\mu_2-\mu_1)$なのだが，母平均に差がないという帰無仮説のもとで$(\mu_2-\mu_1)=0$となるため次の（7.4）式のようになる。

$$Z_{(\bar{Y}_2-\bar{Y}_1)} = \frac{\bar{Y}_2-\bar{Y}_1}{\sigma_{(\bar{Y}_2-\bar{Y}_1)}} = \frac{\bar{Y}_2-\bar{Y}_1}{\sqrt{\dfrac{\sigma_1^2}{N_1} + \dfrac{\sigma_2^2}{N_2}}} \tag{7.4}$$

　また，（7.4）式の分母に，（7.3）式の標準誤差の推定値$\hat{\sigma}_{(\bar{Y}_2-\bar{Y}_1)}$を用いれば，次の（7.5）式のようになる。

$$Z_{(\bar{Y}_2-\bar{Y}_1)} = \frac{\bar{Y}_2-\bar{Y}_1}{\hat{\sigma}_{(\bar{Y}_2-\bar{Y}_1)}} = \frac{\bar{Y}_2-\bar{Y}_1}{\sqrt{\dfrac{s_1^2}{N_1} + \dfrac{s_2^2}{N_2}}} \tag{7.5}$$

3.4　分布を図で理解する

　2つの標本平均の差について，帰無仮説が棄却される場合と棄却されない場合について，標本分布を図示したのが図7.5である。

　例えばAのように，観測された標本平均の差$(\bar{Y}_2-\bar{Y}_1)$が小さな正の値であれば，仮定された母集団の差が0の点のごく近くにある。もし標本が互いに母平均の等しい，つまり$\mu_2-\mu_1=0$の母集団から抽出されているのであれば，標本平均の差がこのような値をとる確率は高い。つまり，帰無仮説は棄却されないだろう。一方，Bでは標本平均の差$(\bar{Y}_2-\bar{Y}_1)$が大きな正の値をとっており，標本が互いに母平均が等しい（$\mu_2-\mu_1=0$の）母集団から抽出

されているのであれば，このように標本平均の差が大きな値をとる確率は低い。すなわちこれはもともと母平均が等しい母集団から抽出されたのではなく，母平均そのものに差があったのだと考えることができる。つまり，帰無仮説は棄却される確率が高いということになる。

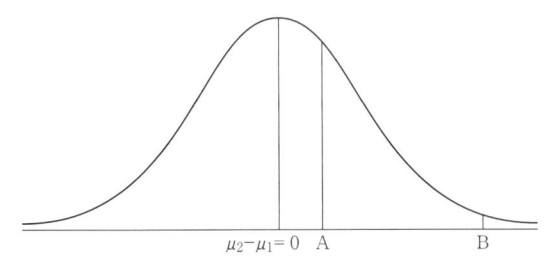

図7.5 平均の差に関する帰無仮説が真である場合（A）と偽である場合（B）の標本分布の例

3.5 仮説の検定

それでは実際に，正規分布を用いて，平均の差の検定を行ってみよう。ここでは，都市部と町村部の平均通勤時間に関して差があるといえるか否かを，架空データを用いて検討してみたい。

ある社会調査から，表7.2のような結果が得られたとしよう。

表7.2 通勤時間に関する架空データ

居住地	平均値（分）	分　散	人　数
町村部	26.74	8.60	50
都市部	35.34	14.05	65

まず，次のような帰無仮説（H_0）と対立仮説（H_1）をたてる。通勤時間に関しては，都市部居住者の方が長いと予測できるだろう。

H_0：都市部に住む人と，町村部に住む人の間で，通勤時間に差はない。

H_1：都市部に住む人は，町村部に住む人に比べて，平均的に通勤時間が長い。

検定統計量は，ここではZであり，(7.5) 式から次のように求められる。

$$Z = \frac{35.34 - 26.74}{\sqrt{\frac{8.60}{50} + \frac{14.05}{65}}} = 13.804$$

有意水準を5％（$\alpha=0.05$）とすると，限界値は，付表B（260頁）より（先に求めたように），$Z_{.05}=1.645$となる。限界値1.645に比べて検定統計量13.804ははるかに大きい。したがって，帰無仮説は有意水準5％で棄却され，「都市部に住む人は，町村部に住む人に比べて，平均的に通勤時間が長い」と言える。

　これが正規分布を利用した平均の差の検定のパターンということになる。上の例は，$Z_{.01}=2.325$であるから，実際には$\alpha=0.01$としても平均の差が有意である。社会調査データの分析では，$\alpha=0.05$として検定を行うことが多いが，この例のようにさらに厳しい有意水準でも統計的に有意な差があるとの結果が得られるのであれば，その結果を報告したほうがよいだろう。

4 まとめ

　第7章では，2つの平均の差を検定する方法のうち，標準誤差が既知の場合に正規分布を利用して行う検定について学習した。初めにその基礎として確率分布について説明し，理論的連続確率分布の1つである正規分布について詳しく学んだ。正規分布は，平均を中心に山が1つある，左右対称な釣り鐘型の分布で，標準偏差を基準にした平均からの距離とその範囲の事象が観察される確率との関係がわかっているという性質があった。

　また，中心極限定理から，標本平均の標本分布の平均が母集団の平均に等しくなることや，標本数Nが大きければ母平均に近い標本平均を得られることを説明した。このことが，正規分布を利用して検定が可能になる基礎である。

　正規分布を用いて行う2つの平均の差の検定は，基本的には統計的検定の一般的手続きと同じ手順を踏むものであった。すなわち，対立仮説と帰無仮説を設定したのち，ある有意水準（α）のもとでの限界値Z_αと検定統計量Zの値を比較して，検定統計量のほうが大きければ帰無仮説が棄却され対立仮説が採択される。

　なお，本章で扱った2つの平均の差の検定は，標準誤差が既知の場合の検定であり，検定統計量として標本平均の差のZ得点を用いることや，そのため

に標本分散から標準誤差（標本分布の標準偏差）を推定することが要点であった。

片側検定と両側検定の使い分けの問題や，母集団のサイズが小さく，標準誤差が未知の場合の t 検定については，第 8 章で学ぶことにする。

■コラム⑨■

正規分布を利用して信頼区間を設定する方法を教えてください。

ここで学んだ正規分布の性質を利用すれば，標本平均から母平均を推定するとともに，その周りに信頼区間（ある確率で母数が含まれる区間の上限と下限）を設定することができます。これが第 2 章の図2.5に示した**統計的推定**です。

統計的推定には 2 種類あり，まず 1 つは**点推定**であり，標本平均を母平均とみなすことです。というのも，無作為標本抽出による調査の場合，標本平均は母平均の不偏推定量（すべての可能な標本の平均を平均すると母平均に一致する推定量）となっているという意味で，偏りのない最良の推定値となっているからです。

これに対して，もう 1 つは**区間推定**で，点推定値（標本平均）のまわりに任意の信頼区間（例：90％，95％，99％など）を設定し，その区間内にどの程度の確率で母平均が入るか推定することです。ここでいう信頼区間とは，点推定値のまわりに設定される区間で，その区間に母数の入る確率（信頼度）によって示されます。有意水準を α とすると，信頼度は $(1-\alpha)$ となります。この信頼度に対して，信頼区間は以下のように設定されます。

$$\bar{Y} \pm Z_{\alpha/2} \sigma_{\bar{Y}}$$

例えば，有意水準を 5 ％（$\alpha=0.05$）とすると，信頼度は95％（$1-\alpha=0.95$）となるので，この信頼区間は次のように設定されます。まず，正規分布表より

$$Z_{\alpha/2} = Z_{0.025} = 1.96$$

となります。これを先の式に入れて信頼区間の上限と下限を次のように求めます。

　　　信頼区間上限（UCL：Upper Confidential Limit）は $\bar{Y} + 1.96 \sigma_{\bar{Y}}$
　　　信頼区間下限（LCL：Lower Confidential Limit）は $\bar{Y} - 1.96 \sigma_{\bar{Y}}$

ただし，実際には $\sigma_{\bar{Y}}$（$\bar{Y}$ の分布の標準偏差）は分かっていないので，標本の標準偏差 S_Y から以下の式で推定することになります。

$$\hat{\sigma}_{\bar{Y}} = s_Y / \sqrt{N}$$

（$\hat{\sigma}_{\bar{Y}}$は$\sigma_{\bar{Y}}$の推定値を意味する）

この式からわかるようにαを一定にすると，Nが大きくなるほど，分母が大きくなるので，信頼区間の幅は小さくなります。言い換えればそれだけ精度の高い推定ができるというわけです。

試みに表7.2の通勤時間について，居住地別に95％の信頼区間を求めてみよう。

まず，町村の場合，$\hat{\sigma}_{\bar{Y}_1} = s_{Y_1}/\sqrt{N_1} = \sqrt{8.60}/\sqrt{50} = 0.415$より，95％の信頼区間は以下のようになります。

$\bar{Y}_1 \pm Z_{\alpha/2}\sigma_{\bar{Y}_1} = 26.74 \pm 1.96 \times 0.415$　つまり信頼区間は27.55〜25.93です。

他方，都市の場合，$\hat{\sigma}_{\bar{Y}_2} = s_{Y_2}/\sqrt{N_2} = \sqrt{14.05}/\sqrt{65} = 0.465$より，95％の信頼区間は以下のようになります。

$\bar{Y}_2 \pm Z_{\alpha/2}\sigma_{\bar{Y}_2} = 35.34 \pm 1.96 \times 0.465$　つまり信頼区間は36.25〜34.43です。

両者の信頼区間が重ならないことから，5％水準でみて居住地域によって通勤時間に有意差があるということが確認できます。

【学習課題】

Q7.1 付表B（260頁）より，有意水準を10％（$\alpha = 0.10$）とするときの，限界値$Z_{.10}$を求めなさい。

Q7.2 表7.3に示したのは，2011年の第7回「青少年の性行動全国調査」において，デート経験のある18歳の男子高校生にデート経験年齢をたずねた結果を，携帯電話によるSNSの利用状況に分けて平均したものである。高校生の社会的活動範囲が広く，家族による社会統制が弱ければデート経験年齢が早いと予測できるだろう。「携帯電話でSNSを利用したことがある男子高校生のデート経験年齢の平均値は，利用したことのない男子高校生に比べて低い」という対立仮説について，（a）から（d）の手順で検定せよ。

表7.3 18歳の男子高校生におけるデート経験年齢の平均値と分散

SNSの利用	平均値（歳）	分散	人数
したことがある	14.60	1.84	55
したことがない	15.02	2.83	65

第7章　2つの平均の差を検定する（1）——正規分布

（a）この対立仮説に対する帰無仮説を述べよ。

（b）検定統計量 Z を求めよ。

（c）有意水準を1％（$\alpha=0.01$）として，付表B（260頁）より限界値を確認せよ。

（d）以下の文の（　）内の語句のうち，当てはまる方に○をつけ，検定結果を述べよ。

（b）で求めた検定統計量 Z は，（c）で確認した限界値よりも（大きい・小さい）ので，帰無仮説は（棄却される・棄却されない）。したがって，「携帯電話でSNSを利用したことのある男子高校生のデート経験年齢は，利用したことがない男子高校生に比べて，低い」と（言える・言えない）。

Q7.3 表7.4の（a）と（b）について，Z 得点を求めて，平均の差について有意水準5％で帰無仮説が棄却できるかを確認せよ。また，その結果から平均の差の検定において，標本の大きさ N がもつ役割について考えよ。

表7.4 平均の差の検定のための数値例

	$\bar{Y}_1$	$\bar{Y}_2$	s_1^2	s_2^2	N_1	N_2
（a）	10	15	200	300	40	60
（b）	10	15	200	300	400	600

第8章
2つの平均の差を検定する（2）——t検定

~~~ **本章の目標** ~~~

t検定は，標準誤差が未知の場合に，連続変数における2つの平均の間に統計的に有意な差があるかを検討する方法である。t分布の性質や，標準誤差が既知の場合の正規分布を利用した検定との相違を理解したうえで，実際にt検定による仮説の検討を行う。なお，片側検定と両側検定の違いについても学習する。

キーワード　　片側検定　両側検定　標準誤差　t分布　t検定

① 片側検定と両側検定

第7章で，標準誤差が既知の場合の2つの平均の差の検定を行った際には，帰無仮説を棄却するアルファ領域は分布の右側だけに設定していた。また，検討した仮説のうち，対立仮説は「都市部住民の平均通勤時間は町村部におけるそれよりも長い」（$\mu_1 < \mu_2$）という，2つの平均のどちらが大きな値になるかを明確にした仮説であった。このような検定はアルファ領域（帰無仮説が棄却される領域という意味で**棄却域**ともいう）が片側だけにある，**片側検定**と呼ばれるものである。しかし，すでに第7章でも言及したように，アルファ領域を左右両側にとる**両側検定**という検定を用いる場合もある。

本章では，標準誤差が未知の場合の平均の差の検定であるt検定を説明する前に，この片側検定と両側検定の違いやその使い分けについて説明しておこう。

1.1 アルファ領域の設定と限界値

アルファ領域が，片側にあるか左右両側にあるかということを図示すると図8.1のようになる。すなわち，$\alpha = 0.05$として統計的検定を行う場合なら，片側検定なら分布の右裾にアルファ領域を5％とるが，両側検定の場合にはアル

第8章 2つの平均の差を検定する（2）——t検定

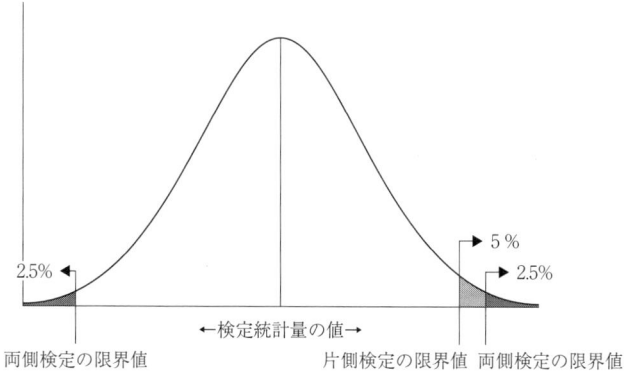

図8.1 両側検定と片側検定におけるアルファ領域（$\alpha = 0.05$の場合）

ファ領域を左右両側にそれぞれ2.5％ずつとることになる。

例えば，第7章で行った正規分布による平均の差の検定で考えてみよう。$\alpha = 0.05$のときの片側検定における限界値（$Z_{.05}$）は，1.645であり，標本から求めたZの値がこれよりも大きければ帰無仮説が棄却されるのであった。これに対して，両側検定をする場合は，左右両側にアルファ領域を半分ずつとるような限界値を求めればよい。つまり$\alpha = 0.05$の両側検定であれば，限界値は$\pm Z_{\alpha/2}$，すなわち$Z_{.025}$（$\alpha = 0.025$のときの限界値）と，$-Z_{.025}$（$\alpha = 0.025$のときの限界値に負の符号をつけた値）ということになる。そして，両側検定においては，標本から求めたZの値が，$Z_{\alpha/2}$より大きい場合，または$-Z_{\alpha/2}$より小さい場合に，帰無仮説を棄却できることになる。これは，2つの平均μ_1とμ_2の大小関係でいえば，μ_1が大きい場合でもμ_2が大きい場合でも，帰無仮説を棄却することが可能になる，ということを意味する。復習も兼ねて，両側検定の限界値を考えてみよう。

【例題8.1】

$\alpha = 0.05$として，正規分布を用いた両側検定をするための限界値を求めよ。

（1）$\alpha = 0.05$で両側検定を行うには，$Z_{.025}$を求める必要がある。（　ア　）−（　イ　）＝（　ウ　）より，付表B（260頁）で（　ウ　）を探す。

115

（2）すると，（ エ ）が見つかり，これは（ オ ）に対応している。

（3）すなわち，正規分布においてαが0.025となる$Z_{.025}$の値は（ オ ）ということになる。

（4）したがって，両側検定の限界値は＋（ オ ）と－（ オ ）ということになる。

こうして，両側検定の限界値を求めることができる。この例題の結果から，$\alpha = 0.05$で両側検定をする際には，標本からZを求め，それが$Z_{\alpha/2}$すなわち1.96より大きい場合や，$-Z_{\alpha/2}$すなわち-1.96より小さい場合に，帰無仮説を棄却すればよいことがわかった。

1.2 片側検定と両側検定の使い分け

では，この両側検定を行うのは，どのような場合なのだろうか。第7章で検討した対立仮説は「都市部住民の平均通勤時間は町村部におけるそれよりも長い」（$\mu_1 < \mu_2$）という，2つの平均の大小関係を前提にしたタイプの仮説であった。通勤時間は都市部のほうが長いだろう，というわれわれに共有されている予備知識から明確な対立仮説が設定できたのである。しかし，分析する内容によっては，2つの平均のどちらが大きな値になるかが予測できない場合もある。つまり，対立仮説を設定する際に，2つの平均μ_1とμ_2の大小関係を明確に位置づけられないということである。両側検定を行うのは，このようなときである。つまり，2つの母平均μ_1とμ_2のどちらが大きいかは問わずに，両者に「差がある」という対立仮説で検定を実施するということになる。

記号で表現すれば，片側検定と両側検定における仮説は，次のように整理することができる。

　　　片側検定の対立仮説　$H_1 : \mu_1 > \mu_2$（または　$H_1 : \mu_1 < \mu_2$）
　　　片側検定の帰無仮説　$H_0 : \mu_1 = \mu_2$

ア　0.5000　　イ　0.0250　　ウ　0.4750　　エ　0.4750　　オ　1.96

両側検定の対立仮説　$H_1: \mu_1 \neq \mu_2$
両側検定の帰無仮説　$H_0: \mu_1 = \mu_2$

　では，実際に調査の場面で考えると，この片側検定と両側検定の使い分けには，どのような意味があるのだろうか。先の例で示したように，2つの平均のどちらが大きな値をとるかについて，事前に予測がたつ場合には片側検定，その大小関係を予測できない場合には両側検定であると述べた。つまり，実際に仮説を設定し分析する，という場面で考えるとき，対立仮説で2つの平均の大小関係について明確な予測を述べることができるなら，片側検定をするということである。

　具体的には，事前に何らかの理論や過去の調査・研究に基づいて明確な対立仮説を設定することができる場合には，片側検定を用いるべきである。一方，理論や過去の調査・研究から明確な対立仮説を述べることができない場合には両側検定となる。例えば，先行研究の結果が必ずしも一貫したものでない場合や，類似したテーマでの研究が少なく探索的に分析せざるを得ない場合がこれにあたる。

【例題8.2】

次のような対立仮説がある場合，統計的検定は片側検定で行うべきか，それとも両側検定か。
　（1）「男女で，生活満足度に差がある」　　　　カ)（片側検定・両側検定）
　（2）「男性の性別役割意識は，女性よりも保守的である」
　　　　　　　　　　　　　　　　　　　　　　キ)（片側検定・両側検定）
　（3）「高校生のキス経験年齢には男女差がある」　ク)（片側検定・両側検定）

カ　両側検定　　キ　片側検定　　ク　両側検定

2　t分布とその性質

2.1　t分布とは

第7章で学習した，正規分布を用いた平均の差の検定では，平均の標本分布の標準誤差は既知であると考えていた。

しかし，正規分布によく似た分布で，標準誤差が既知である必要のない，**t分布**（*t distribution*）と呼ばれる分布もある。t分布は，正規分布する母集団から抽出された小標本や，任意の分布をする母集団から抽出される大標本に対して用いられるもので，t変数（あるいはtスコア）は，以下の式で表すことができる。

$$t = \frac{\bar{Y} - \mu_Y}{S_Y / \sqrt{N}}$$

このように，t変数の式には，標本の標準偏差（s_Y）が含まれており，この点が正規分布を利用した平均の差の検定で用いたZとは異なっている。

2.2　t分布と正規分布

t分布の形は標本の大きさ（自由度）と標準偏差によって異なるが，平均が0で，釣り鐘型をした分布であるという点で，t分布と（標準）正規分布は非常によく似ている。例えば，標準正規分布とt分布を図で比較してみると，次の図8.2のようになる。

ただし，t分布には，正規分布にはなかった自由度という考え方が必要になり，t分布の自由度は以下の式で示される。

$$df = N - 1$$

自由度の意味は，次のように理解できるだろう。ある平均を持つN個の観測値からなる集合において$N-1$個のスコアは任意の値をとることができるが，N番目のスコアは（平均が固定されているとすれば）自由な値をとることが

第8章 2つの平均の差を検定する（2）——t検定

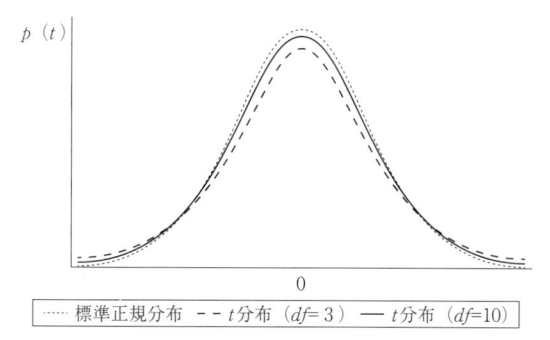

図8.2 標準正規分布とt分布（自由度3と自由度10）の比較

できない。つまり，平均と$N-1$個の観測値が決まると，N番目の観測値がとる値は制限されるという意味で「自由度」と呼ばれるのである。例えば，$N=10$の集団で分布の平均が10で，9つの観測値がすべて9だとすると，どうだろう。この場合，9つの観測値がすべて9ということはそれらの合計が81とる。平均を10にするには，10個の観測値の合計が100である必要があるので，10番目の観測値は$100-81=19$となり，19に制限されるであろう。

　t分布は，標本の大きさが同じ場合，分散が標準正規分布よりも大きい。このため，t分布の標準誤差は標準正規分布の標準誤差よりも大きくなる。しかし，Nが大きくなるにつれて（Nが50を超えるならば），t分布の形は標準正規分布の形に類似するようになり，標準誤差も標準正規分布の標準誤差に近似してくることがわかっている。また，実際には，Nが50よりも小さい場合でも，Zとtの差はわずかであることが確認できる。例えば，$N=30$のとき，$\alpha=.05$として，付表B（260頁）の正規分布表におけるZ値とt分布表（付表C，261頁）のt値を比較してみる。第7章で確かめたように$Z=1.645$に対して，自由度が$30-1=29$のときのt値（片側検定）を見ると$t=1.699$であることがわかる。

　なお，正規分布表に示されていたのは，0からZの範囲の値が生起する確率であったが，t分布表の場合，各自由度ごとに，ある確率（有意水準α）に対応したtの値が示される。また，有意水準αを分布の片側に設定した場合（片側検定）と有意水準を$\alpha/2$ごとにわけて分布の両側に設定した場合（両側検定）のt値が示されている（同じ限界値に対して片側検定の有意水準は両側検定の有意水

準の1/2になっている)。t 分布表を参照する場合には，これらの点に注意しよう。

【例題8.3】

以下のそれぞれの場合について，Z 値と t 値を求めよ。いずれも片側検定とする。

(1) $N = 20$ で $\alpha = .05$ とした場合

$Z = ($ ケ $)$

$t = ($ コ $)$

(2) $N = 30$ で $\alpha = .01$ とした場合

$Z = ($ サ $)$

$t = ($ シ $)$

3　2つの平均の差の検定（標準誤差が未知の場合の t 検定）

3.1　t 検定の考え方

t 検定の場合も，基本的な考え方は他の統計的検定と同じであり，まず行うべきことは帰無仮説と対立仮説を設定することである。そのうえで，帰無仮説が棄却されれば対立仮説が採択されることになる。

正規分布を用いた検定（標準誤差が既知の場合）と同様に，t 検定も平均の差の検定であるから，2つの標本平均を比較し，母集団で平均（母平均）が異なっているかどうかを確認するものである。したがって，片側検定の場合，仮説は次のようになる。対立仮説（H_1）は，ある集団の母平均の方がもう一方の母平均よりも高いこと（例えば，男子の平均身長 μ_2 が女子の平均身長 μ_1 よりも高い），帰無仮説（H_0）は，2つの母平均に差がない（例えば，男女の平均身長に差がない）ことを示している。

ケ　1.645　　コ　1.729　　サ　2.325　　シ　2.462

$H_1 : \mu_1 < \mu_2$

$H_0 : \mu_1 = \mu_2$

また前節で説明したように，両側検定であれば，対立仮説（男女の平均身長には差がある）は次のように表現されるであろう。両側検定の帰無仮説は，片側検定と同じである。

$H_1 : \mu_1 \neq \mu_2$

$H_0 : \mu_1 = \mu_2$

なお，仮説検定に t 分布を用いる場合には，次の2つの仮定が置かれる。すなわち，第1に，標本はそれぞれ正規分布する母集団から抽出されていること，第2に，2つの母分散が等しいこと，である。ただし，この2つの仮定は，どちらもそれほど厳密に考える必要はない。第1の仮定（正規分布する母集団からの標本抽出）については，これを満たさなくとも重大な影響はないといわれており，母集団が正規分布と著しく隔たっていなければ t 分布を利用してよいとされている。また，第2の仮定についても，2つの標本分散が大きく異なっていなければ問題ないとされている。SAS や SPSS といった統計解析用のソフトウェアでは，母分散が等しいか否かを検定するとともに，母分散が等しい場合と等しくない場合のそれぞれに対応する t 検定の結果を出力している。

3.2 標準誤差の推定

t 検定の場合も，t 値を求めるために平均の差の標準誤差（標本分布の標準偏差）を推定する必要がある。

まず，母分散を推定しよう。2つの標本分散 s_1^2 と s_2^2 の加重平均（標本数で重みづけした平均）を母分散の推定値 s^2 とする。ここで，N_1 は母集団1の標本数，N_2 は母集団2の標本数であり，分母の $N_1 + N_2 - 2$ は2つの母集団における自由度の和，つまり $(N_1 - 1) + (N_2 - 1) = N_1 + N_2 - 2$ として求められる s^2 の自由度である。

$$s^2 = \frac{(N_1-1)s_1^2 + (N_2-1)s_2^2}{N_1+N_2-2} \tag{8.1}$$

この母分散の推定値 s^2 を用いて，次のように，平均の差の標準誤差を推定することができる。

$$s_{(\bar{Y}_2-\bar{Y}_1)} = \sqrt{\frac{s^2}{N_1} + \frac{s^2}{N_2}} \tag{8.2}$$

3.3 検定統計量（t 値）を求め，仮説を検定する

さて，実際に検定に用いる検定統計量となる t 値は，以下のように求められる。

$$t_{(N_1+N_2-2)} = \frac{(\bar{Y}_2-\bar{Y}_1)-(\mu_2-\mu_1)}{s_{(\bar{Y}_2-\bar{Y}_1)}} \tag{8.3}$$

ただし，帰無仮説により（$\mu_2 - \mu_1$）= 0 となること，また（8.2）式を（8.3）式の分母に代入することから，実際に t を求める式は次の（8.4）式のようになる。

$$t_{(N_1+N_2-2)} = \frac{(\bar{Y}_2-\bar{Y}_1)-(\mu_2-\mu_1)}{s_{(\bar{Y}_2-\bar{Y}_1)}} = \frac{\bar{Y}_2-\bar{Y}_1}{s_{(\bar{Y}_2-\bar{Y}_1)}} = \frac{\bar{Y}_2-\bar{Y}_1}{\sqrt{\frac{s^2}{N_1}+\frac{s^2}{N_2}}} \tag{8.4}$$

あとは，任意の α 水準のもとで，この t 値と，t 分布表における限界値とを比較し，片側検定であれば t 値が限界値よりも大きな値をとる場合に帰無仮説を棄却することになる。両側検定の場合は，t 値が，符号が正である限界値よりも大きな値，あるいは負である限界値よりも小さな値をとった場合に，帰無仮説を棄却すればよい。

では，以上の手順を確認しながら，実際にデータを用いて t 検定を行ってみよう。

ここでは，1999年の第5回「青少年の性行動全国調査」のデータを用いて，男子高校生のキス経験と家族による統制を例として考えてみよう。1990年代後半には，家族と同居しながらも，自分専用のビデオデッキを持つ高校生が増えていた。高校生全体のうち，自分専用のビデオデッキを所有しているのは男子で約4割，女子で約2割であった。このことは，高校生が親の監視を離れてさまざまな情報に接する機会が増えることにつながり，性行動を活発化させる背景と考えられた。このことを踏まえると，家族による統制の弱さの1つの表れである「自分専用のビデオデッキの所有」と，キス経験年齢について，次のような帰無仮説 H_0 と対立仮説 H_1 を設定することができるだろう。

H_0：自分専用のビデオデッキを持っている男子高校生と，持っていない男子高校生で，キス経験年齢には差がない。

H_1：自分専用のビデオデッキを持っている男子高校生のキス経験年齢の平均は，持っていない男子高校生に比べて，低い。

この場合は，ビデオデッキ所有者のキス経験年齢のほうが低いことが予測できているので，平均の差の検定は片側検定になる。

実際のデータを見てみよう。表8.1に示したのは，人口100万人以上の大都市だけに限定したうえで，自分専用のビデオデッキを持っているか否かでキス経験のある18歳男子高校生を分割し，それぞれについて経験年齢の平均値と分散を示したものである（なお，キス経験年齢は，キス経験のある回答者だけにたずねている）。これによると，自分専用のビデオデッキを持っていない男子高校生では15.50歳，持っている男子高校生のキス経験年齢の平均は14.80歳となっており，前述の対立仮説のとおり，ビデオデッキを持っていない者のキス経験年齢のほうが高いようにみえる。さて，この差は統計的に有意と言えるのだろうか。

表8.1 人口100万人以上の大都市における18歳男子高校生のキス経験年齢の平均値と分散

自分専用のビデオデッキ	平均値（年齢）	分　散	人　数
持っていない	15.50	4.69	30
持っている	14.80	1.43	20

まず，帰無仮説と対立仮説をたてよう。記号を使って表現すると，次のよう

になる.

　　　　帰無仮説　$H_0: \mu_1 = \mu_2$
　　　　対立仮説　$H_1: \mu_1 > \mu_2$

ここで，μ_1はビデオデッキを持っていない男子高校生のキス経験年齢の母平均，μ_2はビデオデッキを持っている男子高校生のキス経験年齢の母平均である.

次に標準誤差を先の（8.1）式と（8.2）式から推定する.

$$s^2 = \frac{(30-1) \times 4.69 + (20-1) \times 1.43}{30+20-2} = 3.40$$

$$s_{(\bar{Y}_2 - \bar{Y}_1)} = \sqrt{\frac{3.40}{30} + \frac{3.40}{20}} = 0.53$$

したがって，t 値は（8.4）式より次のようになる.ここで，自由度が $30+20-2=48$ なので，t_{48} と表すことにする.

$$t_{48} = \frac{15.50 - 14.80}{0.53} = 1.32$$

自由度48のときについては，該当する自由度が付表C（261頁）には掲載されていないが，このような場合は，それよりも小さい自由度で最も近いところを引けばよい.この場合は自由度40のところを見ると，$\alpha=0.05$ のとき，片側検定の限界値は1.684である.検定統計量は1.32なので限界値よりも小さく，帰無仮説は棄却されない.したがって，自分専用のビデオデッキを持っている男子高校生のキス経験年齢の平均が，持っていない男子高校生に比べて低いとは言えないことになる.

ただし，ここで，α を0.05ではなく0.10に設定すると，限界値が1.303なので，10％水準ではかろうじて有意となる結果と言える.通常，社会調査データを分析する際には5％水準か1％水準で統計的検定を行うが，10％水準なら有意という結果が得られた場合は「10％水準では傾向が見られた」と述べることもある.実際の分析では，5％水準で有意な結果が得られなかった場合には

第8章　2つの平均の差を検定する（2）——t検定

10％水準で傾向が見られるのか試してみる，5％水準で有意な結果が得られた場合には1％水準でも有意なのかを確認する，という進め方がよいだろう。

なお，t値は，2つの平均の差が大きいほど，2つの標準偏差が小さいほど，そして標本のサイズが大きいほど，大きな値が得られる（(8.4)式を確認）。検定の結果を解釈する際には，このことも念頭に置いておこう。

【例題8.4】

男子高校生のビデオデッキ所有とキス経験年齢に関する上の例（表8.1）で，仮に，「持っていない」高校生が150人，「持っている」高校生が100人という標本の大きさだとしたら，平均の差は有意だろうか。αを0.05としてt検定を行え。

（1）帰無仮説と対立仮説は，先の例と同じである。

（2）標準誤差やt値を求める。

$$s^2 = \frac{(150-1)\times 4.69 + (100-1)\times 1.43}{150+100-2} = (\text{ス})$$

$$s_{(\bar{Y}_2 - \bar{Y}_1)} = \sqrt{\frac{(\text{ス})}{150} + \frac{(\text{ス})}{100}} = (\text{セ})$$

$$t_{248} = \frac{15.50 - 14.80}{(\text{セ})} = (\text{ソ})$$

（3）自由度が248なのでt分布表でそれに近い自由度200の行を見る。ここで求めたt値はαを0.05としたときの限界値（　タ　）よりも^チ（大きい・小さい）ので，帰無仮説は^ツ（棄却される・棄却されない）ことになる。また，αを0.01としたときの限界値（　テ　）と比べても^ト（大きい・小さい）ので，帰無仮説は1％水準で^ナ（棄却される・棄却されない）ことがわかる。

先の2つの例では，5％水準では帰無仮説は棄却されないが，10％水準なら

ス　3.39　セ　0.24　ソ　2.92

棄却される場合（表8.1）と，5％水準でも1％水準でも棄却される場合（例題8.4）を示した。仮説検定の際には，これまでに学習した手順で帰無仮説が棄却されるか否かという判断を終えたあとに，**p値**という値を示す方法があるので，そのことについても触れておこう。p値とは，帰無仮説が真であるという仮定のもとで，ある大きさの検定統計量を得る確率のことである。

例えば，例題8.4では，自由度が248と大きく，t値は2.92であった。t分布表を見ると，片側検定（自由度200）では，この2.92という値は，$\alpha = 0.005$の場合の2.601という値よりも大きいことがわかる。したがってこの場合は，単に帰無仮説が棄却されたと報告するかわりに，「帰無仮説が$p < 0.005$で棄却された」，あるいは「$t_{248} = 2.92$, $p < 0.005$」と報告することができる。

また，表8.1の分析では，自由度48で，t値は1.32であった。t分布表では自由度48という行はないため自由度40で代用すると，片側検定でこの1.32という値は，$\alpha = 0.10$の場合の1.303よりも大きい。この場合，帰無仮説は通常の仮説検定に用いる5％の水準では棄却できなかったが，「$t_{48} = 1.32$, $p < 0.10$」と結果を報告することができる。

このように，p値によって，帰無仮説が棄却できるか否かだけではなく，さらにどれだけ厳密なアルファ水準で棄却できるかを簡潔に示すことができる。平均の差の検定に限らず，他の統計的検定でも，検定結果を明確に伝えるため，p値が利用される。

以上，標準誤差が未知の場合の平均の差の検定であるt検定について説明してきた。正規分布を用いた検定と，基本的な流れは同じであることがわかったであろう。

さて，実際にわれわれがデータ分析を行う際には，平均の差の検定には，正規分布やZ得点を用いた検定ではなく，ほとんどの場合，t検定を用いる。それは，（1）Nが大きくなればt値とZ値の分布が近似してくるため，標本の大きさにかかわらずt分布を使うのが妥当だということ，（2）Nが大きくなるにつれて中心極限定理がはたらき，標本が正規分布している母集団から抽出され

タ　1.653　　チ　大きい　　ツ　棄却される　　テ　2.345　　ト　大きい
ナ　棄却される

ているという t 分布に関する仮定が重要でなくなること,（3）実際に,母集団の標準誤差を知ることはできないので,われわれは t 検定を使わざるを得ないということでもある（Bohrnstedt and Knoke, 1988＝1990）。

したがって,正規分布を用いた平均の差の検定は,データ分析の現場では利用頻度は低いのだが,統計的検定の基礎的な考え方を理解するうえでは重要な知識ということになる。

なお,t 検定には「対応のない場合の t 検定」「対応のある場合の t 検定」という区別もあるが,ここで説明したのは「対応のない場合の t 検定」である。例えば,心理学における実験データの分析では,被験者を異なる条件に無作為に割り当てて測定値を比較する（被験者間要因で無作為化されている）場合に,対応のない場合の t 検定を用いる。同一の被験者について異なる条件下での測定値を比較する（被験者内要因の）場合や,異なる条件への被験者の割り当てが無作為ではなく何らかの変数にもとづいて行われる（被験者間要因で,ブロック化されている）場合には,「対応のある場合の t 検定」を行うことになる。詳しくは（吉田,1990）などを参照。

4　まとめ

本章では,標準誤差が未知の場合の2つの平均の差の検定である,t 検定について学習した。また,片側検定と両側検定の違いについて説明した。

片側検定のアルファ領域（棄却域）が正規分布や t 分布の片側だけに設定されるのに対して,両側検定では分布の左右両側に2分の1ずつ設定されるのであった。また,2つの母平均の大小関係について明確な予想のもとで対立仮説を設定できる場合には片側検定を行い,大小関係は問わずに2つの母平均に差があるかを検討する場合には両側検定を利用するという,使い分けについても学習した。

t 検定のステップは,正規分布を利用した検定と同様である。対立仮説と帰無仮説を設定し,その後,標準誤差の推定を経て,検定統計量である t 値を求めた。t 値を限界値と比較し,片側検定であれば,t 値よりも大きければ帰無

仮説が棄却される。また，両側検定であれば，t値が，符号が正の限界値より大きい場合と，負の限界値よりも小さい場合に，帰無仮説が棄却された。

第7章で学習した標準誤差が既知の場合の正規分布を利用した平均の差の検定と，このt検定を比較すると，前者は標本サイズが大きく標準誤差が既知の場合に利用するもので，後者は標本サイズが小さく標準誤差が未知の場合に利用するものと位置づけることができる。ただし，最後に述べたように，現実には，われわれは標準誤差を知ることはできないし，t検定に関する仮定も必ずしも厳格なものではない。そのため，実際に平均の差の検定を行う際には，たいていの場合，t検定を用いることになる。

【学習課題】

Q8.1 $\alpha = 0.01$で，正規分布を用いた両側検定を行うための限界値を求めよ。

Q8.2 次の標本統計量が得られた場合，$\alpha = 0.01$として帰無仮説，$H_0: \mu_1 = \mu_2$が棄却できるかをt検定（片側検定）によって確かめよ。

$\bar{Y}_1 = 15$, $s_1^2 = 6$, $N_1 = 10$
$\bar{Y}_2 = 20$, $s_2^2 = 15$, $N_2 = 12$

Q8.3 表8.2は，2011年の第7回「青少年の性行動全国調査」より，大都市における18歳高校生のキス経験年齢について，男女別に分析したものである。これについて，男女の経験年齢に差があるといえるか否かを，t検定（両側検定）で検討せよ。

表8.2 人口100万人以上の大都市における18歳高校生のキス経験年齢の平均値と分散

性別	平均値（年齢）	分散	人数
男子	15.13	2.38	31
女子	14.46	5.67	52

第9章
複数の平均の差を検定する——分散分析

本章の目標
第7章と第8章では2つの標本平均の差を検定する方法を学んだが，ここでは，3つ以上の複数の標本平均に違いがあることを明らかにする方法として，分散分析について学習していく。この分散分析では，独立変数のカテゴリー（群）どうしにみられるバラツキ（級間分散）とカテゴリー内部のバラツキ（級内分散）を比べることによって，「複数の標本平均が同一の母集団から得られた」という帰無仮説を棄却できるかどうかを検討していく。

キーワード 分散分析　平方和　級間平均平方（級間分散）　級内平均平方（級内分散）　F分布　分散分析表　イータ二乗

1　分散分析の基本的な考え方

1.1　級内分散と級間分散

社会調査や実験のデータでは，生活条件や実験条件である独立変数（要因）のカテゴリーが，従属変数となる連続変数に影響を与えているかどうかが問題にされることが多い。そのような場合には，独立変数のカテゴリー（群）ごとに従属変数の平均値を計算し，それら複数の標本平均の間に差がみられるのかどうかを比較検討するのが一般的である。本章で紹介する**分散分析**は，そうした複数（J個）の標本平均の差を統計的に検定する際に用いられる方法であり，利用頻度も応用可能性も非常に高い。

この分散分析（ANOVA：Analysis of Variance）とは，その名のとおり，**従属変数全体の分散（変動，バラツキ）のうち，どれだけが独立変数よる効果の分散として説明でき，どれだけが説明されないまま残るのかを分析していく手法**である。そして，独立変数の効果による分散（級間分散）が十分大きいとき，標本平均の差が偶然生じたものではなく，独立変数の影響によるものであると位

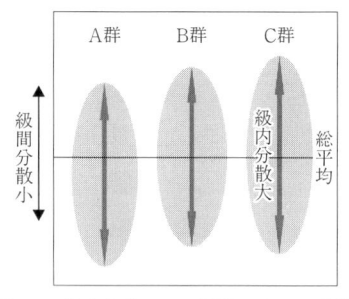

図9.1 独立変数による影響が小さい状態 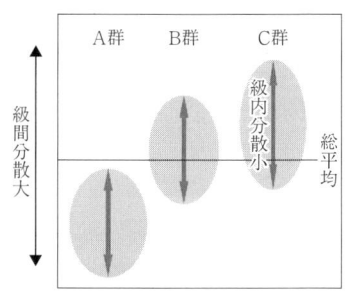　　**図9.2** 独立変数による影響が大きい状態

置づけることになる。

　この分散分析の考え方を，簡単に図解してみよう。図9.1のように観測値が分布している場合，独立変数となるA群，B群，C群のそれぞれの内部の分散（**級内分散**）はかなり大きい。それに比べると，A群とB群，C群の間の分散（**級間分散**）は，比較的小さい。このような場合には，「複数の標本平均が同一の母集団から得られた」とする帰無仮説を棄却できない。3つの標本平均の差は，偶然の範囲内であると考えられることになる。他方，図9.2のような場合，A群，B群，C群のそれぞれの内部の分散（級内分散）が小さいのに比べ，各群の間の分散（級間分散）はかなり大きくなっている。この後者のような場合には，帰無仮説が棄却され，母集団の違いによって，複数の標本平均の間に差があるという考え（対立仮説）が採択されることになる。

1.2　分散分析を行うステップ

　こうした分散分析を実際に行うステップは，およそ以下のようにまとめることができる。

○**分散分析のステップ**

　ステップ1．観測値をもとに，標本全体の総平均と独立変数のカテゴリーごとの群平均を計算する。帰無仮説では，これらの母平均はすべて等しいと仮定される。

　ステップ2．観測値全体のバラツキ（全平方和）を，独立変数の群効果によ

るばらつき（級間平方和）とそれ以外の効果（誤差）による（級内平方和）とに分解する。

ステップ3．級間平方和，級内平方和をそれぞれの自由度で割って，級間平均平方（級間分散），級内平均平方（級内分散）を求める。

ステップ4．級間平均平方を級内平均平方で割って，F比を求める。このF比が，F分布において任意のα水準の限界値を超えている場合には，帰無仮説を棄却し，対立仮説を採択する。そして最後に，これらの計算結果を分散分析表にまとめる。

2 群所属の効果

2.1 群平均と総平均

上記のステップにそって分散分析の学習を進めていくにあたって，ここでは，表9.1のような仮想データの問題をとりあげてみることにしたい。A，B，Cの3種類の教授方法の効果を比較するために，それぞれの教授方法で5人の学生に授業を行ったところ，表9.1のようなテスト結果が得られたとしよう。では，このテスト結果から，「教授方法の違いによって平均得点に差がある」と言えるのだろうか。

表9.1 教授方法がテスト結果に及ぼす影響（仮想データ）

教授方法A		教授方法B		教授方法C	
サンプル番号	得点	サンプル番号	得点	サンプル番号	得点
A1	40	B1	50	C1	55
A2	45	B2	55	C2	70
A3	50	B3	60	C3	70
A4	50	B4	65	C4	75
A5	65	B5	70	C5	80
$\sum_{i=1}^{5} Y_{i,A} = 250$		$\sum_{i=1}^{5} Y_{i,B} = 300$		$\sum_{i=1}^{5} Y_{i,C} = 350$	
$\bar{Y}_A = 50.0$		$\bar{Y}_B = 60.0$		$\bar{Y}_C = 70.0$	

$$\sum_{i=1}^{15} Y_i = 900$$
$$\bar{Y} = 60.0$$

この問題を検討する際，最初のステップで行うことは，標本についての総平均および独立変数のカテゴリーごとの J 個の群平均を求めることである（平均値の求め方については，第4章を参照のこと）。そして，他の仮説検定の方法と同様，母集団に関する帰無仮説がたてられることになる。分散分析においては，これら複数の標本平均のもとになる母平均 μ（ミュー）に関して，次のような帰無仮説が立てられる。

帰無仮説：J 個の標本平均はすべて同一の母集団から抽出されたものであり，それらはすべて等しい。

$$H_0 : \mu_1 = \mu_2 = \cdots = \mu_j = \mu$$

：μ_j は j 番目の群の平均，μ は母集団の総平均

これに対する対立仮説は，「J 個の標本平均のうち少なくとも1つは，平均の異なる母集団から得られている」というものである。ここで注意しなければならないのは，分散分析では，どの母平均が異なっているのかということまでは検討できないということである。それを行うためには，多重比較法を用いて各群の平均値間の差を検定する必要がある。なお，多重比較法については，巻末引用文献にある吉田（1998：205-207）や Bohnstetd and Knoke（1988＝1990：189-192）を参照のこと。

この帰無仮説に従えば，独立変数のカテゴリーごとに分けられた J 個の群の平均値も，独立変数の影響がなければ，基本的に等しく，総平均に一致すると考えられる。しかし逆に，総平均と群平均との間に差があるときには，それを**群所属の効果**としてとらえ，独立変数の影響とみなすことができる。

このことから，群 j に属することの効果 α_j は次のように表現できる。

$$\alpha_j = (\mu_j - \mu)$$

【例題9.1】

表9.1のデータで考えた場合，教授方法 A の群の効果は，

$$\alpha_A = (\mu_A - \mu) = 50.0 - 60.0 = -10.0$$

と考えることができる。同様にして，教授方法Bの群の効果は（　ア　），教授方法Cの群の効果は（　イ　）と推定することができる。

2.2　観測値の分解

このように群所属の効果という観点から考えると，すべての観測値は，**母平均** μ と**群の効果** α，および**誤差項** e_{ij}（実際の観測値と理論上の値の差）の3要素から成り立っていると考えられることになる。したがって，独立変数が1つである場合，群 j に属する個体 i の観測値 Y_{ij} は，次のようなモデルに分解して表すことができる。

$$Y_{ij} = \mu + \alpha_j + e_{ij}$$

【例題9.2】

次の図9.3をみれば，教授方法A群にあるサンプル番号5（図9.3ではA5となっている）の観測値（得点） $Y_{5.A}$ は，$Y_{5.A} = 60.0 + (-10.0) + 15.0 = 65.0$ と表現できる。この図9.3を参考にしながら，B1とC5の観測値 $Y_{1.B}$ と $Y_{5.C}$ をそれぞれ分解せよ。

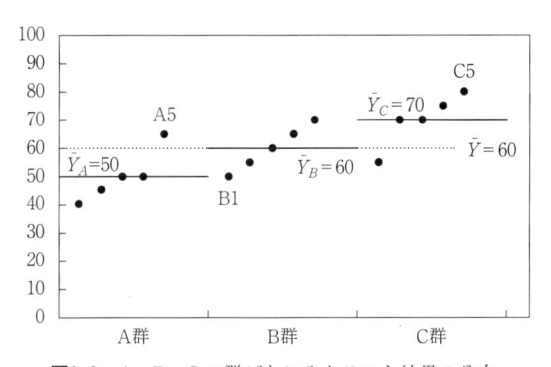

（1）$Y_{1.B} = 60.0 + （　ウ　） + （　エ　） = 50.0$
（2）$Y_{5.C} = （　オ　） + 10.0 + （　カ　） = 80.0$

図9.3　A，B，Cの群ごとにみたテスト結果の分布

ア　0.0　　イ　10.0　　ウ　0.0　　エ　−10.0　　オ　60.0　　カ　10.0

③ 平方和 (SS：Sum of Squares)

3.1 全平方和の分割

先のような考え方を用いれば，個々の観測値と総平均との偏差 ($Y_{ij} - \bar{Y}$) もまた，ある群に属することによる効果 α_j と，各観測値が独自の値を示すことによる効果（誤差）e_{ij} から成り立つと考えることができる。そして，α_j の推定値を ($\bar{Y}_j - \bar{Y}$)，e_{ij} の推定値を ($Y_{ij} - \bar{Y}_j$) とすると，次のような式が成り立つことになる ($\bar{Y}_j$ は j 番目の群の平均)。

$$Y_{ij} - \bar{Y} = \alpha_{ij} + e_{ij}$$
$$Y_{ij} - \bar{Y} = (\bar{Y}_j - \bar{Y}) + (Y_{ij} - \bar{Y}_j) \tag{9.1}$$

これらの式を図に示すと，図9.4のようになる。このように，総平均との偏差を群所属の効果と観測個体の誤差に分けることが，分散分析の基本となる考え方である。分散分析のステップ2においては，この考え方を用いて，全体の平方和を2種類の平方和（級間と級内）に分割することがポイントとなる。

そこで，先に示した (9.1) 式について，両辺を二乗し，すべての観測値について合計すると，次の式が得られることになる。

$$\sum_{i=1}^{N}(Y_i - \bar{Y})^2 = \sum_{j=1}^{J} n_j(\bar{Y}_j - \bar{Y})^2 + \sum_{j=1}^{J}\sum_{i=1}^{n_j}(Y_{ij} - \bar{Y}_j)^2 \tag{9.2}$$

：N は標本数，J は群の数，n_j は j 番目の群の標本数

全平方和 SS_{TOTAL} ＝ 級間平方和 $SS_{BETWEEN}$ ＋ 級内平方和 SS_{WITHIN}

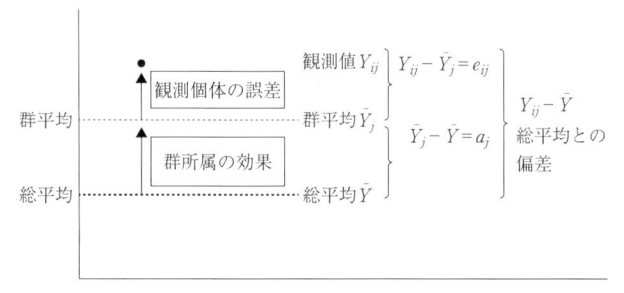

図9.4 群平均と誤差の合計として偏差を説明する

この (9.2) 式の左辺は, 総平均との偏差を二乗して合計したもので, **全平方和 (total sum of squares)** と呼ばれる (SS_{TOTAL} と表記)。これはちょうど, 標本全体の分散を求める計算式,

$$s_Y^2 = \frac{\sum_{i=1}^{N}(Y_i - \bar{Y})^2}{N-1}$$

の分子部分にあたる。この全平方和は, 群ごとに整理して計算する場合, 次のように書き換えることもできる (2重のΣ記号は, 内側の添字から順に計算する)。

$$\sum_{i=1}^{N}(Y_i - \bar{Y}_l)^2 = \sum_{j=1}^{J}\sum_{i=1}^{n_j}(Y_{ji} - \bar{Y})^2 = \sum_{i=1}^{n_1}(Y_{i1} - \bar{Y})^2 + \sum_{i=1}^{n_2}(Y_{i2} - \bar{Y})^2 + \cdots + \sum_{i=1}^{n_j}(Y_{ij} - \bar{Y})^2$$

(9.3)

3.2 級間平方和・級内平方和を求める

次に, (9.2) 式の右辺の第1項, $\sum_{j=1}^{J} n_j(\bar{Y}_j - \bar{Y})^2$ は, **級間平方和 (between sum of squares)** と呼ばれる ($SS_{BETWEEN}$ と表記)。この級間平方和は, 独立変数のカテゴリー (群) ごとの平均と総平均の差を二乗して合計したもの (平方和) である。これは, いわば群所属の効果に関する平方和であり, 独立変数による影響の大きさを示していると考えられる。この級間平方和については, 総平均と各群平均, および群ごとの標本数 n_j がわかれば, 求めることができる。

そして, (9.2) 式の右辺第2項, $\sum_{j=1}^{J}\sum_{i=1}^{n_j}(Y_{ij} - \bar{Y}_j)^2$ は, **級内平方和 (within sum of squares)** と呼ばれる (SS_{WITHIN} と表記)。この級内平方和は, 観測値とそれが所属する群平均の差を二乗し, 合計したものである。これは, 独立変数以外の他のさまざまな要因による観測値のバラツキ (誤差) の大きさを表現したものと言える。

この級内平方和を求めるためには, 個々の観測値と群平均について, 逐一, その差を二乗して合計していくのも一つの方法である。しかし, (9.2) 式から

もわかるように，全平方和と級間平方和がすでに計算されているのであれば，両者の差がそのまま級内平方和になる。

$$級内平方和\, SS_{WITHIN} = 全平方和\, SS_{TOTAL} - 級間平方和\, SS_{BETWEEN}$$

では，これらステップ2の手順について，以下の例題で確認しよう。

【例題9.3】

先の表9.1のテスト結果に関するデータでは，総平均と各群の平均が求められていた（$\bar{Y}=60.0$, $\bar{Y}_A=50.0$, $\bar{Y}_B=60.0$, $\bar{Y}_C=70.0$）。これをもとにして，全平方和と級間平方和，級内平方和を求めていく。

（1）まず，(9.2)式左辺から各観測値と総平均の差をもとに，全平方和を求めよ。

$$SS_{TOTAL} = \sum_{i=1}^{N}(Y_i - \bar{Y})^2 = \sum_{j=1}^{J}\sum_{i=1}^{n_i}(Y_{ij} - \bar{Y})^2$$

$= (40-60)^2 + (45-60)^2 + (50-60)^2 + (50-60)^2 + (65-60)^2$ ……群A
$+ (50-60)^2 + (55-60)^2 + (60-60)^2 + (65-60)^2 + (70-60)^2$ ……群B
$+ (55-60)^2 + (70-60)^2 + (70-60)^2 + (75-60)^2 + (80-60)^2$ ……群C
$= 850 + 250 + （\quad キ\quad） = （\quad ク\quad）$

（2）次に，(9.2)式右辺第1項から群平均と総平均の差をもとに，級間平方和を求めよ。

$$SS_{BETWEEN} = \sum_{j=1}^{J} n_j(\bar{Y}_j - \bar{Y})^2 = 5(50-60)^2 + 5(60-60)^2 + 5(70-60)^2$$
$$= （\quad ケ\quad）$$

（3）最後に，(9.2)式右辺第2項から個々の観測値と群平均の差をもとに，級内平方和を求めよ。

$$SS_{WITHIN} = \sum_{j=1}^{J}\sum_{i=1}^{n_i}(Y_{ij} - \bar{Y}_j)^2$$

キ　850　　ク　1950　　ケ　1000

$= (40-50)^2 + (45-50)^2 + (50-50)^2 + (50-50)^2 + (65-50)^2 \cdots\cdots$ A 群
$+ (50-60)^2 + (55-60)^2 + (60-60)^2 + (65-60)^2 + (70-60)^2 \cdots\cdots$ B 群
$+ (55-70)^2 + (70-70)^2 + (70-70)^2 + (75-70)^2 + (80-70)^2 \cdots\cdots$ C 群
$= ($ コ $) + 250 + 350$
$= ($ サ $)$

ここでは,すでに全平方和と級間平方和が計算されている。したがって,級内平方和は,全平方和と級間平方和の差から求めたほうが簡単である。

$$SS_{WITHIN} = SS_{TOTAL} - SS_{BETWEEN} = 1950 - 1000 = 950$$

4 平均平方 (MS：Mean Squares)

4.1 級間平均平方を求める

　分散分析の第3のステップでは,級間平方和と級内平方和をもとに,級間平均平方および級内平均平方を求めていく。先にみた級間平方和と級内平方和は,それぞれ群効果の平方和,誤差の平方和として求められるものであり,いずれも分散の分子に相当するものと言える。したがって,それらの平方和を自由度で割る(平均化する)ことによって,級間平均平方(級間分散)と級内平均平方(級内分散)を求めることができる。

　このうち前者の**級間平均平方**（$MS_{BETWENN}$）は,独立変数の効果による群ごとのバラツキ(級間分散)を示す値であり,級間平方和を自由度 $J-1$ で割ることによって求められる。級間分散の自由度が $J-1$ であるということは,総平均が決まっているなら j 番目の群平均も必然的に決まってしまうことを考えれば理解できるだろう。

$$MS_{BETWEEN} = \frac{SS_{BETWEEN}}{J-1} \tag{9.4}$$

コ　350　　サ　950

4.2 級内平均平方を求める

これに対して**級内平均平方**（MS_{WITHIN}）は，独立変数以外の要因による誤差の分散（級内分散）を示す値であり，級内平方和を自由度$N-J$で割ることによって求められる。級内分散の自由度については，J個の群ごとにそれぞれn_j-1の自由度があり，それらの合計が$N-J$であることから説明できる。

$$MS_{WITHIN} = \frac{SS_{WITHIN}}{N-J} \tag{9.5}$$

【例題9.4】

表9.1のデータに関して，ここまで$SS_{BETWEEN}=1000$，$SS_{WITHIN}=950$という計算結果が得られている。これらの結果をもとに，級間平均平方および級内平均平方を求めよ。

（1）$MS_{BETWEEN} = \dfrac{SS_{BETWEEN}}{J-1} = 1000 \div (\quad シ\quad) = (\quad ス\quad)$

（2）$MS_{WITHIN} = \dfrac{SS_{WITHIN}}{N-J} = 950 \div (\quad セ\quad) = (\quad ソ\quad)$

5 F分布と分散分析表

5.1 F比の計算

分散分析の目的は，独立変数の効果による分散（級間分散）とそれ以外の要因（誤差）による分散（級内分散）とを分けて，その大きさを比較することにあった。では，どのような場合に母平均に関する帰無仮説を棄却できるのだろうか。また，それらの検定結果はどのように示せばよいのだろうか。分散分析の最後のステップでは，これらの点について学んでいく。

複数の平均の差を検定する際に用いられる検定統計量は**F比**と呼ばれ，級内平均平方（級内分散）に対する級間平均平方（級間分散）の比率の形で求めら

シ 2　ス 500　セ 12　ソ 79.17

れる。これは，級内分散（誤差分散）を基準にして，独立変数の効果（級間分散）の大きさを示している数値といえる。

$$F = \frac{MS_{BETWEEN}}{MS_{WITHIN}} \qquad (9.6)$$

もし，帰無仮説のとおり，独立変数の効果がまったくないとすれば，このF比は，おおむね1に近づくと考えられる。独立変数の効果を示す級間分散も，その他の要因による級内分散とほとんど変わらないはずだからである。しかし逆に，このF比がどの程度大きければ，帰無仮説を棄却できるのだろうか。

5.2　F分布
このF比は，以下の2つの仮定が満たされるなら，帰無仮説（独立変数による効果はない）のもとで，分子の自由度ν_1（ニュー）$= J - 1$，分母の自由度$\nu_2 = N - J$のF分布に従うことが知られている。
　（1）**無作為独立標本の仮定**：N個の標本が独立に正規母集団から無作為に抽出されている。
　（2）**等分散性の仮定**：母分散はJ個の独立変数カテゴリー（群）全てにおいて同質である。

したがって，この2つの仮定が充足される場合には，F分布表（付表D-1（262～263頁），付表D-2（264～265頁））を利用して，独立変数の効果に関する仮説検定を行うことができる。すなわち，観測値をもとに計算されたF比が，任意のα水準の限界値よりも大きければ，帰無仮説を棄却し，独立変数の効果を支持することができる。逆にF比が，任意のα水準の限界値よりも小さければ，帰無仮説を棄却できないことになる。なお，分散分析における対立仮説は，級間分散が級内分散より大きいという意味のものであるから，片側検定が行われる。

○F分布表の見方
　（1）指定されたαに対応する表を選ぶ。
　　　（付表D-1（262～263頁）に$\alpha = 0.05$，また，付表D-2（264～265頁）にはα

= 0.01 の F 分布が示されている）

（2）分子の自由度を行に，分母の自由度を列にとり，両者が交わる欄の値を限界値（c.v.）とする。もし，自由度の欄に対応する値がない場合は，近い値（より厳しい値）を用いて代用する。

（3）F 比が限界値を超えていた場合には，帰無仮説を棄却する。

【例題9.5】

表9.1のテスト結果に関するデータについて，教授方法を独立変数としたときの F 比を求めよ。また，教授方法によってテスト結果に差があると言えるかどうか，α=0.05の場合と α=0.01の場合について，それぞれ検定を行え。

（1）$F_{2,12} = \dfrac{MS_{BETWEEN}}{MS_{WITHIN}} = 500 \div 79.17 = （　タ　）$

（2）分子の自由度 $\nu_1 = J - 1 = （　チ　）$

　　分母の自由度 $\nu_2 = N - J = （　ツ　）$

（3）α=0.05の場合，F 分布表（付表 D-1，262～263頁）における限界値は c.v. =（　テ　）である。このとき F 比は限界値を上回っているので，帰無仮説は棄却ト）（される・されない）。

（4）α=0.01の場合，F 分布表における限界値は c.v. =（　ナ　）である。この場合には，帰無仮説は棄却ニ）（される・されない）。

5.3　分散分析表

論文や報告書においては，こうした分散分析の結果は，表9.2のような**分散**

表9.2　教授方法がテスト結果に及ぼす影響に関する分散分析

変動因	平方和 (SS)	df	平均平方 (MS)	F
級　間	1000.00	2	500.00	6.32*
級内（誤差）	950.00	12	79.17	
全　体	1950.00	14		

*p < .05

タ　6.32　　チ　2　　ツ　12　　テ　3.89　　ト　される　　ナ　6.93　　ニ　されない

分析表に要約されて提示されることが多い。この分散分析表においては，級間と級内のバラツキについて，それぞれ平方和や自由度，平均平方などの情報が提示され，F比の計算が確認できるようになっている。そして，しばしば，＊などの記号を用いて，どの有意水準で検定を行ったのかということも示される。

以上，本章では，分散分析を大きく4つのステップに分けて説明を行ってきた。最後に，ここで紹介した分散分析の方法について，若干説明を補足しておくことにしたい。

1つは，**t 値と F 比の関係**についてである。2つの標本平均の差について統計的検定を行う場合，第8章で述べた t 検定と分散分析は，同じ結果をもたらす。自由度（1, v_2）のときの F 比の平方根は，同じデータに関する自由度 v_2 の t 値と等しいからである。

$$t_{v_2} = \sqrt{F_{1,\ v_2}} \tag{9.7}$$

付表C（261頁）と付表D-1（262～263頁），付表D-2（264～265頁）を見比べれば，この関係を確認できるだろう。このことから，通常，2つの標本平均を取り扱うときには t 検定，3つ以上のときには分散分析を用いる。

もう一つ注意すべき点は，分散分析の結果が独立変数の効果の強さを必ずしも示すものではないということである。標本数が非常に大きい場合には，標本平均の差がわずかでも，統計的に有意だとみなされてしまう。したがって，帰無仮説が棄却された場合，さらに，独立変数と従属変数の関係の強さが問題になることも少なくない。そこで，関係の強さを評価する指標として，次の η^2（イータ二乗）係数がしばしば用いられている。

$$\eta^2 = \frac{SS_{BETWEEN}}{SS_{TOTAL}} \tag{9.8}$$

このイータ二乗は，全平方和のうち独立変数の効果として説明できる部分（級間平方和）の割合を示している。先のテスト結果に関するデータ（表9.1）に関していえば，$\eta^2 = 1000 \div 1950 = 0.513$ となる。このことは，テスト結果における変動の51.3％が，教授方法の違いとして説明されるということを意味して

いる．

　もちろん，η^2がこのように大きな値をとっているのは，それが仮想データに基づいているからである．実際の社会調査のデータでこれほど大きな値になることは，ほとんどないと考えてよい．というのも，人間の意識や行動は，社会的要因や心理的要因，さらにはさまざまな偶然が複雑に絡み合って表出されているからである．したがって，たった1つの独立変数で全変動の50%以上を説明できるような場合には，むしろ，標本数が極端に少なくないか，偏った標本ではないのか，説明が同語反復になっていないかなど，確認することが重要である．

6 まとめ

　この章では，複数の標本平均の差について統計的検定を行う方法として分散分析について学んだ．分散分析とは，従属変数のバラツキを，独立変数の効果による分散（級間分散）とそれ以外の要因（誤差）による分散（級内分散）とに分けたうえで，両者の比（F比）について仮説検定を行うものであった．そして，級間分散が級内分散と比べて非常に大きい場合には，「母平均が同一である」という帰無仮説を棄却し，独立変数による効果を認める対立仮説が採択された．

　こうした分散分析を行う際には，まず総平均，群平均を計算して，各観測値を，総平均と群の効果，誤差の3要素に分けてとらえることが出発点となった．次に，全平方和（平均からの偏差の平方和）を級間平方和（総平均と群平均の差の平方和）と級内平方和（観測値と群平均の差の平方和）に分割し，それぞれの値の計算を行った．さらに，級間平方和と級内平方和をそれぞれの自由度で割って平均化することによって，級間平均平方（級間分散）と級内平均平方（級内分散）の値を得ることができた．この級内平均平方に対する級間平均平方の比がF比であり，分散分析における検定統計量である．そして最後に，他の統計的検定の手続きと同様，分散分析においても，検定統計量が限界値を超えているときに帰無仮説を棄却し，対立仮説を採択するという手続きがとられた．

この分散分析は，通常，独立変数が離散変数，従属変数が連続変数であるとき，独立変数ごとの平均値の差を検定するために用いられる（$J \geq 3$）。ただし，この章で紹介したのは，独立変数を1つだけ設定した**一元配置**の分散分析と呼ばれる方法についてである。独立変数が複数設定されたり，独立変数どうしの影響関係が想定されたりする場合には，さらに進んだ分散分析の方法を用いる必要がある。

【学習課題】

Q9.1 都市の青少年ほど，異性関係が活発であると考えられることが多い。しかし，それは本当だろうか。2011年の第7回「青少年の性行動全国調査」では，「これまで何人の人と付き合ったことがあるか」をたずねている。表9.3は，この質問に対する高校1年男子の回答を示している。この結果から，「都市規模により異性交際の活発さに差がある」と言えるかどうか，以下の(a)〜(f)の順序で検討せよ。ただし，ここでは「3人以上」は，「3人」として計算すること。

表9.3 高校1年男子がこれまで付き合ったことのある人数
(人)

都市規模	0人	1人	2人	3人以上	合計
大都市	61	36	22	35	154
中都市	14	13	7	12	46
町村部	65	29	22	48	164
全体	140	78	51	95	364

（a）この問題において検討される帰無仮説を述べよ。

（b）これまで付き合ったことのある人数について，(4.2)式をもとに，総平均および都市規模別の群平均を求めよ。

（c）全平方和，級間平方和，級内平方和をそれぞれ求めよ。

（d）級間平均平方および級内平均平方を計算し，F比を求めよ。

（e）上の問いで求められたF比は，$\alpha = .05$としたとき，F分布表における限界値よりも（大きい・小さい）ので，帰無仮説は（棄却される・棄却さ

れない)。
(f)この分散分析の結果を分散分析表にまとめよ。またこの分析結果を解釈する際に，注意すべき点について論ぜよ。

Q9.2 では，高校1年女子の場合，都市規模と異性関係の活発さには関連がみられるだろうか。2011年の第7回「青少年の性行動全国調査」のデータをもとに，表9.4を作成した。この結果をもとに，以下の(a)～(f)の順序で検討せよ。ただし，ここでは「3人以上」は，「3人」として計算すること。

表9.4 高校1年女子がこれまで付き合ったことのある人数
(人)

都市規模	これまで付き合ったことのある人数				合 計
	0人	1人	2人	3人以上	
大都市	78	49	29	73	229
中都市	48	21	21	22	112
町村部	94	44	31	83	252
全 体	220	114	81	178	593

(a)この問題において検討される帰無仮説を述べよ。
(b)これまで付き合ったことのある人数について，(4.2)式をもとに，総平均および都市規模別の郡平均を求めよ。
(c)全平方和，級間平方和，級内平方和をそれぞれ求めよ。
(d)級間平均平方および級内平均平方を計算し，F比を求めよ。
(e)上の問いで求められたF比は，$\alpha = .01$としたとき，F分布表における限界値よりも（大きい・小さい）ので，帰無仮説は（棄却される・棄却されない）。
(f)この分散分析の結果を分散分析表にまとめよ。またこの分析結果を解釈する際に，注意すべき点について論ぜよ。

第10章

2つの連続変数間の関係を推定する（1）——回帰分析の基礎

本章の目標

2つの連続変数の関係から因果推論を行う方法として，独立変数が1つである回帰分析，すなわち単回帰の基礎を学ぶ。散布図や回帰直線に関する理解を深めた後，最小二乗法により線形回帰方程式（回帰式）を推定する方法について，まずわかりやすい架空の例で学び，その後，実際の研究例を用いて分析してみる。

キーワード　散布図　線形関係　回帰直線　回帰係数　予測式　最小二乗法

1　2つの連続変数間の関係を示す方法

われわれが扱う変数には離散変数と連続変数という区別があり，本書ではこの変数の区別に対応させながら，分析手法を学習してきた。例えば，第4章で学習した代表値や変動の測度は，個々の変数について分布の特徴を明らかにするものだが，離散変数と連続変数では，それぞれ使用できる代表値や変動の測度は異なっていた。また，第5章以降では2つの変数の関係についての分析方法を学習してきた。クロス集計とカイ二乗検定（第5章と第6章）は，2つの離散変数の関係を分析したもの，第7章から第9章までに学んだ3つの方法（正規分布を利用した検定，t検定，分散分析）は，いずれも，個体が属するグループ（離散変数）ごとの平均値（連続変数）が異なるかを検討しており，離散変数と連続変数の関係を分析したものと言える。

それでは，2つの変数がともに連続変数である場合には，その関係をどのように分析すればよいだろうか。そのために，これまでに学んだ方法を援用して分析するやり方もある。連続変数の一方をカテゴリー合併しもう一方の変数の平均値に差がある否かを検討する（例えば，年齢の高いグループと低いグループに合併し，平均収入に違いがあるかをt検定で検討する），あるいは，2つの変数をど

ちらもカテゴリー合併(測定クラスを合併)し，クロス集計する(例えば，年齢と収入をそれぞれ高年齢層・低年齢層，高収入・低収入の2カテゴリーずつに合併しクロス集計を行う)ことも可能である。しかしこれでは，個々の値がもつ連続変数としての情報量のかなりの部分を失ってしまうことになる。連続変数としての特性を生かしながら2つの変数の関係を分析する，それが，第10章と第11章の課題である。

1.1 散布図

例えば，図10.1のようなデータがあるとしよう。これは，ある学校における生徒の学習時間(1日あたりの平均。単位は分)と，ある試験の点数を，50人について示した**散布図**である(架空のデータ)。散布図は，2つの連続変数を組み合わせて，個々の観測値を座標軸上の点として示した図のことであり，図10.1では，1つひとつの点がそれぞれ1人の生徒の学習時間と点数を表している。

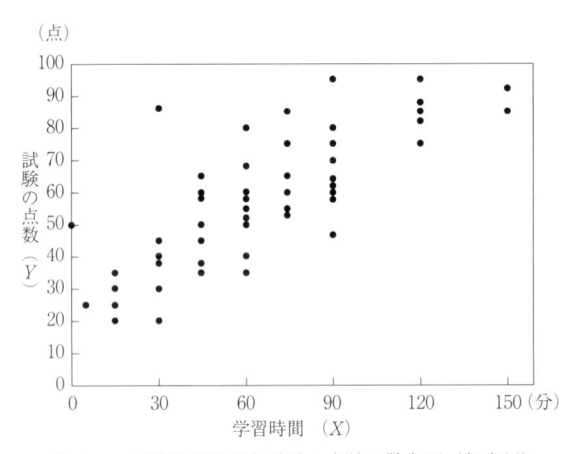

図10.1 平均学習時間と試験の点数の散布図(架空例)

さて図10.1を見ると，点の並び方に一定の傾向があることに気づくであろう。それは，多くの点が，左下から右上に向かって，右上がりに並ぶ傾向である。すなわち，横軸(X軸)の値が小さい点は縦軸(Y軸)の値も小さく，横軸の値Xが大きくなると縦軸の値Yも大きくなるということである。このことから，個々の点(生徒)をとりあげればその傾向から外れる場合もあるが，

全体として見れば，学習時間（横軸）が長ければ試験の点数（縦軸）が高くなるという関係にあることが観察できる。

このように，散布図を作成すると，2つの連続変数の値がどのように結びついているかを，視覚的に確認することができる。

1.2 回帰直線

学習時間と試験の点数の関係は，全体として右上がりの傾向にあった。このような傾向を表現するとき，われわれは，その2変数の関係がどれだけ**線形関係**に近いかという観点から考えることができる。線形関係とは，従属変数の値が独立変数の値に比例して変化する関係のことで，もし完全な線形関係が成り立っているならば，散布図の個々の点は，1つの直線上に並ぶことになる。

この線形関係を数式で表現すると，次のような一次式になる。

$$Y = a + bX$$

Y は散布図の縦軸にとる従属変数の値，a は直線が縦軸（Y軸）と交わる**切片**（intercept），b はこの直線の**傾き**，X は独立変数の値である。この式によれば，Y の値は，定数 a に，傾き b と独立変数 X の値の積を足したものになる。

回帰分析（regression analysis）は，独立変数と従属変数の関係を全体としてとらえたときに，この線形関係のモデルがどれだけうまく当てはまるのか，言い換えれば，独立変数との線形関係から従属変数の値をどれだけ予測（あるいは説明）できるかを検討する分析である。回帰分析では，次のような（回帰式の）**予測式**に基づいて分析を行うことになる。

$$\hat{Y}_i = a + bX_i \tag{10.1}$$

X_i は i 番目の観測値における独立変数 X の値であり，そこから，X と Y の線形関係によって，i 番目の観測値における Y の予測値である $\hat{Y}_i$ を予測するという式である。この式をグラフにすると切片が a，傾きが b の直線（図10.2）となるので，予測式による直線を**回帰直線**と呼ぶ。

実際にわれわれが分析するデータは，独立変数（X）と従属変数（Y）の間

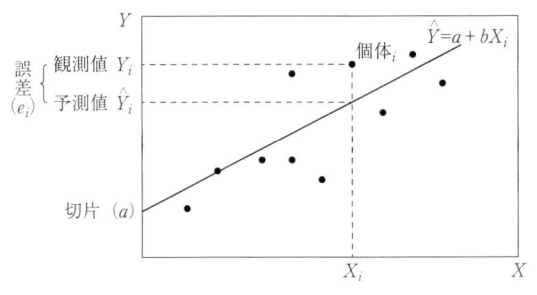

図10.2 回帰モデルの概念図

に完全な比例関係があるとは限らないので，予測式から得られる予測値と実際の観測値は完全に一致するわけではない。図10.2を見ると，回帰直線に近い点もあれば，離れている点もある。また，図10.1に示した学習時間と試験の点数の例でも，例えば同じように60分学習したとしても，試験の点数が35点の生徒もいれば，80点の生徒もいる。こうして，観測値を示す点は1本の直線の上には並ばず，何らかのズレ（誤差）が生じる。したがって，線形関係をデータに当てはめた場合には，このような誤差を考えなければならないので，回帰分析の基本となる**回帰モデル**（regression model あるいは**線形回帰方程式**，**回帰式**）は，次のようになる。

$$Y_i = a + bX_i + e_i \tag{10.2}$$

すなわち，回帰モデルは，線形関係によって独立変数Xから従属変数Yを予測する式に，e_iという誤差（**誤差項**：error term あるいは**残差項**と呼ぶ）を加えたものである。なお，本書では独立変数Xが1つの回帰モデルによる分析（**単回帰**）だけを扱うが，独立変数が複数ある場合の分析は**重回帰分析**と呼ばれる。

さて，図10.2に示したように，予測式から求められるYの予測値（$\hat{Y}_i$）と実際のデータにおける観測値（Y_i）を比較すると，i番目の個体について，線形関係による予測がどれだけ当てはまっているかがわかる。つまり，誤差（e_i）は，次のように求めることができる。

$$e_i = Y_i - \hat{Y}_i$$

第10章　2つの連続変数間の関係を推定する（1）——回帰分析の基礎

これらのことを，図10.2で確認しておこう．図中の個体 i について，線形関係による予測式（右上がりの直線）を当てはめた場合，独立変数の観測値 X_i から求めた予測値 $\hat{Y}_i$ と，実際の観測値 Y_i にはズレがあり，これが誤差 e_i に対応している．

【例題10.1】

10人のグループで身長（X）と体重（Y）を調べ，回帰分析を行ったところ，次のような予測式が得られたとする．表10.1で空欄になっている予測値を求めよ．

$$予測式：\hat{Y} = -84.621 + 0.878X$$

表10.1　身長と体重（架空例）

身長（cm）	体重（観測値, kg）	体重（予測値, kg）
152	56	48.8
163	52	（ ア ）
165	55	60.2
168	65	62.9
170	60	64.6
172	70	66.4
175	65	（ イ ）
178	72	71.7
180	82	73.4
183	75	76.1

② 回帰式の推定

さて，前節では，2つの連続変数の間に線形関係を仮定した回帰分析の基本的な考え方を示した．それでは，予測式における切片 a や傾き b は，どのように推定することができるだろうか．

ア　58.5　イ　69.0

2.1 最小二乗法の考え方

そのための方法が**最小二乗法**(ordinary least squares：OLS)である。最小二乗法は，従属変数の観測値と回帰式から求められる予測値とのズレをできる限り小さくしようという考え方にもとづいており，具体的には，次の式で表現される観測値 Y_i と予測値 $\hat{Y}_i$ との差，つまり誤差を二乗しすべて足し合わせた値(誤差平方和)が最小になるように，切片や傾きを推定することになる。実際には，微分法と正規方程式を用いた計算となる(詳しくは Bohrnstedt and Knoke, 1988＝1990などを参照)。

$$\sum_{i=1}^{N}(Y_i-\hat{Y}_i)^2 = \sum_{i=1}^{N} e_i^2$$

2.2 回帰係数と切片

最小二乗法によって得られる傾き b の推定値は，**回帰係数**(regression coefficient)と呼ばれる。そしてわれわれは，実際に得られた観測値(X と Y の値)を次の式に当てはめることで回帰係数を計算することができる。

$$b = \frac{\sum(X_i-\bar{X})(Y_i-\bar{Y})}{\sum(X_i-\bar{X})^2} \tag{10.3}$$

回帰係数(b)は回帰直線の傾きであるから，その数値は，独立変数の値が1単位だけ変化したときに従属変数の値がどれだけ変化するかを表している。例えば，表10.1の身長(X)と体重(Y)の例では，予測式が $\hat{Y} = -84.625 + 0.878X$ となっていた。これは，身長が1単位，つまりこの例だと1cm高ければ，体重が0.878kg重くなるという関係にあることを表している。

ところで，(10.3)式の分子は，X の平均からの偏差と Y の平均からの偏差の積和となっており，これを $N-1$ で割ると(10.4)式のように X と Y の**共分散**(s_{xy})と呼ばれる値となる(母集団の場合は N で割る。なお，共分散に関する詳しい説明は第11章で行う)。

第10章　2つの連続変数間の関係を推定する（1）——回帰分析の基礎

$$s_{XY} = \frac{\sum (X_i - \bar{X})(Y_i - \bar{Y})}{N-1} \tag{10.4}$$

また，(10.3) 式の分母は，X の平均からの偏差の平方和であり，これを $N-1$ で割ると，(10.5) 式にように，第4章で学習した分散（$s_X{}^2$）になる。

$$s_X{}^2 = \frac{\sum (X_i - \bar{X})^2}{N-1} \tag{10.5}$$

これらのことから，傾き b は X の分散に対する，X と Y の共分散の比として理解することもできる。

$$b = \frac{s_{XY}}{s_X{}^2} \tag{10.6}$$

一方，切片 a は，次の式から求められる（導出過程は省略）。

$$a = \bar{Y} - b\bar{X} \tag{10.7}$$

【例題10.2】

以下の空欄を埋めながら，b が「X の分散に対する，X と Y の共分散の比」であることを確認せよ。

（1）(10.6) 式に「X と Y の共分散」と「X の分散」を代入する。

$$\frac{s_{XY}}{s_X{}^2} = (\quad ウ \quad) \div (\quad エ \quad)$$

（2）すると，次のように（　オ　）が相殺される。

ウ $\dfrac{\sum (X_i - \bar{X})(Y_i - \bar{Y})}{N-1}$　　エ $\dfrac{\sum (X_i - \bar{X})^2}{N-1}$　　オ $N-1$

$$= \frac{\sum(X_i-\bar{X})(Y_i-\bar{Y})}{(\text{オ})} \times \frac{(\text{オ})}{\sum(X_i-\bar{X})^2}$$

$$= \frac{\sum(X_i-\bar{X})(Y_i-\bar{Y})}{\sum(X_i-\bar{X})^2}$$

（3）これは（10.3）式の右辺に等しく，回帰係数 b は「X の分散に対する，X と Y の共分散の比」であることが確認できる。

ここで，回帰係数と切片の意味を確認しておこう。回帰係数（b）は，回帰直線における傾きであり，独立変数（X）が1単位変化したときに従属変数（Y）がどれだけ変化するかを表していた。ここでは b が正の値のとき，すなわち回帰直線が右上がりの直線である例を用いて説明してきたが，b は負の値をとることもある。b が負の値をとるときには，回帰直線は右下がりのグラフとなり，独立変数の値が大きくなると従属変数の値は小さくなる，という線形関係があることになる。

では，b が0のときを考えてみよう。b が0ということは，独立変数の値が大きくなろうとも小さくなろうとも従属変数の値が変化しない，つまり2つの変数の間にはまったく関係が存在しないということである。このときには，(10.1) 式から，従属変数の予測値（$\hat{Y}_i$）は，すべて切片（a）に等しくなるであろう。また，(10.7) 式から，切片（a）は従属変数の平均（$\bar{Y}$）に等しくなることもわかる。つまり，独立変数と従属変数にまったく関係がない場合には，従属変数の予測値は，従属変数の平均値ということになる。

2.3　学習時間と試験の点数の分析例

それでは，実際にデータから回帰式を推定する過程を例示してみよう。ここでは，図10.1に示した学習時間（1日あたりの平均）とある科目の試験における点数の架空データを用いて回帰式を推定してみることにする。学習時間と点数に関しては，独立変数である学習時間が長ければ，従属変数である試験の点数が高くなることが予測できるだろう。

表10.2 学習時間（X）と試験の点数（Y）に関する平均，分散，共分散の計算のための要素

番号	Y	X	$(Y-\bar{Y})$	$(X-\bar{X})$	$(X-\bar{X})(Y-\bar{Y})$	$(Y-\bar{Y})^2$	$(X-\bar{X})^2$
1	50	0	-7.98	-65.20	520.30	63.68	4251.04
2	25	5	-32.98	-60.20	1985.40	1087.68	3624.04
3	20	15	-37.98	-50.20	1906.60	1442.48	2520.04
4	25	15	-32.98	-50.20	1655.60	1087.68	2520.04
5	30	15	-27.98	-50.20	1404.60	782.88	2520.04
6	35	15	-22.98	-50.20	1153.60	528.08	2520.04
7	20	30	-37.98	-35.20	1336.90	1442.48	1239.04
8	30	30	-27.98	-35.20	984.90	782.88	1239.04
9	38	30	-19.98	-35.20	703.30	399.20	1239.04
10	40	30	-17.98	-35.20	632.90	323.28	1239.04
11	45	30	-12.98	-35.20	456.90	168.48	1239.04
12	86	30	28.02	-35.20	-986.30	785.12	1239.04
13	35	45	-22.98	-20.20	464.20	528.08	408.04
14	38	45	-19.98	-20.20	403.60	399.20	408.04
15	45	45	-12.98	-20.20	262.20	168.48	408.04
			（ 中　略 ）				
40	70	90	12.02	24.80	298.10	144.48	615.04
42	80	90	22.02	24.80	546.10	484.88	615.04
43	95	90	37.02	24.80	918.10	1370.48	615.04
44	75	120	17.02	54.80	932.70	289.68	3003.04
45	82	120	24.02	54.80	1316.30	576.96	3003.04
46	85	120	27.02	54.80	1480.70	730.08	3003.04
47	88	120	30.02	54.80	1645.10	901.20	3003.04
48	95	120	37.02	54.80	2028.70	1370.48	3003.04
49	85	150	27.02	84.80	2291.30	730.08	7191.04
50	92	150	34.02	84.80	2884.90	1157.36	7191.04
合計	2899	3260			28220.20	20984.98	63998.00
平均	57.98	65.20					

さて，表10.2には，50人の学習時間（X）と試験の点数（Y）のデータと，それぞれの合計や平均，そして分散と共分散を計算するための要素が示してある。表の1列目にある数字を生徒1人ひとりにつけた番号として（1番から50番まで），この表の1つひとつの行が，それぞれの生徒に対応しているものとする。

表の左から2列目が試験での点数（Y），左から3列目が学習時間（X）である。また，表のいちばん下の行には，それぞれの合計と平均値を示した。平均値は，2列目（点数）と3列目（学習時間）それぞれについて，いちばん下の

合計を，生徒の人数である50で割ったものである。

$$\bar{Y} = 2899/50 = 57.98$$
$$\bar{X} = 3260/50 = 65.20$$

次に，表の4列目と5列目には，生徒個々の点数と学習時間から，ここで求めた平均値を引いた値（偏差と呼ぶ）が示されている。そして，6列目はXとYの偏差の積（4列目の値と5列目の値の積），7列目と8列目はXとYの偏差の二乗である。これらの合計も，表のいちばん下に示してある。

さてこれで，計算に必要な値がそろったことになる。次の例題で，分散と共分散を計算してみることにしよう。

【例題10.3】

表10.2に示した学習時間（X）と試験の点数（Y）について，分散と共分散を求めなさい。

（1）分散は，(10.5) 式から，次のように求めることができる。

$$s_Y^2 = \frac{\sum(Y-\bar{Y})^2}{N-1} = \frac{20984.98}{50-1} = 428.265$$

$$s_X^2 = \frac{\sum(X-\bar{X})^2}{N-1} = \frac{(\text{カ})}{50-1} = (\text{キ})$$

（2）共分散は，(10.4) 式から，次のように求めることができる。

$$s_{XY} = \frac{\sum(X-\bar{X})(Y-\bar{Y})}{N-1} = \frac{(\text{ク})}{50-1} = (\text{ケ})$$

次に，回帰係数（b）と切片（a）を計算しよう。

カ　63998.00　　キ　1306.082　　ク　28220.20　　ケ　575.922

第10章　2つの連続変数間の関係を推定する（1）——回帰分析の基礎

【例題10.4】

表10.2のデータに関して，回帰係数（b）と切片（a）を求めよ。

（1）最小二乗法による回帰係数（b）の推定値は，Xの分散に対するXとYの共分散の比と考えることができ，（10.6）式を利用して次のように計算できる。

$$b = \frac{s_{XY}}{s_X^2} = \frac{(　コ　)}{1306.082} = (　サ　)$$

（2）切片（a）は，XとYの平均値を利用した（10.7）式から計算することができる。表10.2にある平均値を代入すると，次のようになる。

$$a = \bar{Y} - b\bar{X} = 57.98 - (　サ　) \times 65.20 = (　シ　)$$

以上の計算により，学習時間と試験の点数に関して，回帰分析の予測式は次のように推定できたことになる。

$$\hat{Y} = 29.230 + 0.441 X_i$$

この結果から，何がわかるだろうか。回帰係数の値は，独立変数が1単位変化したときに，従属変数がどれだけ増加（あるいは減少）するかを示す。したがって，この学習時間と試験の点数の例では，1日あたりの平均学習時間が1分長くなるごとに，試験の成績が0.441点だけよくなるということである。これはあくまでも架空のデータではあるが，例えば毎日30分だけ長く学習すると，30×0.441＝13.23より，試験の点数が約13点よくなるという予測もできる。

さらに，ここで求めた回帰直線を，もとの散布図（図10.1）の上に描くと，図10.3のようになる。この図で，切片が29.230であったから，回帰直線は，Y軸と29.230のところで交わっている。そして，傾きが0.441という正の値であるから，右上がりの直線となっている。

コ　575.922　　サ　0.441　　シ　29.230

155

こうしてみると，いくつかの点は回帰直線のごく近くにあるが，ほとんどの点が回帰直線から外れていることがわかる。つまり，これが線形回帰による予測値と実際の観測値の誤差ということになる。例えば，学習時間が30分であれば，$29.230 + 0.441 \times 30 = 42.460$ より，試験の点数は約42点前後になることが予測されることになるが，実際には学習時間が30分で20点という生徒も，86点という生徒もいる。観測値と予測値の誤差は，20点という生徒については約22点（−22.46），86点の生徒なら約44点（43.54）もあることになる。

また，図10.3には X と Y それぞれの平均値も記した。回帰直線はちょうどこの，X と Y の平均値の上を通っている。(10.7) 式を見れば，X が $\bar{X}$ のときに，Y が $\bar{Y}$ になることがわかるであろう。

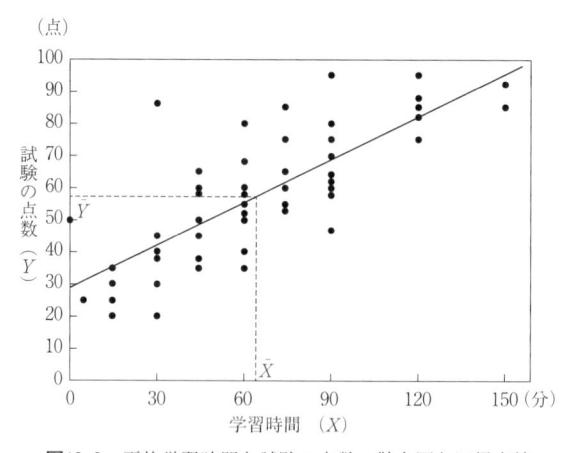

図10.3 平均学習時間と試験の点数の散布図と回帰直線

最後にもう1つ，2011年の第7回「青少年の性行動全国調査」のデータを用いた例題を解いてみよう。

【例題10.5】

表10.3は，2011年の第7回「青少年の性行動全国調査」における18歳男子高校生（526人）について，情報機器（テレビ，ビデオデッキ，パソコン）の保有数と，初デートの経験年齢の平均値，分散，共分散をまとめたものである。情報

第10章 2つの連続変数間の関係を推定する（1）——回帰分析の基礎

機器の保有数を独立変数（X），デート経験年齢を従属変数（Y）として，回帰分析を行う。このときの回帰係数と切片を推定せよ。

表10.3 男子高校生（526人）のデート経験年齢と情報機器保有数の平均値，分散，共分散

デート経験年齢の平均値（$\bar{Y}$）	14.1331
情報機器の保有数の平均値（$\bar{X}$）	1.1141
デート経験年齢の分散（s_Y^2）	2.6642
情報機器の保有数の分散（s_X^2）	1.1222
共分散（s_{XY}）	-0.2133

（1）回帰係数（b）の推定値は，次のように求めることができる。

$$b = \frac{s_{XY}}{s_X^2} = \frac{-0.2133}{(\text{ ス })} = (\text{ セ })$$

（2）次に，切片（a）を求める。

$$a = \bar{Y} - b\bar{X} = 14.1331 - (\text{ セ }) \times 1.1141 = (\text{ ソ })$$

この例題では，先に例示した学習時間と試験の点数の分析とは異なり，回帰係数（b）の符号がマイナスになる。回帰係数すなわち回帰直線の傾きの符号がマイナスということは，散布図に回帰直線を描いた場合に，グラフは右下がりの直線になるということである。つまり，2変数間に，独立変数の値が大きくなれば従属変数の値が小さくなるという関係が見られることを示している。例題10.5の場合なら，「所有している情報機器の数が多い男子高校生ほど，デート経験年齢が低い」という関係になる。

3 まとめ

本章では，2つの連続変数の関係から因果推論を行う方法である，回帰分析

ス　1.1222　　セ　-0.1901　　ソ　14.3449

の基礎を学習した。回帰分析は，独立変数と従属変数の関係に，線形関係による予測式がどれだけうまく当てはまるのかを検討する手法であった。また，回帰式を推定する際には，観測値と予測値の誤差平方和を最小にするという，最小二乗法の考え方を利用した。

ここでは，初めに2つの連続変数に関する散布図を示すことから出発したが，このように分布を視覚的に確認することの重要性を強調しておきたい。なぜなら，回帰分析は，そもそも変数間に線形関係をあてはめる分析であり，散布図から2変数間の関係が線形ではない（例えば，曲線的な関係など）ことが明らかであれば，別の分析方法を考えなければならないからである。

次の第11章も，引き続き回帰分析についての学習である。回帰分析に関わる関連の測度にどのようなものがあるか，また，回帰係数など回帰分析に関する有意性検定について学習していこう。

【学習課題】

Q10.1 表10.4に示したのは，表10.1（例題10.1）に示した身長（X）と体重（Y）のデータから回帰係数や切片を計算するための要素である。この表を利用して回帰係数と切片を計算し予測式を作り，それが既に示された予測式 $\hat{Y} = -84.621 + 0.878X$ に一致することを確認せよ。

表10.4 身長（X）と体重（Y）に関する平均，分散，共分散の計算のための要素

番号	Y	X	$(Y-\bar{Y})$	$(X-\bar{X})$	$(X-\bar{X})(Y-\bar{Y})$	$(Y-\bar{Y})^2$	$(X-\bar{X})^2$
1	56	152	-9.2	-18.6	171.12	84.64	345.96
2	52	163	-13.2	-7.6	100.32	174.24	57.76
3	55	165	-10.2	-5.6	57.12	104.04	31.36
4	65	168	-0.2	-2.6	0.52	0.04	6.76
5	60	170	-5.2	-0.6	3.12	27.04	0.36
6	70	172	4.8	1.4	6.72	23.04	1.96
7	65	175	-0.2	4.4	-0.88	0.04	19.36
8	72	178	6.8	7.4	50.32	46.24	54.76
9	82	180	16.8	9.4	157.92	282.24	88.36
10	75	183	9.8	12.4	121.52	96.04	153.76
合計	652	1706			667.80	837.60	760.40
平均	65.20	170.60					

Q10.2 表10.5は，2011年の第7回「青少年の性行動全国調査」における男子高校生（363人）について，情報機器の保有数と，キス経験年齢の平均値，分散，共分散をまとめたものである。情報機器の保有数を独立変数（X），キス経験年齢を従属変数（Y）として，回帰分析を行う。このとき，回帰係数と切片を推定し，予測式を求めよ。

表10.5 18歳男子高校生（363人）のキス経験年齢と情報機器保有数の平均値，分散，共分散

キス経験年齢の平均値（$\bar{Y}$）	14.4215
情報機器の保有数の平均値（$\bar{X}$）	1.1818
キス経験年齢の分散（s_Y^2）	4.0622
情報機器の保有数の分散（s_X^2）	1.1381
共分散（s_{XY}）	-0.1708

Q10.3 Q10.2で，情報機器の保有数が以下の値のときの，キス経験年齢の予測値を求めよ。

（a）1個のとき。
（b）3個のとき。

第11章
2つの連続変数間の関係を推定する(2)——回帰分析の応用

本章の目標

回帰分析から計算される関連の測度である決定係数と相関係数について理解を深め，あわせてその検定の仕方を学ぶ。さらに，標準化された回帰係数（ベータ係数）を計算することの意味を理解する。

キーワード　PRE 統計量　決定係数　相関係数　ベータ係数　t検定　F検定

1　2つの連続変数の関連の測度

第10章では，2つの連続変数に線形関係をあてはめる回帰分析のモデルを用いて，回帰直線の傾きである回帰係数と切片の推定の仕方や，独立変数の値から従属変数の予測値を求める方法について学習した。実際の観測値のほとんどは予測される回帰直線の上に並ぶわけではなく，観測値と予測値にはズレ，すなわち誤差が生じるのであった。この，観測値と予測値の誤差を手がかりに，2変数間の関連の測度について考えてみよう。

1.1　決定係数

ここでは，第9章で学習した分散分析と同じように，全平方和（観測値と平均の偏差の二乗和）をモデルから説明される成分と誤差の成分に分割するという考え方をとる。図11.1は，回帰分析の場合に，観測値と平均との偏差（$Y_i - \bar{Y}$）が，モデルから説明される回帰の成分（$\hat{Y}_i - \bar{Y}$）と誤差の成分（$Y_i - \hat{Y}_i$）に分割されることを図示したものである。

第11章　2つの連続変数間の関係を推定する（2）――回帰分析の応用

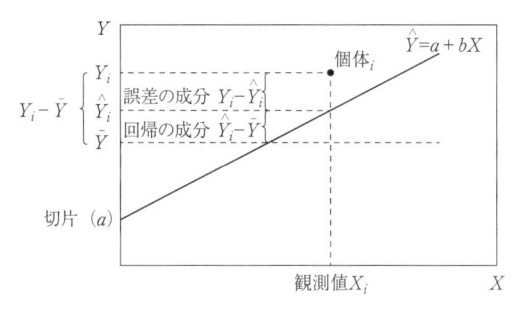

図11.1 回帰の成分と誤差の成分

このことを，式で表現すると，次のようになる。

$$(Y_i - \bar{Y}) = (Y_i - \hat{Y}_i) + (\hat{Y}_i - \bar{Y})$$

また，これらを二乗し足し合わせたものの順序を入れ替えると，次のような関係が成り立つ。

$$\sum (Y_i - \bar{Y}_i)^2 = \sum (\hat{Y} - \bar{Y})^2 + \sum (Y_i - \hat{Y}_i)^2$$

$$SS_{TOTAL} = SS_{REGRESSION} + SS_{ERROR}$$

（全平方和）＝（回帰平方和）＋（誤差平方和）

つまり，左辺にある**全平方和**（SS_{TOTAL}：total sum of squares）が，**回帰平方和**（$SS_{REGRESSION}$：regression sum of squares）と**誤差平方和**（SS_{ERROR}：error sum of squares）に分割できるということである。

ここで，**誤差減少率**という考え方を導入しよう。誤差減少率は，ある独立変数と従属変数の関係がわかっている場合に，両者の関係を考慮することによって，考慮しない場合に比べて，従属変数を予測する際の誤差がどれだけ減少するかを示すものである。この誤差減少率に基づく統計量を **PRE 統計量** (proportional reduction in error) と呼び，一般的には次のように表すことができる。

$$PRE 統計量 = \frac{決定規則がないときの誤差 - 決定規則があるときの誤差}{決定規則がないときの誤差}$$

回帰分析は，独立変数（X）と従属変数（Y）の間に線形関係をあてはめる

という，一種の決定規則を用いて予測を行うものである。一方，もし独立変数と従属変数の間にどのような関係があるかがわからない，すなわち決定規則がないときには，われわれは従属変数（Y）が平均（$\bar{Y}$）に等しいと予測することになるであろう（56頁を参照）。そして，線形関係という決定規則での予測がうまくいくということは，そのときの誤差が，決定規則がない場合の誤差，すなわち観測値が平均に等しいと予測した場合の誤差と比較して，小さくなるということであろう。

この考え方から，回帰分析における PRE 統計量である決定係数 $R^2_{Y \cdot X}$ は，次のように定義される。

$$R^2_{Y \cdot X} = \frac{\sum(Y_i - \bar{Y})^2 - \sum(Y_i - \hat{Y})^2}{\sum(Y_i - \bar{Y})^2} \tag{11.1}$$

この（11.1）式の分子は，決定規則がないときの（観測値が平均に等しいと予測した場合の）誤差と，決定規則があるときの（回帰モデルの予測式から求めた予測値との）誤差の差である。分母は，決定規則がないときの誤差である。

（11.1）式について，前述の全平方和，回帰平方和，誤差平方和との対応を確認すると，次のようになる。

$$\begin{aligned} R^2_{Y \cdot X} &= \frac{SS_{TOTAL} - SS_{ERROR}}{SS_{TOTAL}} \\ &= 1 - \frac{SS_{ERROR}}{SS_{TOTAL}} \end{aligned} \tag{11.2}$$

この式から，$SS_{ERROR} = 0$ のとき，すなわち誤差平方和が 0 のときに，$R^2_{Y \cdot X} = 1$ となり，決定係数が最大値 1 をとることがわかるであろう。逆に最小値をとるのは $SS_{TOTAL} = SS_{ERROR}$ のときで，決定係数の最小値は 0 である。決定係数の値は負になることはない。

また，$SS_{TOTAL} = SS_{REGRESSION} + SS_{ERROR}$ であるから（11.2）式を次の（11.3）式のように変形することもできる。これを見ると，決定係数が，全平方和に対する，回帰分析によって説明される部分（回帰平方和）の割合を表し

第11章　2つの連続変数間の関係を推定する（2）——回帰分析の応用

ていることがわかる。

$$R^2_{Y \cdot X} = \frac{SS_{REGRESSION}}{SS_{TOTAL}} \tag{11.3}$$

なお，決定係数は，XとYの共分散の二乗をそれぞれの分散で割って求めることもできる。回帰係数の推定に用いた共分散と分散に関する情報があるなら，この式を使って決定係数を計算することができる。

$$R^2_{Y \cdot X} = \frac{s^2_{XY}}{s^2_X s^2_Y} \tag{11.4}$$

【例題11.1】

第10章で用いた学習時間と試験の点数（第10章の図10.1や表10.2）の例について，分散と共分散の値はそれぞれ次のようになっていた。このとき，空欄を埋め，決定係数を求めなさい。

表11.1　学習時間と試験の点数の分散と共分散

試験の点数の分散（s^2_Y）	428.265
学習時間の分散（s^2_X）	1306.082
共分散（s_{XY}）	575.922

$$R^2_{Y \cdot X} = \frac{s^2_{XY}}{s^2_X s^2_Y} = \frac{(\quad \text{ア} \quad)^2}{1306.082 \times 428.265} = (\quad \text{イ} \quad)$$

こうして求めた決定係数は，Yの全分散のうちXとの線形関係によって統計的に説明される部分の割合と解釈することができる。学習時間と試験の点数に関しては，試験の点数の全分散のうち，学習時間との線形関係で説明される部分は59.3％，すなわち約6割であることがわかった。残りの4割は，ほかの要因が働いて決まることになる。このように，決定係数の値は，大きければ大

ア　575.922　　イ　0.593

きいほど，その独立変数を用いて従属変数の値を予測・説明できる部分が大きいということを表している。

ただし，この例では，明確な分析結果が出るよう架空データを用いているので，決定係数がある程度大きな値をとることになったが，現実の社会調査データの分析では，決定係数は，これより小さな値になることのほうが多いだろう。それは，われわれの意識や行動が，さまざまな要因が絡み合った複雑な因果関係から生じていることや，社会調査データにさまざまな誤差が含まれていることを考えれば，ある意味ではやむを得ないことと言えるだろう。

1.2 相関係数

2つの連続変数の関連の測度として，最もよく利用されるのは，**ピアソンの積率相関係数**（Pearson product-moment correlation coefficient）である。相関係数には変数の尺度の水準や分析目的に応じてさまざまなものがあるが，単に相関係数というときには，この，ピアソンの積率相関係数のことを指す。

相関係数 r_{XY} は，2変数の共分散を，それぞれの標準偏差の積で割ったもので，次のように表すことができる。

$$r_{XY} = \frac{s_{XY}}{s_X s_Y} = \frac{\sum (X_i - \bar{X})(Y_i - \bar{Y})}{\sqrt{\sum (X_i - \bar{X})^2 \sum (Y_i - \bar{Y})^2}} \tag{11.5}$$

分子にある共分散も，2変数の関連の度合いと方向を表す測度の1つと考えることができる。図11.2を見てみよう。図のなかで＋（プラス）の記号があるのは，観測された個体における偏差（観測値と平均との差）の積の符号が正になる領域である。－（マイナス）の記号があるのは，偏差の積の符号が負になる領域である。散布図においてこの＋の領域に入る個体が多いということは，一方の変数が大きな値をとると，もう一方の変数も大きな値をとるという，正の線形関係があることを意味しており，共分散は正の符号で大きな値となる（2変数間の正の関連が強いほど，＋の領域が広く－の領域が狭い，細い楕円になる）。逆に，

−の領域に入る個体が多いということは，一方の変数が大きな値をとるともう一方の変数は小さな値をとるという傾向があることになり，共分散は負の符号で大きな値になる（2変数間の負の関連が強いほど，−の領域が広く＋の領域が狭い，細い楕円になる）。また，＋の領域と−の領域に同じように散らばった場合は，2変数間の関連は弱い，ということになる。

2変数間に正の関連がある場合

2変数間に関連がない場合

＋：偏差の積 $(X_i - \bar{X})(Y_i - \bar{Y})$ の符号が正の領域

−：偏差の積 $(X_i - \bar{X})(Y_i - \bar{Y})$ の符号が負の領域

2変数間に負の関連がある場合

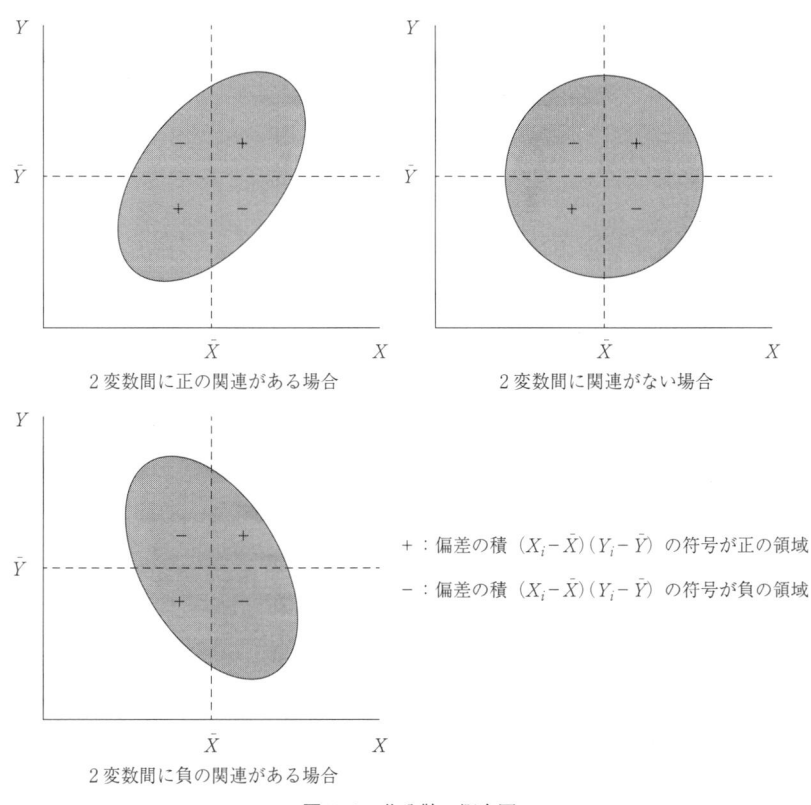

図11.2 共分散の概念図

このように2変数の関連の度合いと方向を表す測度といえる共分散だが，このままでは，関連の強さとは別に，個々の変数の単位や散らばり（バラツキ）の影響を受けてしまう。例えば，同じ体重という変数を使う際にも，キログラムの単位で共分散を計算した結果と，グラムの単位で共分散を計算した結果を

比べれば，後者が大きな値になる。そのため，相関係数では，共分散を X と Y 標準偏差の積で割るという操作を行って，こうした単位の違いや散らばり具合の違いによる影響を取り除いているのである。

相関係数は，2変数間に完全な正の関連がある場合に最大値1，完全な負の関連がある場合に最小値-1となる。また，関連がまったくない場合には，0となる。前述の決定係数は最小値が0で，負の値になることはなかったので，その点で決定係数と相関係数は異なっている。

また，次のように，相関係数を二乗すると2変数の単回帰における決定係数と等しくなる。

$$(r_{XY})^2 = \left(\frac{s_{XY}}{s_X s_Y}\right)^2 = \frac{s_{XY}^2}{s_X^2 s_Y^2} = R_{Y \cdot X}^2$$

【例題11.2】

学習時間と試験の点数（第10章の図10.1や表10.2）の例について，表11.1に示した分散と共分散の値を使って，相関係数を求めなさい。

$$r_{XY} = \frac{s_{XY}}{s_X s_Y} = \frac{575.922}{\sqrt{1306.082}\sqrt{428.265}} = (　ウ　)$$

この例では，学習時間（X）と試験の点数（Y）の間に，かなり強い正の相関関係があることがわかるだろう。

1.3　回帰係数と相関係数

第10章で学習した回帰係数と，ここで学習した相関係数は，どちらも共分散や分散を使って計算できることに気づいただろうか。2変数の回帰係数と相関係数という2つの値の関係について考えてみよう。

回帰係数と相関係数は，それぞれ次のように求めることができた。

ウ　0.770

第11章　2つの連続変数間の関係を推定する（2）——回帰分析の応用

$$b = \frac{s_{XY}}{s_X^2}$$

$$r_{XY} = \frac{s_{XY}}{s_X s_Y}$$

相関係数の式に，X の標準偏差に対する Y の標準偏差の比（s_Y/s_X）をかけると，次のようになる。

$$r_{XY} \frac{s_Y}{s_X} = \frac{s_{XY}}{s_X s_Y} \frac{s_Y}{s_X} = \frac{s_{XY}}{s_X^2}$$

この最後の値は b に等しくなっている。すなわち，相関係数と回帰係数の関係が，次のように表されることになる。

$$b = r_{XY} \frac{s_Y}{s_X}$$

$$r_{XY} = b \frac{s_X}{s_Y}$$

(11.6)

これにより，X と Y の共分散を求めなくとも，回帰係数 b と 2 つの変数の標準偏差がわかれば，相関係数を求めることが可能になる。

なお，回帰係数の値は 2 つの変数のうちどちらを独立変数とするかによって異なるけれども，相関係数に関しては独立変数と従属変数を区別しないので，r_{XY} としても r_{YX} としても得られる値は同じである。

② 標準回帰係数（ベータ係数）

社会科学における統計分析では，変数の測定単位は実にさまざまである。学習時間（分）や学歴（教育年数），収入（円）など単位が明確になっている変数もあるが，測定単位が明確でない変数を使って分析することもある。例えば，都市化の程度に関してさまざまな指標から合成した変数や，性別役割意識に関していくつかの質問の回答から合成した変数など，そもそも測定単位が定まっ

ていないスコアを用いる場合もある。こうした変数を扱う際には，あらかじめ標準化したZ得点にしておくことが考えられる。

　Z得点は，常に平均が0，標準偏差が1となる値であるから（63頁を参照），XとYをZ得点に変換すると，(11.6)式で標準偏差s_Xとs_Yがどちらも1になるため，$r_{XY} = b$となる。つまり，相関係数の値と，2変数の回帰分析におけるZ得点の回帰係数は等しくなるのである。

　このように標準化された得点から求めた回帰係数を，**ベータ係数**あるいは**標準回帰係数（ベータ加重）**と呼び，β^*という記号で示す（ここでは，後述する母集団における回帰係数βと区別するために*印をつけたが，一般的にはβと表記されることが多い）。つまり，

$$\beta^* = r_{XY}$$

と表すことができる。このベータ係数は，独立変数が1標準偏差分だけ変化したときに，従属変数が標準偏差を単位としてどれだけ変化するかを示す値である。

【例題11.3】

　学習時間（X）と試験の成績（Y）の例では，それぞれの分散と相関係数は表11.2のようになっていた。このとき，以下の空欄を埋めて，ベータ係数の意味を確認しなさい。

表11.2 学習時間と試験の点数の分散と相関係数

試験の点数の分散（s_Y^2）	428.265
学習時間の分散（s_X^2）	1306.082
相関係数（r_{XY}）	0.770

(1) 相関係数r_{XY}が0.770であるから，ベータ係数の値も（　エ　）である。

(2) 学習時間と試験の点数については，分散がわかっているので，標準偏差を求めることができる。

エ　0.770

第11章　2つの連続変数間の関係を推定する（2）――回帰分析の応用

$$s_X = \sqrt{s_X^2} = \sqrt{1306.082} = 36.1500$$

$$s_Y = \sqrt{s_Y^2} = \sqrt{428.265} = (\text{オ})$$

（3）これより，学習時間が1標準偏差分（約36分）長くなると，点数が標準偏差の0.77倍，つまり（　オ　）×0.770 =（　カ　）より，約16点高くなることがわかる。

なお，ここでは導出過程を省略するが，XとYをそれぞれZ得点として求めた相関係数の値は，もとのXとYの相関係数の値と同じになることも覚えておこう。つまり，相関係数の値は，変数がZ得点に変換されていても，そうでなくとも，影響を受けないのである。

3　回帰分析と相関係数に関する有意性検定

　第10章と第11章では，2つの連続変数間の関連を，線形関係の回帰モデルを当てはめた場合の回帰係数や決定係数，相関係数で示す方法を学んできた。ここまでは統計的検定について言及してこなかったが，標本データを分析する限り，その分析結果が母集団にもあてはまるのかを検定する必要がある。回帰分析における決定係数や回帰係数，あるいは相関係数が統計的に有意な値と言えるか否かは，すでに学習したt検定やF検定によって検討することができる。ここではそれぞれの検定に関する導出過程を紹介する紙幅はないが，具体的な手続きを中心に説明していこう。

3.1　決定係数の有意性検定

　決定係数$R^2_{Y \cdot X}$の有意性検定は，分散分析の場合とよく似た，F検定である。帰無仮説は，「母集団における決定係数（$\rho^2_{Y \cdot X}$：ロー二乗と読む）が0」というもので，対立仮説は，「母集団における決定係数が0ではない」というものに

オ　20.695　　カ　15.935

なる。手続きを以下に示そう。

(1) 初めに,決定係数や分散から回帰平方和（$SS_{REGRESSION}$）と誤差平方和（SS_{ERROR}）を求める

$$SS_{TOTAL} = s_Y^2(N-1)$$

$$SS_{REGRESSION} = R_{Y\cdot X}^2 \cdot SS_{TOTAL}$$

$$SS_{ERROR} = SS_{TOTAL} - SS_{REGRESSION}$$

(2) 次に,回帰平方和と誤差平方和を自由度で割り,**回帰平均平方（$MS_{REGRESSION}$）と誤差平均平方（MS_{ERROR}）**を求める。自由度はそれぞれ 1 と $N-2$ である。

$$MS_{REGRESSION} = \frac{SS_{REGRESSION}}{1}$$

$$MS_{ERROR} = \frac{SS_{ERROR}}{N-2}$$

(3) その比から,検定統計量となる F 値を求める。

$$F_{1,\,N-2} = \frac{MS_{REGRESSION}}{MS_{ERROR}}$$

(4) こうして求めた F 値が,設定した α 水準の限界値よりも大きければ,母集団における決定係数が 0 という帰無仮説が棄却されることになる。

【例題11.4】

学習時間と試験の成績（$N=50$）に関して,表11.3をもとに空欄を埋めながら,決定係数の有意性検定を行え。

表11.3　学習時間と試験の点数に関する決定係数の検定に必要な情報

試験の点数の分散（s_Y^2）	428.265
学習時間の分散（s_X^2）	1306.082
決定係数（$R_{Y\cdot X}^2$）	0.593

(1) 初めに,決定係数と分散から回帰平方和（$SS_{REGRESSION}$）と誤差平方和（SS_{ERROR}）を求める。

第11章 2つの連続変数間の関係を推定する（2）——回帰分析の応用

$$SS_{TOTAL} = s_Y^2(N-1) = 428.265 \times (50-1) = 20984.985$$

$$SS_{REGRESSION} = R_{Y \cdot X}^2 \cdot SS_{TOTAL} = (　キ　) \times 20984.985 = (　ク　)$$

$$SS_{ERROR} = SS_{TOTAL} - SS_{REGRESSION} = 20984.985 - (　ク　) = (　ケ　)$$

（2）次に，回帰平方和と誤差平方和を自由度で割り，回帰平均平方（$MS_{REGRESSION}$）と誤差平均平方（MS_{ERROR}）を求める。自由度はそれぞれ1と48（50－2より）である。

$$MS_{REGRESSION} = \frac{SS_{REGRESSION}}{1} = (　ク　)$$

$$MS_{ERROR} = \frac{SS_{ERROR}}{N-2} = \frac{(　ケ　)}{(50-2)} = (　コ　)$$

（3）その比から，検定統計量となるF値を求める。

$$F_{1,48} = \frac{MS_{REGRESSION}}{MS_{ERROR}} = \frac{(　ク　)}{(　コ　)} = (　サ　)$$

（4）$\alpha = 0.01$とすると，対応するFの値はF分布表（付表D-2，264～265頁）から7.31である。したがって，$\alpha = 0.01$で帰無仮説は棄却され，母集団における決定係数は0でないと ^シ（言える・言えない）ことになる。

3.2　回帰係数と切片の有意性検定

回帰係数と切片の有意性検定には，t検定を利用する。標本に関する回帰式（予測式）は$\hat{Y} = a + bX$であったが，母集団についての回帰式（母回帰式）は次のようになる。ここでのαは有意水準を示すαではなく，母集団に関する母回帰式の切片，βは先に示したベータ係数（β^*）ではなく母集団での回帰係数である。

$$\hat{Y} = \alpha + \beta X$$

キ　0.593　　ク　12444.096　　ケ　8540.889　　コ　177.935　　サ　69.936　　シ　言える

この母回帰式における母数 α が 0，β が 0 であるという帰無仮説が，それぞれ棄却できるかを検定すればよい。ここでは，β が 0 であるか否かが焦点なので，両側検定を行う。

まず，回帰係数 β に関する検定の手続きは次のようになる。

（1）検定統計量として，次式で定義される t 値を用いる。自由度は $N-2$ である。ここで s_b は b の標準誤差，すなわち標本分布の標準偏差である。帰無仮説のもとで β が 0 とおけるため，分子は $b-\beta$ から $b-0$ となる。

$$t_{N-2} = \frac{b-\beta}{s_b} = \frac{b-\beta}{\sqrt{\dfrac{MS_{ERROR}}{\sum(X_i-\bar{X})^2}}} = \frac{b-0}{\sqrt{\dfrac{MS_{ERROR}}{s_X^2(N-1)}}}$$

（2）任意の α 水準を設定し，（両側検定で）それに対応する t 値よりも大きい値が得られるなら帰無仮説が棄却され，β は 0 でないと結論づけることができる。

一方，切片 α についても，以下の式から求めた t 値を使った t 検定（両側検定）を行う。β の検定と同様に，α も帰無仮説のもとで 0 となるので，分子は $a-0$ としてよい。自由度は $N-2$ である。

$$t_{N-2} = \frac{a-\alpha}{\sqrt{MS_{ERROR}\left(\dfrac{1}{N} + \dfrac{\bar{X}^2}{s_X^2(N-1)}\right)}} = \frac{a-0}{\sqrt{MS_{ERROR}\left(\dfrac{1}{N} + \dfrac{\bar{X}^2}{s_X^2(N-1)}\right)}}$$

【例題11.5】

学習時間と試験の点数の例（$N=50$）について，表11.4をもとに空欄を埋めながら，回帰係数の有意性検定を行いなさい。

表11.4 学習時間と試験の点数に関する回帰係数の検定に必要な情報

回帰係数（b）	0.441
誤差平均平方（MS_{ERROR}）	177.935
学習時間の分散（s_X^2）	1306.082

（1）まず，検定統計量となる t 値を求める。自由度は48である。

$$t_{48} = \frac{b-0}{\sqrt{\frac{MS_{ERROR}}{s_X^2(N-1)}}} = \frac{0.441}{\sqrt{\frac{177.935}{1306.082 \times (50-1)}}} = (\text{ ス })$$

（2）$\alpha = 0.01$ とすると，t 分布表より，両側検定で対応する t の値は2.704である。したがって，$\alpha = 0.01$ で帰無仮説は セ）（棄却され・棄却されず），母集団における回帰係数は0でないと言える。

なお，決定係数 $\rho_{Y \cdot X}^2$ の検定に用いた F 値は，回帰係数 $\beta = 0$ の検定の際の t 値の二乗（t^2）に等しい。したがって，2変数による回帰分析（単回帰）の場合は，この2つの検定の結果は同じであるから，実際にはどちらか一方の検定を行えばよいことになる。重回帰分析では，決定係数の検定と回帰係数の検定は異なる。

3.3 相関係数の有意性検定

相関係数 r_{XY} の有意性検定も，t 検定で行う。帰無仮説は，母集団における相関係数（ρ_{XY}）が0というものである。手続きを以下に示そう。

（1）次式で定義される t 値を，検定統計量として用いる。自由度は $N-2$ である。

$$t_{N-2} = \frac{|r_{XY}|}{\sqrt{\frac{1-r_{XY}^2}{N-2}}} = \frac{|r_{XY}|\sqrt{N-2}}{\sqrt{1-r_{XY}^2}}$$

（2）任意の α 水準を設定し，（両側検定で）それに対応する t 値よりも大きい値が得られるなら帰無仮説が棄却され，ρ_{XY} は0でないと結論づけることができる。

なお，相関係数の有意性検定に関してはほかにも，フィッシャーの Z 変換

ス　8.364　　セ　棄却され

により相関係数を Z 得点に変換して行う検定がある。(Bohrnstedt and Knoke, 1988 = 1990：228を参照)

【例題11.6】

学習時間と試験の点数の例では、2変数の相関係数の値は0.770であった。空欄を埋めながら、相関係数の有意性検定を行いなさい。

（1）検定統計量となる t 値を求める。自由度は $N - 2 = 48$ である。

$$t_{N-2} = \frac{|r_{XY}|\sqrt{N-2}}{\sqrt{1-r_{XY}^2}} = \frac{|0.770| \times \sqrt{48}}{\sqrt{1-0.770^2}} = (\text{ソ})$$

（2）$\alpha = 0.01$ とすると、t 分布表より、両側検定で対応する t の値は2.704である。したがって、$\alpha = 0.01$ で帰無仮説は棄却され、母集団における相関係数は0でないとタ（言える・言えない）。

4 まとめ

本章では、回帰分析とその応用として、2変数間の関連の測度である決定係数や相関係数、ベータ係数の求め方とそれぞれの意味、また、これらの有意性検定について学んできた。

決定係数は、誤差減少率という考え方にもとづく PRE 統計量の1つで、Y の全分散のうち X との線形関係によって統計的に説明される部分の割合と解釈することができた。その最大値は1、最小値は0で、負の値をとることはなかった。

相関係数は、2変数の共分散をそれぞれの標準偏差で割った値で、変数間に完全な正の関連がある場合に最大値1、完全な負の関連がある場合に最小値 －1となる。また、関連がまったくみられない場合には0である。相関係数を二乗した値が、2変数の単回帰では、決定係数と等しくなることも学んだ。

ソ 8.361　タ 言える

第11章　2つの連続変数間の関係を推定する（2）——回帰分析の応用

　さらに，2つの変数をZ得点に変換して求めた回帰係数であるベータ係数は，独立変数が1標準偏差分だけ変化したときに，従属変数が標準偏差を単位としてどれだけ変化するかを示す値であった。

　こうした値の有意性検定の方法も学んだ。検定統計量の計算方法は異なっていたとしても，いずれもすでに学習したt検定やF検定であり，検定のプロセスは何度も繰り返してきたとおりである。

　このようにして，回帰分析を応用することで，2つの連続変数の関係を数値として把握し，またそれが統計的に有意か否かを検定することができるようになった。変数間の関連の測度に関しては，離散変数に関する関連係数（第12章）をはじめ，多種多様なものがあるので，様々な係数の特性を知り状況に応じて使い分けることが望ましい。

　最後に，回帰分析に関する注意点を挙げておこう。1つは，非線形の関係である。中学校や高校の数学で学習したように，二次関係や対数関係，逆数関係など，2つの変数の関係にはさまざまな可能性がある。社会調査のデータではこうした非線形関係がみられることは多くないが，もし線形関係とは異なる関係を見いだすことができたなら，回帰分析や相関係数で関連を測定する前に，データを新しい値に変換するなど，何らかの工夫が必要な場合もある。まず散布図を描いて，線形関係があてはまるかを確認することの重要性を指摘しておきたい。

　注意すべきことの2つ目は，外れ値の影響である。回帰分析や相関係数は，観測値のなかに，ごく少数でも他の値と比べて極端に大きな値や小さな値が含まれていると，分析結果が大きく影響されてしまう。社会調査のデータでも，例えば年間収入を自由回答で尋ねた場合などには，極端に大きな観測値が得られることもある。こうした場合は，外れ値を含めた分析と除いた分析の結果を比較し，その結果が大きく異なる場合はどちらを採用するかよく検討し，もし外れ値を除いた分析結果を採用するならば外れ値を除いたことを明記するなど，慎重に検討する必要がある。

　ここで学習した単回帰や相関係数は，重回帰分析をはじめとする，複数の変数を扱った多変量解析の基礎となるものである。以上の点に注意して，散布図

175

を描き，相関係数を求めることを出発点に，さらに次のステップへと進んでいこう。

■コラム⑩■

回帰分析や相関係数に，外れ値はどんな影響を与えるのでしょうか。

ここでは，学習時間と試験の成績の架空例を使い，（1）50人からなるもとのデータ（表10.2），（2）図10.1で他の点からやや離れている1人（学習時間30分，86点）を除いた49人のデータ，（3）学習時間が飛びぬけて長い1人（学習時間420分，30点）を追加した51人のデータ，の3つの場合について，分析結果がどのくらい違うかを試してみます（表11.5）。

表11.5 試験の点数（Y）と学習時間（X）の平均値，分散，共分散

	（1）の場合（N＝50）	（2）の場合（N＝49）	（3）の場合（N＝51）
点数の平均値（$\bar{Y}$）	57.9800	57.4082	57.4314
学習時間の平均値（$\bar{X}$）	65.2000	65.9184	72.1569
点数の分散（s_Y^2）	428.2649	420.4966	435.0502
学習時間の分散（s_X^2）	1306.0820	1306.9515	3748.2549
点数と学習時間の共分散（s_{XY}）	575.9224	608.8882	369.7510

分析結果を比べると，次のようになります。

（1）もとのデータ（$N=50$）に関する分析結果

  回帰式： $\hat{Y} = 29.230 + 0.441 X_i$ （例題10.4）

  決定係数： $R_{Y\cdot X}^2 = 0.593$ （例題11.1）

  相関係数： $r_{XY} = 0.770$ （例題11.2）

（2）1人を除いたデータ（$N=49$）に関する分析結果

  回帰式： $\hat{Y} = 26.697 + 0.466 X_i$

  決定係数： $R_{Y\cdot X}^2 = 0.675$

  相関係数： $r_{XY} = 0.821$

（3）1人を追加したデータ（$N=51$）に関する分析結果

  回帰式： $\hat{Y} = 50.313 + 0.099 X_i$

  決定係数： $R_{Y\cdot X}^2 = 0.084$

  相関係数： $r_{XY} = 0.290$

こうして（1）と比べて見ると，（2）では，決定係数と相関係数の値が少しだけ大きくなっているようです。学習時間が短いのに点数が高い生徒のデータ，つまり「学習時間が長いほど点数が高くなる」という線形関係から外れていた値を除いたことで，わずかではありますが，回帰モデルのあてはまりがよくなったと解釈できます。一方，（3）では，回帰係数，決定係数，相関係数が，いずれもかなり小さな値になりました。他の生徒の学習時間が長くても150分という50人のデータのなかに，420分という外れ値が1つ入ったことで，これだけ結果が変わってしまうのです。（2）の値は除く必要がないかもしれませんが，（3）の例のような値は除いて分析したほうが，全体の傾向を捉えることにつながると考えられます。

実際には，ある値を分析から除外すべきかについて，明確な基準はありません。初めに散布図でしっかり分布を確認し，外れ値があれば，それが何らかのミスによるもの（例えば，回答者の誤記入やデータ入力のミス）でないかを確認しましょう。そのうえで，外れ値を含めた分析結果と除外した分析結果とを比較してみる。そして，最終的に除外すると決めるならどのような基準でどの値を除外したか明示する。本文にもあるように，こうした手順を踏むことが大切です。もちろん，事前に予想したとおりの分析結果を導くために，恣意的に特定の値を取り除くようなことは許されません。

【学習課題】

Q11.1 2011年の第7回「青少年の性行動全国調査」における大都市の男子高校生（129人）のデータについて，初めてのデート経験年齢を独立変数（X），これまでにつきあった人の人数を従属変数（Y）として回帰分析を行った。このとき，表11.6と予測式の情報をもとに，決定係数の値を求め，$\alpha = 0.05$としてその有意性検定を行え。

表11.6 大都市における男子高校生（129人）のつきあった人の人数とデート経験年齢に関する統計量

つきあった人の人数の分散（s_Y^2）	3.2552
デート経験年齢の分散（s_X^2）	3.3379
共分散（s_{XY}）	-1.2422

予測式：$\hat{Y} = 9.50 - 0.372 X_i$

Q11.2 Q11.1で扱ったデート経験年齢（X）とつきあった人の人数（Y）の回帰分析について，回帰係数の有意性検定を行え。

Q11.3 デート経験年齢（X）とつきあった人の人数（Y）の回帰分析について，XとYの相関係数を求め，その有意性検定を行え。

Q11.4 以上の分析から，デート経験年齢（X）とつきあった人の人数（Y）の関係について，どのようなことがわかるか考えよ。

第12章
離散変数間の関連を測定する――関連係数

> **本章の目標**
> 独立変数も従属変数もともに離散変数であるとき，両者の関連の強さは，どのように測定すればよいのだろうか。先に学んだ相関係数は，連続変数どうしの関連の強さを示すものであるため，離散変数の場合に用いることはできない。そこで，この章では，離散変数どうしの関連の強さを測定するための関連係数について，いくつかとりあげ，それぞれの考え方や計算方法，特徴について学んでいく。
>
> **キーワード**　最適予測係数　コンティンジェンシー係数　ユールの関連係数　ファイ係数

1　離散変数のための関連の測度

　社会調査におけるデータは，独立変数も従属変数も，ともに離散変数であることが少なくない。例えば，職業を独立変数に，支持政党を従属変数にして，両者の関連を検討するような場合である。そのような場合，第11章で学んだ相関係数をそのまま用いることはできない。相関係数は，あくまで連続変数どうしの関連の強さを示すものだからである。

　では，第6章で学んだカイ二乗検定の方法は，どうだろうか。χ^2値は，標本データにみられる2つの離散変数の関連が，母集団においても成り立つかどうか，仮説検定を行うための検定統計量であった。しかし，第6章でも触れたように，このχ^2値は，標本数や自由度によって値が大きく左右される性質をもつため，そのままでは，2変数間の関連の強さを示す係数として不適切である。

　そこで本章では，離散変数どうしの関連の強さを示す関連係数を新たにとりあげ，学習していくことにしたい。ここでとりあげる関連係数は，大きく3つ

に分類できる。1つは,誤差減少率の考え方を用いた方法であり,最適予測係数λを取り上げる。2つめの方法は,χ^2値を調整して用いる方法であり,クラメールのコンティンジェンシー係数Vと,ピアソンのコンティンジェンシー係数Cをとりあげる。そして3つめの方法は,2×2クロス表に限定して分析を行う方法であり,ここでは,ユールの関連係数Qとファイ係数φについてとりあげる。それぞれの関連係数については,その考え方や計算方法だけでなく,長所や短所まできちんと理解して,使い分けることが重要である。

2 最適予測係数（ラムダ）

第11章では,決定係数を求める際に,次のような誤差減少率測度（PRE 統計量）の考え方について学んだ。

$$PRE 統計量 = \frac{決定規則のないときの誤差 - 決定規則のあるときの誤差}{決定規則のないときの誤差}$$

決定係数もこの PRE 統計量の一種であり,回帰式を予測に用いることで,どれだけ誤差が減少し,予測の可能性が高まるのかを表していた。

$$R^2_{YeX} = \frac{SS_{TOTAL} - SS_{ERROR}}{SS_{TOTAL}} = \frac{SS_{REGRESSION}}{SS_{TOTAL}}$$

ここで取り上げる**最適予測係数（ラムダ）**は,この誤差減少率の考え方を離散変数に適用する方法である。すなわち,独立変数についての情報がないときに比べ,独立変数の情報がある場合には,どの程度誤差が減少し,予測が最適化されるのかを,次の式で示そうとするものである。

$$\lambda (ラムダ) = \frac{従属変数全体の最頻値で予測したときの誤差 - 独立変数のカテゴリーごとの最頻値で予測したときの誤差}{従属変数全体の最頻値で予測したときの誤差} \quad (12.1)$$

この式にみられるように,この最適予測係数の特徴は,**最頻値を最適予測と**

第12章　離散変数間の関連を測定する──関連係数

考えて，それ以外の値をとる標本数を誤差として計算していく点にある。連続変数に関して誤差を計算する場合，最も誤差の小さくなる最適予測として用いられるのは平均値であった。これに対して，離散変数に関しては，平均値の代わりに最頻値を用いて誤差を計算していくのである。そして，独立変数を考慮しない場合の従属変数の誤差（最頻値以外の標本数）に比べて，独立変数のカテゴリーごとに従属変数をみた場合の誤差が，どれだけ減少しているのかを求めていく。

それでは，実際のデータを用いて，計算方法を練習してみよう。

【例題12.1】

表12.1は，2011年の第7回「青少年の性行動全国調査」のデータをもとに，デート経験の有無について学校段階ごとにまとめたものである。この表から，学校段階とデート経験の関連について，以下の順序で最適予測係数を求めよ。

表12.1　学校段階とデート経験の有無

(人)

デート経験	学校段階			全体
	中学生	高校生	大学生	
ある	598	1488	1958	4044
ない	1885	1063	629	3577
合計	2483	2551	2587	7621

（1）従属変数の最頻値で予測した時の誤差を求める。

　　独立変数（学校段階）の情報を考慮しないで，全体でみた場合，従属変数（デート経験）の最頻値は，（　ア　）である。これを従属変数についての予測値とすると，デート経験が「ない」と答えた人数（　イ　）が誤差となる。

（2）独立変数のカテゴリーごとに，従属変数の最頻値で予測したときの誤差を求める。

　　中学生におけるデート経験の最頻値は「ない」であり，これを従属変数

ア　ある　　イ　3577

の予測値とすると誤差は（　ウ　）となる。これに対して，高校生での最頻値は「ある」であり，誤差は（　エ　）である。大学生も最頻値は「ある」で，誤差は（　オ　）である。独立変数を考慮した場合の誤差は，これら（　ウ　）～（　オ　）の誤差を合計した値であるから，（　カ　）となる。

（3）最適予測係数の（12.1）式にそれぞれの値を当てはめる。

$$\lambda = \frac{3577 - 2290}{3577} = (\text{キ})$$

例題に用いた表12.1のクロス集計表には，学校段階によるデート経験の違いがかなりはっきりと示されている。しかし，それでも最適予測係数は，0.36程度にすぎない。計算手順からもわかるように，最頻値以外の度数（＝誤差）が一定程度みられると，その分，最適予測係数が低下してしまうからである。最適予測係数が最大値の1になるためには，独立変数のカテゴリーごとに最頻値が異なり，かつ最頻値以外の度数が0でなければならない（これを完全関連という）。逆に，どの独立変数のカテゴリーにおいても最頻値が同じ場合には，たとえその度数や比率が大きく異なっていたとしても，最適予測係数は最小値の0となってしまう。全体でみた場合も独立変数のカテゴリーごとにみた場合も，誤差が一定になるからである。

3　コンティンジェンシー係数

次に取り上げる2つのコンティンジェンシー係数は，χ^2値をもとにして，離散変数どうしの関連の強さを示すものである。これまでも述べたように，χ^2値は標本数および自由度によって大きく左右される性質をもっている。とくに標本数が多いと，2変数間の関連がそれほど強くなくとも，χ^2値が大きくなってしまう傾向が知られている。

そこで，**クラメールのコンティンジェンシー係数 V** では，次のような形で，

ウ　598　　エ　1063　　オ　629　　カ　2290　　キ　0.359

標本の大きさと行数(または列数)によってχ^2値を調整している。

$$V=\sqrt{\frac{\chi^2}{N(\text{Min}(r-1, c-1))}} \qquad (12.2)$$

：ここでrは行の数，cは列の数

この式の分母にある Min($r-1$, $c-1$) の項は，(行数-1) と (列数-1) の2つの値のうち，小さいほうの値を選ぶよう指示するものである。例えば，5×4のクロス集計表ならば，Min(5-1, 4-1) = 3となる。こうした調整を行うのは，χ^2値の最大値が，この式の分母にあるN(Min(r-1, c-1)) となるからである。

このクラメールの係数Vもまた，0から1までの値をとる。離散変数が相互に独立であり，$\chi^2=0$となるとき，Vは最小値の0となる。また行数や列数にかかわりなく，Vは最大値の1となる可能性がある。

他方，**ピアソンのコンティンジェンシー係数C**は，次のような形で，χ^2値をただ標本の大きさだけで調整したものである。

$$C=\sqrt{\frac{\chi^2}{\chi^2+N}} \qquad (12.3)$$

このピアソンのC係数も，クラメールのVと同様，$\chi^2=0$のときに最小値0をとる。しかしこのC係数の最大値は，クロス集計表の行数や列数によって異なっている。そのため，C係数の値を解釈する際には，その最大値に留意する必要がある。

例えば，2×2クロス表において，χ^2が最大になるのは，対角線上のセルにすべての標本が観察されるときであり，$\chi^2=N$である。C係数もそのとき最大となるが，その値は1ではなく，$C=\sqrt{N/(N+N)}=\sqrt{0.5}=0.707$である。同様に，3×3クロス表においても，$\chi^2$の最大値は$2N$であり，$C$係数の最大値は0.816となる。クロス集計表が大きくなるにつれてCの最大値は上昇するが，決して1になることはない。

【例題12.2】

例題12.1のデータを用いて，学校段階とデート経験の関連を表すクラメールの V 係数とピアソンの C 係数をそれぞれ求めよ。

（1）表12.1をもとに期待度数を割り出し，χ^2 値を計算する。

　　$\chi^2 = 1397.3$　　（χ^2 値の計算方法については第6章参照）

（2）標本数および行数（列数）に着目して，クラメールの V 係数を計算する。

$$V = \sqrt{\frac{1397.3}{7621 \times \mathrm{Min}(1,\ ク)}} = (\ ケ\ )$$

（3）標本数に着目して，ピアソンの C 係数を計算する。

$$C = \sqrt{\frac{1397.3}{1397.3 + (\ コ\ )}} = (\ サ\ )$$

なお 2×3 のクロス集計表の場合，χ^2 値の最大値は N だから，C の最大値は（　シ　）となる。

④　2×2 クロス表の活用

2×2 クロス表とは，独立変数と従属変数のカテゴリーが，それぞれ2つずつしかない，2値変数どうしのクロス集計表である。離散変数どうしの関連は，しばしば複雑な関係を伴い，大きなクロス集計表ともなると解釈が困難になってしまうことも少なくない。また行や列の数が多いと度数分布に極端な偏りが出てしまうこともある。そのような場合には，3つ以上のカテゴリーをもつ変数を2つのカテゴリーしかもたない2値変数へと単純化することで，変数どうしの関連をよりシンプルに検討することが試みられる。また間隔尺度や比率尺度などで測定された連続変数についても，高得点グループと低得点グループのように値の再割り当てを行うことで，2×2 クロス表として分析が行われ

ク　2　　ケ　0.428　　コ　7621　　サ　0.394　　シ　0.707

第12章　離散変数間の関連を測定する——関連係数

る場合もある（コラム⑪参照）。

この2×2クロス表は，図12.1のように示される。図中の $a\sim d$ は，それぞれのセルの度数を示している。第5章で学んだクロス集計表の表記法に従えば，それぞれ $a = f_{11}$，$b = f_{12}$，$c = f_{21}$，$d = f_{22}$ と表すこともできる。このうち，b と c を**主対角セル**，a と d を**非対角セル**という。変数 X と Y の関連の向きを問題にする場合には，主対角セルと非対角セルのどちらに度数分布が集中しているのかに注目する必要がある。

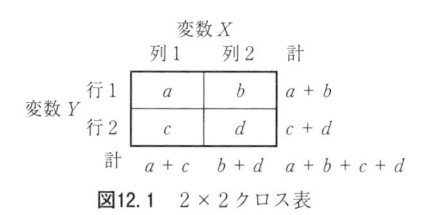

		変数 X		
		列1	列2	計
変数 Y	行1	a	b	$a+b$
	行2	c	d	$c+d$
	計	$a+c$	$b+d$	$a+b+c+d$

図12.1　2×2クロス表

この2×2クロス表の場合，χ^2 値は以下の式によって求めることができる。この式の分子は，対角セルの積（これを**交差積**という）の差を二乗し，標本数と掛け合わせたものである。また，分母は，4つの周辺度数の積になっている。そして，この2×2クロス表の自由度は，$df=$（行数 -1）×（列数 -1）であるから，1である。

$$\chi^2 = \frac{N(bc-ad)^2}{(a+b)(a+c)(b+d)(c+d)} \tag{12.4}$$

では実際にこの式を用いて，第6章で学習した χ^2 値の計算方法と比較してみたい。表12.2は，第6章で，期待度数にもとづいて χ^2 値の計算方法を学んだときと同じものである。

表12.2　性別と満足度（観測度数）

	男性	女性	
満足	20	10	30
不満	60	10	70
	80	20	100

先に示した (12.4) 式に，$a=20$，$b=10$，$c=60$，$d=10$，$N=100$をそれぞれ代入すると，次のようになる。

$$\chi^2 = \frac{100(10\times 60 - 20\times 10)^2}{(20+10)(20+60)(10+10)(60+10)} = 4.7619\cdots\cdots$$

この数値は，期待度数をもとに計算したχ^2値に一致している。第6章での計算結果がやや異なるのは，途中で四捨五入をしたためであり，一気に計算した場合には，カイ二乗値は同じ$\chi^2 = 4.7619\cdots$となる。

以下では，このような2×2クロス表にだけ適用できる関連の測度として，ユールの関連係数Qとファイ係数ϕを取り上げることにしたい。

5 ユールの関連係数 Q

ユールの関連係数 Q は，クロス集計表の対角線上にあるセル度数で作った2つの**交差積**を利用した係数である。分母が交差積の和，分子が交差積の差となっている。

$$Q = \frac{bc - ad}{bc + ad} \tag{12.5}$$

この式を用いて，表12.2でみた性別と満足度の関連について計算すると，次のようになる。

$$Q = \frac{10\times 60 - 20\times 10}{10\times 60 + 20\times 10} = 0.500$$

この数値をみる限り，高校生における性別と満足度の間には，かなり強い正の関連があると考えられる。

ただし，このユールの関連係数については，注意しなければならないことがある。それは，このQ係数が，度数0のセルに大きく影響されてしまう性質をもつという点である。例えば$a=0$のときには，他のセルの度数がどうであれ（$b>0$かつ$c>0$ならば），$Q=1$と最大関連が示されてしまう。しかし，Q

= 1 の最大関連がみられる場合であっても，a と d がともに 0 である（正の）完全関連がみられるとは限らないのである。

図12.2には，$Q = 1$ の最大関連であっても，完全関連ではない場合（例A）と完全関連の場合（例B）があること示されている。標本が小さい調査データを扱うような場合には，度数0のセルがよく発生するため，十分注意する必要がある。

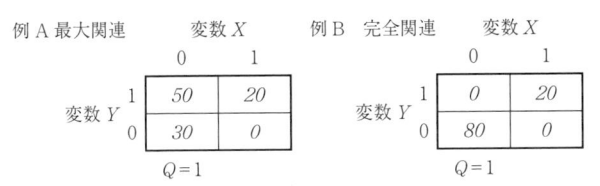

例A 最大関連		変数 X	
		0	1
変数 Y	1	50	20
	0	30	0
		$Q=1$	

例B 完全関連		変数 X	
		0	1
変数 Y	1	0	20
	0	80	0
		$Q=1$	

図12.2 $Q = 1$ のときの二つの例（仮想データ）：最大関連と完全関連

6 ϕ（ファイ）係数

ϕ 係数は，Q 係数と同じく交差積の差を分子とした 2×2 表の関連係数である。ただし分母は，4つの周辺度数の積について平方根をとった形になっている。

$$\phi = \frac{bc - ad}{\sqrt{(a+b)(c+d)(a+c)(b+d)}} \tag{12.6}$$

このファイ係数は，次のような特徴を有している。
(1) ϕ 係数の値は，独立変数と従属変数の2つのカテゴリーに0と1を与えて計算したピアソンの積率相関係数に一致する。
(2) ϕ 係数は，2×2 クロス表の χ^2 値の式 (12.4) を標本数で割った値の平方根に等しい。

$$\phi = \pm \sqrt{\frac{\chi^2}{N}}$$

（3）φ係数は，完全関連のときのみ，最大値1.00と最小値−1.00の値をとる。しかし，実際には，周辺度数が固定されているために，内部のセル度数を動かしても完全関連は実現しない（表12.3）。

A. 観測値　変数 X

	0	1	
1	20	40	60
0	30	10	40
	50	50	100

$\phi = 0.408$

B. 最大関連　変数 X

	0	1	
1	10	50	60
0	40	0	40
	50	50	100

$\phi_{max} = 0.817$

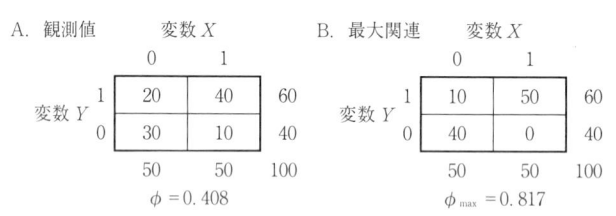

表12.3　ファイ係数の観測値と最大関連（仮想データ）

このように，φ係数の最大値（最小値）は名目上のものにすぎないため，実質的な最大値を考慮してφ係数を調整することもある。その場合，観測値をもとに計算されたφ係数の値を，そのクロス集計表の周辺度数のもとでとりうるφの最大値（絶対値が最大になるときの値）で割ることによって，値域を−1.00〜1.00に調整する。これは，（12.7）式で示された**調整ファイ係数 φ_{adj}**である。

$$\phi_{adj} = \frac{\phi}{|\phi_{max}|} \tag{12.7}$$

： $|\phi_{max}|$ は，φの絶対値が最大になるときの値

【例題12.3】

表12.2に示した性別と満足度の関連について，次の手順でφ係数と調整φ係数を求めなさい。

（1）交差積をもとに分子を，周辺度数をもとに分母を計算する。

$$bc - ad = 10 \times 60 - 20 \times 10 = (　ス　)$$

$$\sqrt{(a+b)(c+d)(a+c)(b+d)} = \sqrt{30 \times 80 \times 20 \times 70} = (　セ　)$$

ス　400　　セ　1833.03

第12章 離散変数間の関連を測定する——関連係数

（２）φ係数を計算する。

$$\phi = 400 \div 1833.03 = (\ \text{ソ}\ )$$

（３）ϕ_{max}を求めるため，φの絶対値が最大となるクロス集計表を作成する。

最も度数の小さいセルを0にし，周辺度数を固定したまま（変化させないようにして），残りの3つのセル度数を調整する。

表12.4　φ係数が最大になるときの度数分布

	男性	女性	
満足	10	（ タ ）	30
不満	70	0	70
	80	20	100

（４）表12.4をもとに，ϕ_{max}を計算する。

$$\phi_{max} = (\ \text{タ}\ \times 70 - 10 \times 0\ ) \div 1833.03 = (\ \text{チ}\ )$$

（５）調整ファイ係数ϕ_{adj}を求める。

$$\phi_{adj} = 0.218 \div 0.764 = (\ \text{ツ}\ )$$

以上，2×2クロス表について用いることのできる関連係数として，ユールの関連係数Qとφ係数，調整φ係数について取り上げてきた。例題で取り上げた性別と満足度の関連についてみてみると，それぞれ$Q = 0.500$，$\phi = 0.218$，$\phi_{adj} = 0.285$という値が示された。このなかでは，ユールの関連係数Qがかなり高い値をとることがわかる。

さらに，本章の前半で示した最適予測係数やコンティンジェンシー係数でこれらの関連を示すとどうなるだろうか。それぞれ，$\lambda = 0$，$V = 0.218$，$C = 0.213$となるはずである。最適予測係数は0になってしまう一方で，コンティンジェンシー係数のVはφ係数と同じ値を，Cもφ係数にかなり近い値をとることがわかる。もともとコンティンジェンシー係数は，χ^2値をもとにしているため，φ係数を用いて次のように表すこともできる。こうした関連係数相互の関係にも留意してほしい。

ソ　0.218　　タ　20　　チ　0.764　　ツ　0.285

$$V = \frac{|\phi|}{\sqrt{\text{Min}(r-1, c-1)}} \quad （2 \times 2 のときは，V = |\phi|）$$

$$C = \frac{|\phi|}{|\sqrt{\phi^2+1}|}$$

7　まとめ

　本章では，離散変数どうしの関連の強さを表す測度として，いくつかの関連係数について取り上げて学習してきた。それらは，大きく分けると，誤差減少率の考え方を用いたもの（最適予測係数），χ^2値を調整したもの（コンティンジェンシー係数 V, C），2×2クロス表だけに用いられるもの（ユールの関連係数，ϕ係数，調整ϕ係数）の3種類に整理できる。

　これらの関連係数を用いる場合には，それぞれの考え方や計算方法だけでなく，その最大値と最小値，完全関連との関係などについても，十分理解しておく必要がある。同一のデータを用いても，最大値との関係から，それぞれの関連係数の示す値がかなり異なってくる場合もある。また，最後の部分で述べたように，いくつかの関連係数はχ^2値をもとにしているので，その観点から整理しておくことも重要である。

　また本章では，離散変数どうしの関連を問題にする際，2×2クロス表であれば，χ^2値の近似式やϕ係数を活用することによって，分析の幅が格段に広がることを示してきた。もともと細かくカテゴリーが設定されていたデータでも，カテゴリーどうしの意味が類似している場合には，できるだけ統合して，2×2クロス表として分析することをお勧めしたい。そのようにデータを単純化することは，利用可能な分析方法を増やすという点だけでなく，社会調査によって得られたデータを俯瞰するという点においても意義のある方法であると考えられる。

第12章 離散変数間の関連を測定する——関連係数

― ■コラム⑪■ ―

調査票では，回答の選択肢が2つしかない設問をあまりみかけないのですが，2値変数を用いるのはどんなときですか。

複数のカテゴリーを2つのカテゴリーに単純化する場合のほかにも，意外なところで，2値変数は用いられています。例えば，きょうだいの有無に関する複数回答（1.兄，2.弟，3.姉，4.妹，5.いない）は，見かけ上，名義尺度による離散変数であるかのように思われます。しかし，これに対する回答は，4項目（兄，弟，姉，妹）についての2値変数（0.なし，1.あり）の回答として表現することができます。パソコンのソフトなどを用いたデータ処理でも，そのように扱われている場合がほとんどです。

また単数回答を分析する際にも，あえて複数の2値変数に変換することもあります。例えば，居住形態に関する単数回答（1.親と同居，2.アパート・下宿，3.寮，4.その他）も，それぞれの特性の有無（0.なし，1.あり）を示す4項目の2値変数へと変換することができます。

このようにして離散変数を0と1からなる2値変数へと変換した場合，0と1の数値はたんなる名義上のものにとどまらず，それぞれの特性の有無を示す確率論的な意味合いを帯びることになります。この2値変数の分布に極端な偏りがない場合には，それを連続変数とみなして（**ダミー変数**），相関関係や回帰分析を行うことがあります。さらには，複数の連続変数を同時に扱う多変量解析に用いることもあります。

― ■コラム⑫■ ―

順序付け可能な離散変数については，どのような関連係数を用いればよいでしょうか。

順序付け可能な離散変数（順序変数）どうしの関連の測度として，よく用いられている関連係数の一つとして，**グッドマン＝クラスカルのγ係数（ガンマ）**があげられます。第10章と第11章で取り上げた相関係数は，2変数が線形関係にある度合いを示すものでしたが，このガンマは，2変数間の順序（値の大小関係）が一致している程度を示すものと言えます。そのため，順序関連係数と呼ばれることもあります。

このガンマを計算するためには，まず，2つの変数XとYからなる度数クロス表を作成する必要があります（表12.5）。次に，この度数クロス表について2つのケースを取り出した場合の大小関係について考えます。変数Xについては，$X_1 < X_2$,

$X_1 = X_2$，$X_1 > X_2$という3通りの可能性があり，同様に変数Yについても，$Y_1 < Y_2$，$Y_1 = Y_2$，$Y_1 > Y_2$という3通りの可能性がありますから，2変数間の大小関係には，$3 \times 3 = 9$通りの組合せが存在することになります。そして，この9通りの組合せを次の3つのパターンに分類します。

A：XとYの順序が同方向のペア，（$X_1 < X_2$かつ$Y_1 < Y_2$）と（$X_1 > X_2$かつ$Y_1 > Y_2$）

B：XとYの順序が逆方向のペア，（$X_1 < X_2$かつ$Y_1 > Y_2$）と（$X_1 > X_2$かつ$Y_1 < Y_2$）

C：XまたはYの値が等しいペア，$X_1 = X_2$または$Y_1 = Y_2$を含む組合せ

表12.5 学校段階と性別分業意識の関連

X学校階段	\multicolumn{4}{c}{Y男は外で働き，女は家庭を守るべき}	合計
	1そう思う	2どちらかといえばそう思う	3どちらかといえばそう思わない	4そう思わない	
1 中学女子	143	282	194	499	1118
2 高校女子	78	211	291	865	1445
3 大学女子	29	164	314	964	1471
全体	250	657	799	2328	4034

A：XとYの順序が同方向のペア
B：XとYの順序が逆方向のペア
B：XまたはYの値が等しいペア

さらに，度数クロス表における各セルの度数をもとに，AとBに属するペアの数$\#A$と$\#B$を計算します（Cの同順序のペア数は無視します）。1つのセルを固定してもう1つのセルを動かしながら，$\#A$と$\#B$を数えていくことになります。そして最後に，次の計算式でガンマを求めます。

$$\gamma = \frac{\#A - \#B}{\#A + \#B}$$

$\#A$と$\#B$が等しいとき，ガンマは0となり，2つの変数XとYの間に関連がない（統計的独立）ということになります。また，$\#A$か$\#B$が0のときに，ガンマは最大関連（-1もしくは1）となります。したがって，このガンマは，クロス集計表から無作為に2つのケースを取り出す場合，それが同方向のペアか逆方向のペアになるか予測するときの誤差減少率測度として理解することもできます。

第12章　離散変数間の関連を測定する──関連係数

ちなみに，このガンマを 2×2 クロス表に対して計算すると，$\#A = bc$，$\#B = ad$ となります。したがって，次の式が成り立つことになります。

$$\gamma = \frac{\#A - \#B}{\#A + \#B} = \frac{bc - ad}{bc + ad} = Q$$

この式から，本章で学習したユールの関連係数 Q は，2×2 クロス表において計算したガンマであることがわかります。

このガンマのほか，順序付け可能な離散変数に用いられる関連係数としては，ケンドールの順序関連係数 τ（タウ），ソマーズの係数 d，スピアマンの順位相関係数 ρ（ロー）などがあります。また，2×2 クロス表でよく用いられるオッズ比（交差積比 = ad/bc）なども，本書では取り上げる余裕がありませんでした。それぞれの関連係数の特徴や計算方法について，発展的に学習を進めていくときには，巻末の参考書などをご覧ください (Bohrnstedt and Knoke, 1988 = 1990, 1990；太郎丸，2005)。

【学習課題】

Q12.1 次の表12.6は，2011年の第7回「青少年の性行動全国調査」をもとに作成した男子高校生における SNS 利用経験とキス経験についての度数クロス表である。この表をもとに，以下の問いに答えよ。

表12.6 男子高校生における SNS 利用とキス経験

キス経験	携帯電話での SNS 利用経験 ない	携帯電話での SNS 利用経験 ある	全体
ある	182	189	371
ない	426	145	571
合　計	608	334	942

（a）キス経験の有無を従属変数と考えて，最適予測係数 λ を計算せよ。

（b）(12.4) 式を用いて，カイ二乗検定を行いなさい。

（c）コンティンジェンシー係数 C と V を求めよ。

（d）ユールの関連係数 Q とファイ係数 ϕ を求めよ。

（e）ϕ 係数が最大になるときの度数クロス表を作成したうえで，調整ファイ係数 ϕ_{adj} を計算しなさい。

Q12.2 性に関する男女の意識や行動には，明確な対称性が常にみられるとは限らない。とりわけ，イニシアチブをめぐる意識や体験については，男女間で微妙なズレやねじれがみられることが少なくない。このことについて，2011年の第7回「青少年の性行動全国調査」のデータをもとに，検討してみよう。表12.7は，初めてのキスをどちらから要求したのかについて，キス経験のある高校生男女が回答したものである。この表から，以下の問いに答えよ。

表12.7 高校生におけるキス経験のイニシアチブ

(人)

性別	自分から言葉や態度で	相手から言葉や態度で	どちらともいえない。自然に	合計
男子	113	65	208	386
女子	22	423	259	704
全体	135	488	467	1090

(a) キス経験のイニシアチブを従属変数として，最適予測係数 λ を計算せよ。
(b) この表における χ^2 値は $\chi^2 = 258.8$ である。$\alpha = 0.01$ のとき，帰無仮説を棄却できるか。
(c) コンティンジェンシー係数 V と C を求めよ。

Q12.3 欧米社会においては，同性愛についての賛否が，大きな政治的・宗教的争点となっている。2011年の第7回「青少年の性行動全国調査」では，同性との性的行為に対する日本の大学生の賛否を調査した。表12.8にもとづいて，以下の分析を行え。

表12.8 同性との性的行為に対する大学生の賛否

(人)

性別	かまわない＋どちらかといえばかまわない	よくない＋どちらかといえばよくない	合計
男子	357	494	851
女子	767	459	1226
全体	1124	953	2077

（a）(12.4) 式を用いて χ^2 値を求め，カイ二乗検定を行え。

（b）ユールの関連係数 Q を求めよ。

（c）ファイ係数 ϕ および調整ファイ係数 ϕ_{adj} を計算せよ。

第13章
エラボレーション（1）——疑似相関と交互作用

―― **本章の目標** ――
　これまで本書では，2変数間の関連を示すさまざまな測度や，それについての統計的検定の方法を学んできた。しかし，それらの方法によって，2変数間の因果関係が確定するわけではない。2変数間の関連は見せかけかもしれないし，別の因果関係が影響している可能性もある。この章では，第3変数を用いた多重クロス表を作成することによって，2変数間の関係を明確化していく方法（エラボレーション）について，その基本的な考え方を学ぶ。

キーワード　多重クロス表　エラボレーション　分割関連　周辺関連　疑似相関　説明と媒介　特定　交互作用　疑似無相関

1　第3変数を導入するねらい

1.1　2変数間の関係の明確化

　これまで本書でとりあげてきた統計的手法は，独立変数と従属変数の2変数間の関係に限定された方法であった。したがって，そのような分析手続きによって帰無仮説が棄却されたり，一定の関連が明示されたりしても，そこで分析を終了するわけにはいかない。なぜなら，独立変数と従属変数の間に見いだされた関連は，必ずしも真の因果関係を表しているとは限らないからである。それはたんなる見せかけの場合もあれば，そのほかの変数の影響が混入している可能性もある。また，より説明力の高い独立変数がほかにあるかもしれない。

　このような場合に，第3変数を導入することによって，変数間の関係を明確化するという方法がとられる。**エラボレーション**（elaboration）と呼ばれるこの方法は，必ずしも論文や報告書のなかで明示的に行われるわけではない。しかし，この過程を十分に踏まえなければ，せっかくの経験的知見も，因果関係に関する誤解や見落としなどさまざまなリスクにさらされることになる。その

意味において,エラボレーションは,さまざまな係数の大きさや統計的検定以上に,分析のプロセスで重要な役割を担っていると言える。

とりわけ社会調査のデータを分析する際には,第3変数を用いたエラボレーションの重要性が,より一層強調される。このことは,実験的方法によって収集されたデータと社会調査によるデータとの違いを考えればわかる。実験的方法においては,一定の実験条件を備えた実験群とその条件を欠いた統制群（対照群）とに,事前にグループを分けることができる。このとき,実験条件（独立変数）以外で,実験結果（従属変数）に影響を与える要因については,あらかじめ取り除いたり,その効果を一定に保つことができる。

たとえ実験条件以外の影響を一定に保つことが困難だとしても,実験的方法では,被験者を実験群と統制群に**無作為に割り当てる**ことで問題を回避することができる。例えば,教授方法の違いがテスト結果に違いをもたらすかどうかを検討する場合,学生の基礎学力や理解力などの条件を完全に等しくすることは困難である。しかし,各教授方法のグループに被験者を無作為に割り当てることで,各グループの平均的能力に大きな違いがみられないよう,事前にコントロールすればよいのである。

1.2 事後的な変数のコントロール

このような実験的コントロールに対して,社会調査では,通常,**統計的なコントロール**が事後的に行われる。社会調査においては,人々の生活条件を自由に変更することもできないし,2変数間の関係に影響を与える変数を予測し,それらをすべて考慮に入れた無作為割り当てをすることも難しい。それゆえ,すでに得られたデータにおける独立変数と従属変数の関係について,第3の変数の観点からこれを整理し直すことで,もとの2変数の関係にそれ以外の第3の変数が影響していないかをチェックするのである。もっとも,これを行うためには,先行研究や理論的モデルをもとに,2変数間の関係に影響を及ぼしそうな重要な変数を検討し,あらかじめ調査項目として取り込んでおく必要がある。しかもその際,調査時間や調査票の分量には限度があるため,調査者は,どの調査項目を優先するのか,決断を迫られることになる。

しかしながら，このようにして第3変数を導入し，統計的なコントロールを行ったとしても，2変数間の関係が単純化されるとは限らない。エラボレーションにおいて，独立変数もしくは第3変数だけが単独で影響を与えているという結論に至ることは非常に少ない。むしろ，実際の分析においては，両者とも従属変数に影響を与えていたり，それぞれの変数間に複雑な影響関係がみられたりすることの方が多い。社会や人間に関する現象において，さまざまな因果関係が複雑に絡み合っていることを考えれば，このことは当然ともいえるだろう。そうした場合には，これまでの2変数間の分析からさらに進んで，3つ以上の変数間の因果関係について検討していく必要がでてくる。

　したがって，第3変数を導入し，エラボレーションを行うことは，そうした**多変量解析**——3つ以上の変数の関係についての統計的データ解析——の最初のステップとして位置づけることもできる。この多変量解析の技法は，本書をマスターした後の段階に相当する学習テーマであり，本書ではこれを十分にとりあげることはできない。しかしながら，この第13章と次の第14章では，多重クロス表の分析を例にとりあげながら，多変量解析の基本となる考え方について学んでいくことにしたい。

2　多重クロス表の作成

2.1　零次の表から多重クロス表へ

　まずこの章では，2つの2値変数の関係（2×2クロス表）をとりあげ，これに他の離散変数を第3変数として導入する場合について考えていくことにしたい。ただし，エラボレーションの考え方そのものは，よりカテゴリー数の多いR×Cクロス表の場合でも，また連続変数について扱う場合でも基本的に変わらない。

　表13.1に示したのは，第5章でもとりあげた性別と生活満足度の関係についての架空データである（ただし，計算の都合上，数値を変更している）。この表では，性別が独立変数，生活満足度が従属変数であり，両者の関係がまだ第3の変数によってコントロールされていない，**単純関連**（単相関，原相関）が示され

第13章　エラボレーション（1）——疑似相関と交互作用

ている。こうした表は，通常，**零次の表**と呼ばれる。この表では，女性のほうが生活に満足している者の割合が高いという関連がみられる（ここではφ係数の計算が確認できるように，セルごとに実数を示してある）。

表13.1　性別と生活満足度零次の表

（上段：％，下段：人）

生活満足度 Y	性別 X 男性	性別 X 女性	全体
満　足	40.0 (40)	70.0 (70)	55.0 (110)
不　満	60.0 (60)	30.0 (30)	45.0 (90)
合　計 (実　数)	100.0 (100)	100.0 (100)	100.0 (200)

$\phi = 0.302$

これに第3変数を導入して，統計的コントロールを行う場合，まず**多重（3重）クロス表**を作成することが分析の出発点となる。次に示した表13.2は，居住地の都市規模（人口が100万人以上の大都市か，100万人未満の市町村か）が，性別と生活満足度に影響を与えているかもしれないと考え，都市規模を第3変数として作成した3重クロス表である。

表13.2　都市規模別にみた性別と生活満足度の関係——1次の表

（上段：％，下段：人）

第3変数 t = 都市規模

生活満足度 Y	人口100万人以上の大都市に住む人 $n=87$ 性別 X 男性	女性	計	人口100万人未満の市町村に住む人 $n=113$ 性別 X 男性	女性	計	全体
満　足	26.7 (12)	57.1 (24)	41.4 (36)	50.9 (28)	79.3 (46)	65.5 (74)	55.0 (110)
不　満	73.3 (33)	42.9 (18)	58.6 (51)	49.1 (27)	20.7 (12)	34.5 (39)	45.0 (90)
合　計 (実　数)	100.0 (45)	100.0 (42)	100.0 (87)	100.0 (55)	100.0 (58)	100.0 (113)	100.0 (200)

$\phi = 0.309$　　　　$\phi = 0.299$

この表13.2は，先の零次の表に対して，統制する変数が1つ加えられている

ため，**下位の1次の表**と呼ばれる。

2.2 分割関連

この3重クロス表では，第3変数の回答カテゴリーごとに，独立変数と従属変数の関連を示すクロス集計表が作成されている。もとの単純関連が，第3変数の回答カテゴリーごとに分割されて分析されているため，このクロス集計表を**分割関連表（条件付きクロス表）**と呼ぶこともある。この分割関連表を作成する際に注意したいのは，先に第5章で学んだクロス集計の基本——百分率は独立変数のカテゴリーごとに計算する——をここでも踏襲するということである。第3変数がもとの2変数間の関係に影響しているか否かを示すためには，零次の表と同じ形で独立変数と従属変数を設定し，独立変数ごとに100％になるよう比率を示す必要がある。

また，この1次の表の下側には，表の左側部分と右側部分でそれぞれ別個に計算したϕ係数を示している（2×2クロス表が2つあると考える）。このように第3変数の回答カテゴリーごとに示された関連（相関）は，**分割関連（分割相関，条件付き相関）**と呼ばれる。これらの分割関連が，もとの単純関連と比べて，向きや大きさに変化がみられるのかどうかということが，エラボレーションの基本的な検討事項になる。

ちなみに，表13.2の例でみてみると，都市規模をコントロールした場合でも，性別と生活満足度の関連を示すϕ係数は，もとの単純関連の値とほとんど変わらない。たしかに，大都市とそれ以外の市町村で生活満足度を比べてみると，大都市のほうでは，「不満」という回答の割合が男女とも20ポイント以上高くなっている。このことは，居住地の都市規模が，生活満足度と一定の関連があることを示している。しかし，大都市でもそれ以外の市町村でも，性別と生活満足度のϕ係数は変わらず，もとのϕ係数とほぼ等しいのである。これらのことからすると，都市規模は，生活満足度とは関連しているが，性別と生活満足度の関連そのものにはほとんど影響を与えていないことになる。

2.3 無効果（エラボレーション・タイプⅠ）

このような3変数間の関係をグラフに示すと，図13.1のようになる。この図13.1は，居住地の都市規模（大都市かその他の市町村か）をコントロールしたうえで，男女ごとに「満足」と回答した者の割合を示している。これによると，都市規模によって「満足」という回答の割合は大きく異なっている。しかし同時に，都市規模にかかわらず，男性より女性のほうで「満足」と回答する割合が高く，その傾向に変化はみられない。したがって，都市規模ごとに性別と生活満足度の関連を示した直線は，もとの関連を示す直線とほぼ平行になる。このように導入した第3変数が，もとの独立変数と従属変数の関連自体に影響を与えていないとき，その第3変数は，**無効果**（エラボレーション・タイプⅠ）であると判断されることになる。

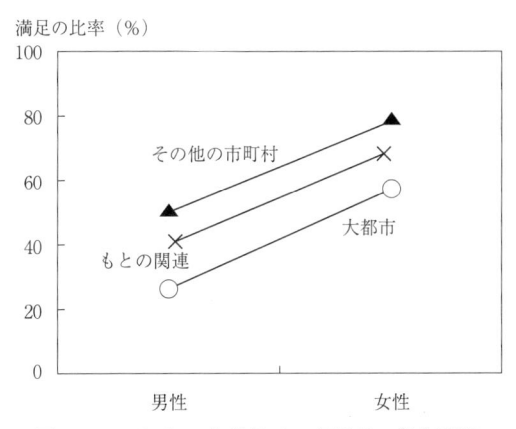

図13.1 タイプⅠ：無効果（t = 居住地の都市規模）

このことを確認するために，さらに表13.3のような**周辺関連表**（独立変数と第3変数，第3変数と従属変数のクロス集計表）を作成することもできる。この表13.3においては，独立変数と第3変数（性別と都市規模），第3変数と従属変数（都市規模と生活満足度）の関連がそれぞれ示されている。そこでは，第3変数として導入した都市規模が，生活満足度とは関連があるが，性別とはほぼ無関連であることが示されている。このように，第3変数が独立変数と従属変数のいずれか一方にしか関連していない場合には，第3変数がもとの関連そのもの

表13.3 性別と都市規模，都市規模と生活満足度についての周辺関連表

(上段：％，下段：人)

性別と都市規模の周辺関連 Xt

	男 性	女 性	合 計
他の市町村	55.0 (55)	58.0 (58)	56.5 (113)
大都市	45.0 (45)	42.0 (42)	43.5 (87)
合 計 (実 数)	100.0 (100)	100.0 (100)	100.0 (200)

$\phi = 0.030$

都市規模と生活満足度の周辺関連 tY

	大都市	他の市町村	合 計
満 足	41.4 (36)	65.5 (74)	55.0 (110)
不 満	58.6 (51)	34.5 (39)	45.0 (90)
合 計 (実 数)	100.0 (87)	100.0 (113)	100.0 (200)

$\phi = 0.240$

に影響を与えているとは考えられない。

ただし，多重クロス表の分析において，通常，このような周辺関連のクロス集計表をわざわざ作成することはない。というのも，表13.3における2つの表は，表13.2の列周辺度数と行周辺度数をもとに作られているからである。したがって，第3変数を導入して多重クロス表を作成する場合には，通常，表13.1のような単純相関表と，表13.2のような分割相関表を作成すればよいことになる。

3 エラボレーションのタイプ

3.1 エラボレーションの定式化

ここで，このように分割関連表と周辺関連表という2つの観点から多重クロス表を提示したのは，もとの単純関連をこれらの複数の関連の組合せとしてとらえる考え方を示すためでもある。第3変数を導入するということは，もとの独立変数と従属変数の単純関連を，いくつかの分割関連と周辺関連とに分解することにほかならない。ポール・ラザーズフェルドら（Kendall and Lazarsfeld, 1950）は，このような観点から，エラボレーションの考え方を（13.1）式の形で定式化している。彼らによると，独立変数を X，従属変数を Y，そして第3変数を t としたとき，もとの X と Y の関連は，t をコントロールしたときの分割関連と，t を媒介とする周辺関連の積とに分けて説明することができるという。

$$[XY] = [XY:t_1] \oplus [XY:t_2] \oplus [Xt][tY] \quad (13.1)$$

$\begin{cases} [XY]：XとYの単純関連（単相関）\\ [XY:t_1]：第3変数 t = t_1 のときのXとYの分割関連（分割相関）\\ [XY:t_2]：第3変数 t = t_2 のときのXとYの分割関連（分割相関）\\ [Xt]：Xとtの周辺関連（周辺相関）\\ [tY]：tとYの周辺関連（周辺相関）\\ [\quad]は，Qやrなど適切な関連係数（ここでは\phi）\\ \oplus はある意味での和（例えば，ウエイト付の和） \end{cases}$

先に示した各クロス集計表をこの (13.1) 式の各項と結び付けてみると，表13.1は $[XY]$ の単純関連を，表13.2の左右の表はそれぞれ $[XY:t_1]$ と $[XY:t_2]$ の分割関連を，そして表13.3の左右の表はそれぞれ $[Xt]$ と $[tY]$ の周辺関連を示していることになる。

こうしたエラボレーションの考え方によって，変数間の関係はどのように明確化できるのだろうか。原純輔と海野道郎は，第3変数 t の働きに着目して，エラボレーションを5つのタイプに分類している（原・海野，2004）。ここでは，彼らの分類を踏襲して，次のような5つのタイプに分類することにしたい（ただし，$[XY] \geq 0$ と仮定する）。

3.2 エラボレーションの5タイプ

・**タイプⅠ：無効果**（no effect）

t は，X と Y の関連にほとんど影響していない。

$$[XY:t_1] \fallingdotseq [XY:t_2] \fallingdotseq [XY] \quad (13.2)$$

・**タイプⅡ：説明**（explanation, ⅡA）ないし**媒介**（interpretation, ⅡB）

X と Y には直接の因果関係がない。t が X と Y に先行する共通要因となっている（ⅡA），もしくは t が X と Y を媒介している（ⅡB）。

$$[XY:t_1] \fallingdotseq [XY:t_2] \fallingdotseq 0 \quad (13.3)$$

・**タイプⅢ：付加効果**（additional effect, ⅢA／ⅢB）

X と Y に一定の直接的関連があると同時に，t も説明変数（ⅢA）や媒介変数（ⅢB）として，もとの関連に付加的に影響している。

$$[XY:t_1] ≒ [XY:t_2] ≠ [XY] かつ [XY:t_1] ≒ [XY:t_2] ≠ 0 \quad (13.4)$$

・**タイプⅣ：特定**（specification）

tのカテゴリーごとに，XとYの関連の向きや大きさが異なる。

$$[XY:t_1] ≠ [XY:t_2] かつ [Xt][tY] ≒ 0 \quad (13.5)$$

・**タイプⅤ：混合型**（compound effects）

tによる付加効果と交互作用効果が同時にみられる。

$$[XY:t_1] ≠ [XY:t_2] かつ [Xt][tY] ≠ 0 \quad (13.6)$$

先にみたように，表13.2の事例は，これら5つの類型のうち，タイプⅠの**無効果**に該当する。表13.2においては，第3変数として都市規模を導入したものの，それによって性別と生活満足度の関連にはほとんど変化がみられなかった。すなわち，2つの分割関連がもとの単純関連とほぼ等しく，周辺関連の積はほぼ皆無であった。このとき，（13.2）式，$[XY:t_1] ≒ [XY:t_2] ≒ [XY]$が成り立っている。

このタイプⅠのエラボレーションは，一見すると，第3変数の導入が無駄であるようにみえるかもしれない。しかし，XとYの関連に影響を与えていると想定される変数が1つ否定されたということは，その分だけ，XとYの因果関係が，別の可能性を考慮した批判に耐えたということを意味する。したがって，論文や報告書において2変数間の関連を指摘する場合には，事前に，さまざまな変数を用いてこのタイプのエラボレーションを行っておくことが望ましい。

では，これ以外のエラボレーションのタイプⅡ～Ⅴにおいては，どのような変数間の関係がみられるのだろうか。本章の以下の節では，性別と生活満足度の仮想データを用いながら，タイプⅡ（説明ないし媒介）とタイプⅣ（特定）について，解説していくことにしたい（タイプⅢとタイプⅤについての解説は，第14章で行う）。

4　説明（ⅡA）ないし媒介（ⅡB）

タイプⅡのエラボレーションは，独立変数Xと従属変数Yとの間に直接的な因果関係がなく，第3変数tによってXとYの関連がほぼ説明されるケー

第13章　エラボレーション（1）——疑似相関と交互作用

スである。このタイプでは，第3変数をコントロールすることで，もとのXとYの関連は消失し，それぞれの分割関連がほぼ0となってしまう。(13.3)の式，$[XY:t_1] \fallingdotseq [XY:t_2] \fallingdotseq 0$は，このことを表現している。これを(13.1)式に代入すると，$[XY] \fallingdotseq 0 \oplus 0 \oplus [Xt][tY]$となる。つまり，$X$と$t$，$t$と$Y$の周辺関連の積こそが，$X$と$Y$の単純関連の内実であるような場合が，タイプⅡにあたる。

このタイプⅡのエラボレーションは，第3変数の働きによって，さらに説明タイプ（ⅡA）と媒介タイプ（ⅡB）とに区別される。このうち，前者の**説明**(explanation) タイプは，第3変数が，XとYに先行する共通要因として働いているタイプであり，この第3変数によって，XとYの単純関連が見かけ上のものにすぎないことが説明される。すなわち，もとの2変数は，直接の因果関係が存在しないにもかかわらず，他の変数の働きによってデータ上の関連がみられる**疑似相関**（spurious correlation）であったことが明らかにされる。

こうした疑似相関の例として統計学や社会調査のテキストであげられるのは，コウノトリの巣の数と子どもの出生率の関係や，女性の結婚とキャンディーの好みの関係である（Bohrnstedt and Knoke, 1988=1990 ; Zeisel, 1985=2005）。コウノトリの例では，コウノトリが子どもを運んでくるのではなく，コウノトリの巣の数と子どもの出生率の両者に先行する共通要因として，その地域が都市化されていない農村地域であることが指摘される（図13.2）。他方，キャンディーの例では，女性が結婚するとキャンディーを食べなくなるのではなく，女性の年齢が高いほど，結婚している割合もキャンディーをあまり食べない割合も，増加すると説明できる。

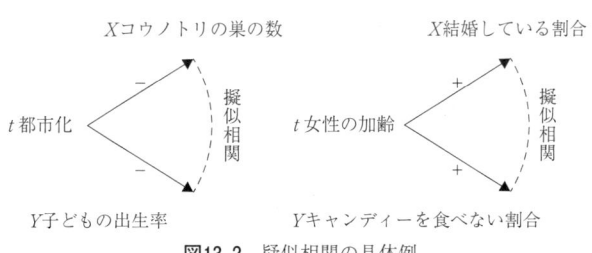

図13.2　疑似相関の具体例

他方，エラボレーションの**媒介**（interpretation）タイプとは，独立変数 X と従属変数 Y の中間に，第3変数 t が介在し，$X \rightarrow t \rightarrow Y$ という間接的な因果関係が想定できる場合を指している。この媒介タイプにおいても，説明タイプと同様，第3変数をコントロールすると，それぞれの分割関連はほぼ消失し，周辺関連だけが残ることになる。したがって，説明タイプ（疑似相関）と媒介タイプの間には，統計学的な違いはない。独立変数と従属変数に先行する共通要因として第3変数を位置づけるのか，それとも，独立変数と従属変数との中間に位置する媒介要因として第3変数を位置づけるのかということは，変数間の論理関係や時間的序列，理論モデル，先行研究の知見などにもとづいて決定される。

【例題13.1】

　表13.4は，性別と生活満足度の関連（表13.1）を，家庭内のコミュニケーション頻度でコントロールした3重クロス表である（仮想データ）。このデータをもとに，以下の手順でエラボレーションを行え。

表13.4 コミュニケーション頻度別にみた性別と生活満足度

(上段：%，下段：人)

生活満足度 Y	家庭内コミュニケーション多 性別 X 男性	家庭内コミュニケーション多 性別 X 女性	計	家庭内コミュニケーション少 性別 X 男性	家庭内コミュニケーション少 性別 X 女性	計	合計
満 足	（ア） (24)	（イ） (64)	83.0 (88)	（ウ） (16)	（エ） (6)	23.4 (22)	55.0 (110)
不 満	17.2 (5)	16.9 (13)	17.0 (18)	77.5 (55)	73.9 (17)	76.6 (72)	45.0 (90)
合 計（実 数）	100.0 (29)	100.0 (77)	100.0 (106)	100.0 (71)	100.0 (23)	100.0 (94)	100.0 (200)

（1）表13.4の中の（ア）〜（エ）について，それぞれ当てはまる百分率（%）を計算して，3重クロス表を完成させなさい。

ア　82.8　　イ　83.1　　ウ　22.5　　エ　26.1

第13章　エラボレーション（1）——疑似相関と交互作用

（2）分割関連の周辺度数に着目して，家庭内コミュニケーションの多いグループ（t_1）と家庭内コミュニケーションの少ないグループ（t_2）のϕ係数をそれぞれ求めなさい。

$$\phi_{t1} = \frac{64 \times 5 - 24 \times 13}{\sqrt{88 \times 18 \times 29 \times 77}} = (\text{オ})$$

$\phi_{t2} = (\text{カ})$

（3）表13.4において，「満足」と回答した者の割合（ア）〜（エ）に着目して，コミュニケーションの多いグループの満足率（○印）とコミュニケーションの少ないグループの満足率（▲印）を，図13.3に書き込んで，グラフ化せよ。

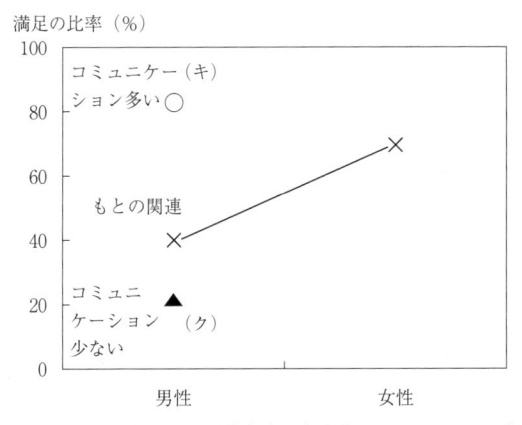

図13.3　タイプⅡ：説明／媒介（t＝家庭内コミュニケーション）

（4）次の文章中における（　）内の語句について，適切なほうに○をつけなさい。

表13.4において，家庭内のコミュニケーション頻度をコントロールしたところ，性別と生活満足度の関連は，ほとんど消失した。また，図13.3においては，コミュニケーション頻度別にみた生活満足度は，性別に関わり

オ　0.004　カ　0.036　キ　グラフ略，図13.3上部の水平な直線
ク　グラフ略，図13.3下部の水平な直線

なく，ほぼ^{ケ)}(水平・垂直)な2本の直線として描かれている。これらのことから，性別と生活満足度の間には，直接的な因果関係が存在^{コ)}(する・しない)と推測できる。

さらに，性別と家庭内のコミュニケーション頻度を比べてみると，因果関係において時間的に先行するのは，^{サ)}(性別・コミュニケーション頻度)である。したがって，コミュニケーション頻度は，性別と生活満足度の関係を^{シ)}(説明・媒介)していると考えられる。これを図に示すと，図13.4のようになる。すなわち，性別によってコミュニケーション頻度が異なり，さらにコミュニケーション頻度に応じて生活満足度に違いが生じていると解釈されることになる。

X 性別 ——▶ t 家庭内コミュニケーション頻度 ——▶ Y 生活満足度

図13.4 コミュニケーション頻度による媒介（ⅡB）の例

⑤ 特定（Ⅳ）

特定（specification）タイプのエラボレーションとは，第3変数 t のカテゴリーごとに分割関連の向きや大きさが異なり（$[XY:t_1] \neq [XY:t_2]$），その組み合わせとして，もとの単純関連を説明できるケースを指している（$[XY] = [XY:t_1] \oplus [XY:t_2]$）。この場合，第3変数は，そのカテゴリーごとに，分割関連の向きや大きさを特定するという働きをしていることになる。そしてまた，この特定タイプは，先の説明タイプや媒介タイプとは対照的に，周辺関連による影響がないケースを指している（$[Xt][tY] \fallingdotseq 0$）。それゆえ，もとの単純関連は，異なった分割関連どうしのウエイト付の和（加重平均）として説明されることになる。

このように第3変数をコントロールしたときに，それぞれの下位のクロス集計表で2変数間の関連（分割関連）が異なることを，一般に，**交互作用**

ケ 水平　コ しない　サ 性別　シ 媒介

(interaction) があるという。この交互作用は，独立変数が，第3変数との組み合わせで，従属変数に影響を与えている場合にみられる。この交互作用の働きによって，符号の異なる分割関連が相殺され，全体としての関連（単純関連）があたかも存在しないように見えることもある。そのようなケースは，**疑似無相関**（spurious non-correlation）と呼ばれる。したがって，2変数間に単純関連（単相関）がみられなくとも，そこで分析を終えるのではなく，こうした疑似無相関の可能性も考慮してエラボレーションを行うことが必要になる。

最後に，例題13.2を通して，特定タイプのエラボレーションの特徴を確認してみよう。

【例題13.2】

表13.5は，調査対象者を20代以下のグループと30代以上のグループに分けて，性別と生活満足度の関連を分析した3重クロス表である（仮想データ）。このデータをもとに，以下の手順でエラボレーションを行いなさい。

表13.5 年代別にみた性別と生活満足度の関係

（上段：％，下段：人）

生活満足度 Y	20代以下 性別 X 男性	女性	計	30代以上 性別 X 男性	女性	計	合計
満 足	20.0 (10)	80.0 (40)	50.0 (50)	60.0 (30)	60.0 (30)	60.0 (60)	55.0 (110)
不 満	80.0 (40)	20.0 (10)	50.0 (50)	40.0 (20)	40.0 (20)	40.0 (40)	45.0 (90)
合　計 (実　数)	100.0 (50)	100.0 (50)	100.0 (100)	100.0 (50)	100.0 (50)	100.0 (100)	100.0 (200)

（年代＝第3変数 t）

（1）表13.5の分割関連表について，年代グループごとの周辺度数に着目して，それぞれの ϕ 係数を求めなさい。

$$\phi_{t1} = \frac{40 \times 40 - 10 \times 10}{\sqrt{50 \times 50 \times 50 \times 50}} = (\text{ス})$$

ス　0.600

$\phi_{t2}=($　セ　$)$

（2）表13.5において，「満足」と回答した者の割合に着目して，20代以下のグループの満足率ソ）（○印）と30代以上のグループの満足率タ）（▲印）を，図13.5に書き込んで，グラフ化せよ。

満足の比率（％）

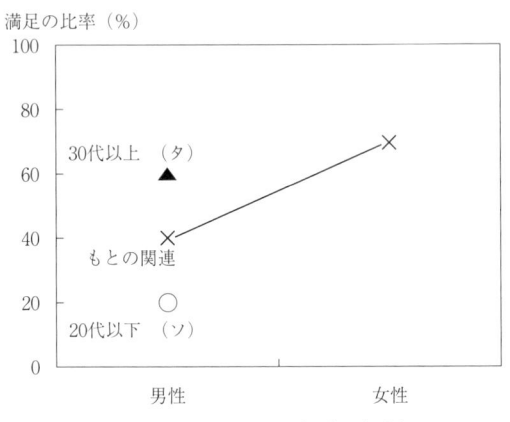

図13.5　タイプⅣ：特定（$t=$年代）

（3）次の文章中における（　）内の語句について，適切なほうに○をつけなさい。

　表13.5をみると，性別と生活満足度の関連が，年代によって大きく異なっていることがわかる。チ）（20代以下・30代以上）のグループでは，男女の間で生活満足度に大きな違いがみられるのに対し，ツ）（20代以下・30代以上）では，性別による違いはほとんどみられない。このとき，年代と性別よるテ）（交互作用・疑似無相関）が生じており，第3変数である年代は，性別と生活満足度の関連をト）（媒介・特定）していると考えられる。一般的に言って，男性と女性では年齢のもつ社会的意味が異なるので，性別と年齢の組み合わせは，このような現象を引き起こすことが少なくな

セ　0.000　　ソ　グラフ略，図13.5の80％に右肩上がりの直線
タ　グラフ略，図13.5の60％水準で水平な直線　　チ　20代以下　　ツ　30代以上
テ　交互作用　　ト　特定

い。また，このような特定タイプでは，分割関連の大きさがナ)(等しい・異なる)ため，図13.5のようにグラフ化すると，ニ)(平行な・交差する)2本の直線が描かれることになる。

6 まとめ

　この章では，第3変数を用いて多重クロス表を作成し，2変数間の関係を明確化する方法について学んできた。エラボレーションと呼ばれるこの方法によって，もとの単純関連は，第3変数でコントロールされた複数の分割関連と，第3変数の介在する周辺関連とに分析することができた。そしてさらに，ここでは第3変数の働きに着目して，エラボレーションを5つのタイプに分類してきた。

　このエラボレーションの5つのタイプのうち，この第13章では，無効果（タイプⅠ）と説明ないし媒介（タイプⅡ），特定（タイプⅣ）の3タイプについて学んだ。タイプⅠの無効果は，第3変数が，独立変数と従属変数の関連に影響していないケースである。これに対して，タイプⅡの説明や媒介の場合には，独立変数ではなく第3変数が，従属変数のより直接的な原因として位置づけられる。そして，最後にとりあげたタイプⅣの特定では，第3変数のカテゴリーによって，独立変数と従属変数の関連の向きや大きさが異なっていた。

　これらのエラボレーションのタイプからもわかるように，社会調査のデータは，しばしば私たちに誤解や混乱をもたらす。極端な場合には，因果関係がないのに関連があるようにみえたり（疑似相関），逆に因果関係があるにもかかわらず，関連がないようにみえたり（疑似無相関）することさえある。エラボレーションという技法は，こうした誤解や混乱を乗り越えて，社会調査データに含まれる〈真実〉を読み取っていくための方法であるといえる。次の第14章では，偏相関係数を取り上げた後に，残りの2つのタイプ，付加効果（タイプⅢ）と混合型（タイプⅤ）についても学習していくことにしたい。

ナ　異なる　　ニ　交差する

【学習課題】

Q13.1 2011年の第7回「青少年の性行動全国調査」をもとに，男子高校生と男子大学生について，自分専用のパソコンの所有と恋人の有無関連を調べたところ，表13.6aのような度数クロス表が得られた。さらに，この2変数間の関係を明らかにするために，第3変数として「学校段階」をコントロールして集計ところ，表13.7aのよう1次の度数クロス表が得られた。以下の（a）〜（d）の手順に従って，パソコンの所有と恋人の有無の関係について検討を行え。

表13.6a 高校男子と大学男子におけるパソコン所有と恋人の有無

(人)

恋人の有無	自分専用のパソコン所有 持っていない	持っている	合 計
いる	253	337	590
いない	684	693	1377
合 計	937	1030	1967

表13.7a 学校段階ごとにみた男子のパソコン所有と恋人の有無

(人)

恋人の有無	高校男子 自分のパソコン 持っていない	持っている	合 計	大学男子 自分のパソコン 持っていない	持っている	合 計
いる	181	61	242	72	276	348
いない	544	181	725	140	512	652
合 計	725	242	967	212	788	1000

（a）表13.6aをもとに，自分のパソコンの有無を独立変数にした百分率クロス表（これを表13.6bとする）を作成せよ。また，この零次の表のφ係数を計算しなさい。

（b）表13.7aをもとに，学校段階をコントロールした百分率3重クロス表（これを表13.7bとする）を作成せよ。また，この表13.7bをもとに，高校男子におけるφ係数と，大学男子におけるφ係数をそれぞれ求めよ。

（c）（b）で作成した表をもとに，高校男子と大学男子それぞれの「恋人い

る」の比率に注目して，図13.6のグラフを完成せよ。またこのグラフの特徴を述べよ。

恋人の有無（％）

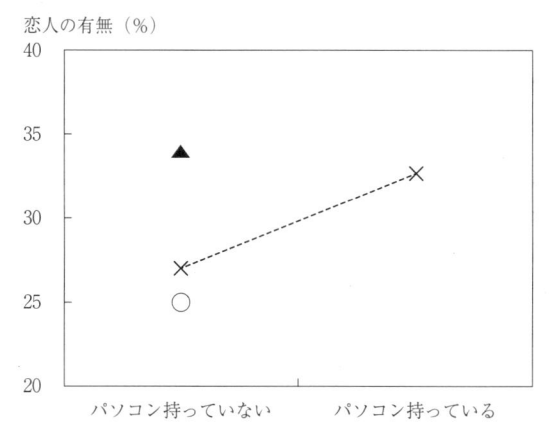

図13.6 学校段階ごとにみた男子のパソコン所有と恋人の有無（％）

（d）次の文章中における（　）について，適切な語句のほうを○で囲みなさい。

「学校段階」をコントロールし，3重クロス表を作成したところ，パソコンの所有と恋人の有無との関連は，学校段階によって（説明・媒介）されることがわかった。図13.6において，学校段階別にみた恋人のいる割合は，パソコン所有に関係なく，（交差する・平行する）2本の直線となる。これらのことから，このエラボレーションは（タイプⅡ・タイプⅣ）であり，パソコン所有と恋人の有無の関連は，（擬似相関・擬似無相関）であると判断できる。

Q13.2 学校における性教育は，「寝た子を起こす」かのように，青少年の性的関心を刺激し，性行動を促進していると指摘されることがある。この指摘が正しいかどうかを検討するために，2011年の第7回「青少年の性行動全国調査」のデータを用いて，性交（セックス）について学校で学んだか否かと，高校生の性交経験の関連について，表13.8aの度数クロス表を作成した。さらに，この2変数間の関係を明らかにするために，第3変数として「性別」

をコントロールして集計したところ，表13.9aのような1次の度数クロス表が得られた。以下の(a)〜(d)の手順に従って，学校での性教育と性交経験の関係について検討を行え。

表13.8a 高校生における学校での性教育と性交経験

(人)

性交経験	性交について学校で学んだ なし	あり	合計
ある	423	163	586
ない	1184	715	1899
合計	1607	878	2485

表13.9a 高校生の性別ごとにみた学校での性教育と性交経験

(人)

性交経験	高校男子 なし	あり	合計	高校女子 なし	あり	合計
ある	131	54	185	292	109	401
ない	546	233	779	638	482	1120
合計	677	287	964	930	591	1521

(a) 表13.8aをもとに，性交について学校で学んだか否かを独立変数にした百分率クロス表（これを表13.8bとする）を作成せよ。またこの零次の表のϕ係数を計算せよ。

(b) 表13.9aをもとに，性別をコントロールした百分率の3重クロス表（これを表13.9bとする）を作成せよ。また，この表13.9bをもとに，高校男子におけるϕ係数と高校女子におけるϕ係数をそれぞれ求めよ。

(c) 上で作成した表13.9bをもとに，高校男子と高校女子の「性交経験あり」の比率に着目して，図13.7のグラフを完成せよ。またこのグラフの特徴を述べよ。

(d) 次の文章中の（　）について，適切な語句を選べ。

　　高校生の「性別」をコントロールし，3重クロス表を作成したところ，学校での性教育と性交経験の関連が，男女間で異なる（媒介関係・交互作

第13章　エラボレーション（1）——疑似相関と交互作用

性交経験率（％）

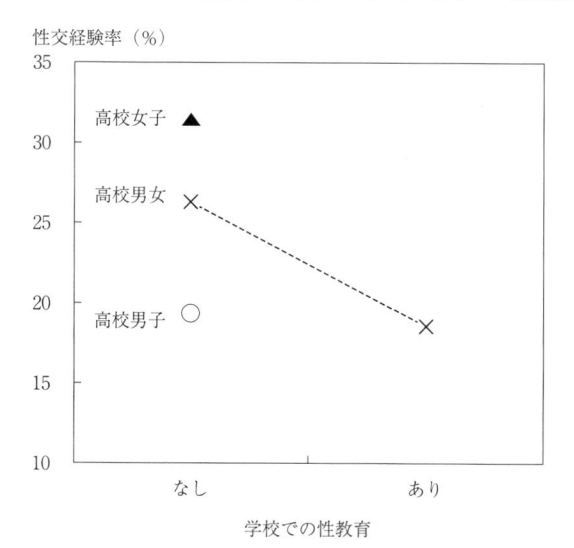

図13.7 高校生の性別ごとにみた学校での性教育と性交経験率（％）

用）がみられた。それぞれのφ係数を比較してみると，女子において，明確な（正・負）の関連がみられた。このエラボレーションは，（タイプⅡ・タイプⅣ）であると判断できる。結局，男子において，学校での性教育は性交経験と関連していなかった。また，女子においては，学校での性教育はむしろ性交経験を（活発化・抑制）している可能性が考えられる。

第14章

エラボレーション（2）——偏相関係数と付加効果

本章の目標

第13章で学習したように，独立変数と従属変数が示す関連には，第3変数による影響が含まれていることが少なくない。こうした第3変数による影響を取り除き，独立変数と従属変数のいわば「純粋な」相関関係を示すものとして，偏相関係数がある。この章では，この偏相関係数の考え方や計算方法について学ぶ。また，これを利用して，エラボレーションにおける付加効果と混合型の2タイプについても学習し，最後に，エラボレーションの5つのタイプについて整理を行う。

キーワード　偏相関係数　ベン図　標準（偏）回帰係数　付加効果　抑圧　エラボレーションのタイプ

1 偏相関係数

第13章では，第3変数を用いて多重クロス表を作成し，変数間の関係を明確化していく方法（エラボレーション）についてとりあげた。そして，独立変数と従属変数の2変数間の単純関連（単相関）が，第3変数のカテゴリーごとの分割関連（分割相関，条件付き相関）と，第3変数の介在する周辺関連（周辺相関）から説明されることを学んだ。ここでもう一度，エラボレーションの式を確認しておくことにしよう。

$$[XY] = [XY:t_1] \oplus [XY:t_2] \oplus [Xt][tY] \tag{13.1}$$

この式からすると，周辺関連による間接的な影響（$[Xt][tY]$）を取り除けば，独立変数と従属変数の間の「純粋な」関連（$[XY:t_1] \oplus [XY:t_2]$）を明らかにすることができると考えられる。この際，取り扱う変数が離散変数の場合には，第13章で行ったように多重クロス表を作成し，もとの単純関連とそれぞれの分割関連を比較するという方法がとられる。しかし，とりあげる3つの

第14章　エラボレーション（2）——偏相関係数と付加効果

変数が連続変数（もしくは2値変数）である場合には，**偏相関係数**（partial correlation coefficient）を用いて，第3変数をコントロールしたときの2変数間の相関関係を示すことができる。ただし，この偏相関係数は，交互作用のある場合（$[XY:t_1] \neq [XY:t_2]$）に用いると，分割相関の違いを相殺（平均化）してしまうことになり，誤った解釈をもたらす危険性がある。

この偏相関係数は，3変数間の零次の相関係数（r_{XY}, r_{Xt}, r_{Yt}）をもとに，次のような計算式によって求められる。

$$r_{XY \cdot t} = \frac{r_{XY} - r_{Xt} r_{Yt}}{\sqrt{1 - r_{Xt}^2} \sqrt{1 - r_{Yt}^2}} \tag{14.1}$$

この計算式の意味を明らかにするために，ここでは，集合関係を示すときに用いる**ベン図**を利用して，変数間の相関関係を図式化してみよう。図14.1に示したのは，XとYの相関係数が，$r_{XY}=0$，$r_{XY}=0.5$，$r_{XY}=1$の場合の2変数間の関係についてである。図中の円は，各変数を示しており，円の重複部分は，2変数間の共変動（相関）を示している。例Aでは，XとYの相関が0であるため，2つの円は重ならない。これに対して，相関係数が0.5である例Bでは，円のほぼ半分が重なっている。そして，相関係数が1になる完全相関の例Cでは，円のすべてが重なっている。

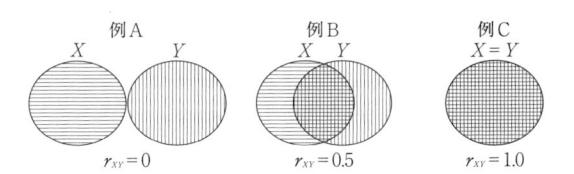

図14.1　ベン図による2変数間の相関関係についての説明

これをさらに，3変数X，Y，tの相関関係として示したのが，図14.2である。例Dにおけるtの円は，Xの円とは重複しているが，Yの円やXとYの重複部分とはまったく重なっていない。重複部分がないということは，Yとtの相関関係はないということになる（$r_{Yt}=0$）。このとき，偏相関係数の計算式における分子部分は，$r_{XY} - r_{Xt}(0) = r_{XY}$となる。結局のところ，偏相関係

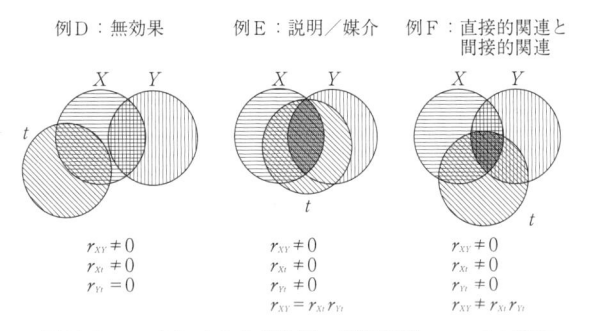

例D：無効果　　　例E：説明／媒介　　例F：直接的関連と
　　　　　　　　　　　　　　　　　　　間接的関連

図14.2　ベン図による3変数間の相関関係についての説明

$r_{XY} \neq 0$
$r_{Xt} \neq 0$
$r_{Yt} = 0$

$r_{XY} \neq 0$
$r_{Xt} \neq 0$
$r_{Yt} \neq 0$
$r_{XY} = r_{Xt} r_{Yt}$

$r_{XY} \neq 0$
$r_{Xt} \neq 0$
$r_{Yt} \neq 0$
$r_{XY} \neq r_{Xt} r_{Yt}$

数も，もとの相関係数と，向きや大きさにあまり違いがみられないことになる。

これに対して，例Eの場合は，第3変数tの円が，XとYの両方と重なっているだけでなく，XとYの重複部分をも完全に覆っている。このことは，XとYの相関が，tによって完全に「説明」もしくは「媒介」されているということを意味している。言い換えるなら，XとYの相関は，Xとtの重複部分とYとtの重複部分とが交わった，さらなる重複部分（積）として捉えられるということである（$r_{XY} = r_{Xt} r_{Yt}$）。このとき，偏相関係数の計算式における分子は，$r_{XY} - r_{Xt} r_{Yt} = 0$となるため，偏相関係数も0となる。このように，もとの単相関が疑似相関や媒介関係である場合には，分割関連と同様に，偏相関係数もゼロとなってしまう。

他方，3変数間の関係としてより一般的にみられるのは，例Fのようなケースである。この例Fでは，XとYの重複部分のうち一部だけがtと重なっている。この3重に重複している部分は，例Eの場合と同様に，tにかかわる周辺相関の影響（$r_{Xt} r_{Yt}$）として考えられる。これに対して，XとYの重複部分のうち，tが重なっていない部分は，tの影響していない，XとYの「純粋な」相関関係を示していると位置づけられる。偏相関係数の計算式における分子（$r_{XY} - r_{Xt} r_{Yt}$）が示しているのは，この部分に他ならない。したがって，もとの単相関は，tによって説明されない偏相関の部分と，tによって説明される周辺相関との合計として成り立っていることになる。偏相関係数の計算式

(14.1) を変形すれば，エラボレーションの式 (13.1) と同じように，単相関が，偏相関の部分と周辺相関の部分から成り立っていることがわかる。

$$r_{XY}= \sqrt{(1-r_{Xt}^2)(1-r_{Yt}^2)}\, r_{XY \cdot t}+r_{Xt}r_{Yt} \tag{14.2}$$

このように考えると，例Fにおいては，XとYの直接的な相関と，XとYの間にtの介在する間接的な相関と，2重の影響関係がみられることになる。これは，エラボレーションでいえば，タイプⅢの**付加効果**（ⅢA／ⅢB）に該当する。ただし，この点については，第3節以降でさらに詳しく検討することにしよう。

② 偏相関係数と標準化回帰係数

多重クロス表を用いたエラボレーションの議論に立ち戻る前に，ここで偏相関係数と標準化回帰係数（偏回帰係数）との関係について，若干触れておくことにしたい。第13章とこの第14章で触れたように，3つ以上の変数を用いて分析を行う多変量解析においては，他の変数をコントロールしたときに，独立変数と従属変数の間にどのような関連（相関）がみられるかが基本的な問題となる。このことは，取り扱う変数が，離散変数である場合にも，連続変数である場合でも変わらない。

先のベン図による説明でもみたように，偏相関係数は，第3変数 t をコントロールしたときの，XとYの相関関係の向きと大きさを示している。その意味において，この偏相関係数を，多変量解析の基礎として位置づけることもできる。実際，この偏相関係数 $r_{XY \cdot t}$ は，X と t の2つの独立変数から従属変数 Y について**重回帰分析**を行ったときの，**標準（偏）回帰係数（ベータ係数）**とかなり近い値になる。この重回帰分析とは，第10章や第11章で学んだ回帰分析の方法を拡張して，従属変数と2つ以上の独立変数の関係を推定する方法である。この重回帰分析においては，(14.3) 式のような標本回帰式が立てられる（独立変数が2つの場合）。

$$Y_i = a + b_1 X_{1i} + b_2 X_{2i} + e_i \tag{14.3}$$

(aは切片,bは傾きを示す偏回帰係数,eは誤差項,Y_iはi番目の標本がとるYの値)

標準化回帰係数は,この式 (14.3) におけるそれぞれの偏回帰係数 (b_1, $b_2, \cdots b_k$) を比較できるように,標準化 (Z得点化) したデータで,偏回帰係数を計算し直したものである。独立変数が2つの場合 ($k=2$) のとき,この標準回帰係数は,次の計算式によって求められる。

$$\beta_1 = \frac{r_{X_1Y} - r_{X_1X_2}r_{X_2Y}}{1 - r_{X_1X_2}^2} \tag{14.4}$$

このβ_1は,X_2をコントロールしたときに,X_1の変化がYにもたらす影響の大きさを標準化して示したものである。$X=X_1$, $t=X_2$として考えれば,この標準回帰係数の分子部分は,偏相関係数の分子部分と完全に同じことがわかる。通常,標準回帰係数と偏相関係数が,符号も大きさもほとんど同じ値を示すのはこのためである。ただし,この2つの係数は,単回帰分析における標準回帰係数と相関係数のように完全に等しい ($\beta = r_{XY}$) わけではない。2つの係数では,標準化するために用いている分母部分に違いのあることがわかる。

このようにしてみると,この偏相関係数も,tをコントロールしたときのXとYの関係の推定値としてとらえることができる。この偏相関係数に関する有意性検定は,まず,母集団における偏相関係数が0であるという帰無仮説がたてられ,それを否定する対立仮説がたてられる。偏相関係数は符号の向きの問題があるため,通常,対立仮説は不等号を用いて表される。そして,(14.5) 式を用いた片側のt検定が行われることになる。このt値を求めるときの自由度は,$N-3$になる。

$$t_{N-3} = \frac{r_{XY \cdot t}\sqrt{N-3}}{\sqrt{1-r_{XY \cdot t}^2}} \tag{14.5}$$

この式によって求められたt値が，任意の有意水準における限界値を超えているときに，帰無仮説を棄却し，対立仮説を採択することになる。

では，例題を用いて，偏相関係数の計算および検定方法について確認してみよう。

【例題14.1】

第12章においては，2×2クロス表におけるφ係数が，それぞれのカテゴリーに0と1を与えたときの相関係数に等しいということを学んだ。そこでここでは，表14.1に示したφ係数を利用して偏相関係数を求め，統計的検定を行うことにする。表14.1では，性別Xと週平均残業時間t，生活満足度Yのそれぞれの相関係数が示してある。性別と生活満足度との関連（相関）には，残業時間による影響が含まれているのではないかと考えられる。そこで，性別と生活満足度の相関について，残業時間をコントロールした偏相関係数を求める。

表14.1 性別と残業時間，生活満足度の間の相関係数

	X性別	t週平均残業時間	Y生活満足度
X性別（男性=0，女性=1）	1	-0.670	0.302
t週平均残業時間（10時間未満=0，10時間以上=1）		1	-0.228
Y生活満足度（不満=0，満足=1）			1

（1）表14.1における相関係数をもとに，tをコントロールしたときの偏相関係数$r_{XY \cdot t}$を求めなさい。

$$r_{XY \cdot t} = \frac{r_{XY} - r_{Xt}r_{Yt}}{\sqrt{1-r_{Xt}^2}\sqrt{1-r_{Yt}^2}} = (\quad ア \quad)$$

（2）$N=200$のとき，上の偏相関係数に関するt値を求めよ。

$$t_{197} = \frac{r_{XY \cdot t}\sqrt{N-3}}{\sqrt{1-r_{XY \cdot t}^2}} = (\quad イ \quad)$$

ア　0.206

（3）次の文章中の（　）のうち，適切なほうの語句を答えよ。

　有意水準 α = 0.05 とするとき，片側検定の t 検定の限界値は，付表 C（261頁）よりウ）（　1.658・1.980）である。したがって，帰無仮説は棄却エ）（できる・できない）。すなわち，残業時間の影響をコントロールした後でも，性別と生活満足度との相関が存在すると推定できる。ただし，性別と生活満足度の単相関と比べると，偏相関係数の値はオ）（小さく・大きく）なっている。このことから，もとの単相関には，残業時間によるカ）（説明的・媒介的）な影響も一定程度含まれていたと考えられる。

3　付加効果（ⅢA，ⅢB）

　例題14.1からも明らかなように，偏相関係数を求めることができれば，3つの相関係数だけで，もとの単相関の状態をおおよそ理解することができる。この例で言えば，性別と生活満足度の単相関（φ係数）は，残業時間をコントロールした偏相関係数よりも大きかった。したがって，もとの単相関は，X と Y の直接的な偏相関の部分に加え，残業時間という第3変数による間接的な影響（周辺関連）が含まれていたと考えられる。こうした第3変数による間接的な影響は，**付加効果**（additional effect）と呼ばれる。偏相関係数がもとの単相関の係数より大きかったり，小さかったりする場合には，この付加効果が存在していることになる。

　第13章でとりあげたエラボレーションの5つのタイプのうち，付加効果と混合型の学習を後回しにしたのは，偏相関係数について学ぶことで，この付加効果の働きをより明確にできると考えたからである。偏相関係数は，交互作用を分析するのには向いていないが，付加効果を分析するのには適している。逆に，交互作用を分析するときには，分割関連や分割相関（条件付き相関係数）を用いる必要がある。

　エラボレーションにおけるタイプⅢの**付加効果**とは，独立変数 X と従属変

イ　2.955　　ウ　1.658　　エ　できる　　オ　小さく　　カ　媒介的

第14章　エラボレーション（2）――偏相関係数と付加効果

数 Y の間に一定の関連（相関）がみられると同時に，第3変数 t も説明変数や媒介変数として，もとの単純関連の一部を成しているケースである。より正確に言えば，第3変数による付加効果がみられると同時に，交互作用が存在していない場合が，タイプⅢに分類される。したがって，複数の分割関連（分割相関）に大きな違いがなく，周辺関連（周辺相関）がみられ，直接的な関連と間接的な関連の合計として，単純関連が構成されている場合である（$[XY:t_1] ≒ [XY:t_2] ≠ [XY]$ かつ $[XY:t_1] ≒ [XY:t_2] ≠ 0$）。

この付加効果を図で示すと，図14.3のような2つの場合が考えられる。

図14.3　付加効果における2つのタイプ

左側の図は，先にみた説明タイプ（ⅡA）と同様，第3変数がもとの2変数に先行する共通要因として影響を与えている。これに対して，右の図では，先の媒介タイプ（ⅡB）と同様，第3変数がもとの2変数の中間に位置して，両者を媒介している。例題14.1でとりあげた残業時間のケースは，残業時間が性別の原因にはならないので，タイプⅢBとして位置づけられる。そして，いずれの場合でも，タイプⅡと異なり，独立変数と従属変数の間の直接的な因果関係は消失しないで，一定の関連が保持されている。したがって，連続変数であれば，有意な偏相関係数が示されると考えられる。

表14.2は，性別と生活満足度の関連を，世帯所得でコントロールした3重クロス表である（架空データ）。これによると，世帯所得の多いグループでも，少ないグループでも，女性のほうが満足している割合が高く，性別と生活満足度との関連がみられる。それと同時に，世帯所得の多いグループと少ないグループを比べると，男女とも，世帯所得の多いグループのほうで満足している者の割合が高くなっている。これらのことから考えると，独立変数である性別も，第3変数として用いた世帯所得も，それぞれが従属変数の生活満足度に影響していると考えられる。

表14.2 世帯所得別にみた性別と生活満足度

(上段：%，下段：人)

生活満足度 Y	世帯所得多い 性別 X 男性	世帯所得多い 性別 X 女性	計	世帯所得少ない 性別 X 男性	世帯所得少ない 性別 X 女性	計	合 計
満 足	50.0 (31)	83.0 (39)	64.2 (70)	23.7 (9)	58.5 (31)	44.0 (40)	55.0 (110)
不 満	50.0 (31)	17.0 (8)	35.8 (39)	76.3 (29)	41.5 (22)	56.0 (51)	45.0 (90)
合 計 (実 数)	100.0 (62)	100.0 (47)	100.0 (109)	100.0 (38)	100.0 (53)	100.0 (91)	100.0 (200)

世帯所得＝第3変数 t

$\phi_{t1}=0.341$ 　　　　　　$\phi_{t2}=0.346$

　ところで，表14.2のϕ係数をみてみると，それぞれ$\phi_{t1}=0.341$，$\phi_{t2}=0.346$となっており，2つの分割関連がともに，もとの単純関連（表13.1，$\phi=0.302$）より大きくなっている。各変数に0と1を割り当て，偏相関係数を計算してみても，$r_{XY\cdot t}=0.343$となり，もとの単相関より大きな値が得られる。このことは，どのように考えればよいのであろうか。

　図14.4は，これらの3変数間の関係を示している。これによると，性別が女性であることも，世帯所得が高いということも，ともに生活に満足している者の割合を高める関係にある。しかし，男性対象者に比べて女性対象者には世帯所得の少ない者も多い。その結果，世帯所得という点からみると，女性であることで生活満足度がマイナスになる付加効果が生じている。言い換えるなら，性別と生活満足度の単純関連は，世帯所得を媒介にしたマイナスの付加効果によって，実際の関連（分割相関や偏相関）の大きさに比べ，小さく見積もられていたことになる。

```
          t 世帯所得
        −  △  ＋
 X 性別＝女性 ────▶ Y 生活満足
          ＋
```

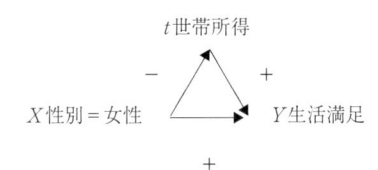

図14.4 第3変数による抑圧の例

　このように独立変数が従属変数に直接与える影響と，第3変数の介在する間

第14章　エラボレーション（2）——偏相関係数と付加効果

接的な影響の向き（符号）が異なるとき，**抑圧**が生じているという。分割相関や偏相関がマイナスであるときに，プラスの付加効果がみられる場合も一種の抑圧になる。第3変数によるこうした作用のために，単純関連が実際よりも小さく見積もられたり，ときにはお互いの影響が相殺され，まったく関連がないようにみえることさえある。第13章で述べた**疑似無相関**は，交互作用によってだけでなく，こうした付加効果による抑圧としても生じることがある。

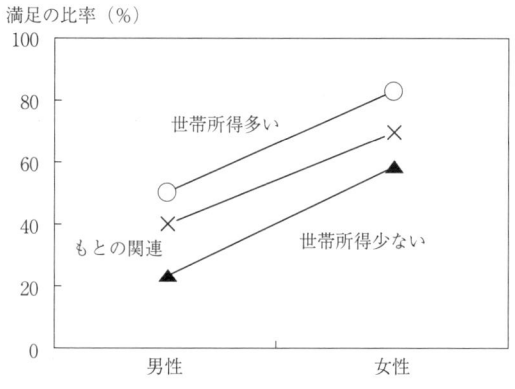

図14.5 タイプⅢB：付加効果（t = 世帯所得）

表14.2にみられるこれらの関係をグラフ化すると，図14.5のようになる。世帯所得ごとにみた生活満足度は，もとの関連を示す直線よりも，傾きがわずかに大きくなっている。世帯所得が媒介するマイナスの付加効果によって抑圧が生じ，もとの単純関連は，その分だけ小さく捉えられていたということになる。もし，この事例とは逆に，分割関連を示す2本の直線の傾きがよりへいたんであったなら，その分だけ，プラスの付加効果が働いていることになる。

④ 混合型（Ⅴ）

ここまで，付加効果タイプ（Ⅲ）と特定タイプ（Ⅳ）について，その両者が同時にはみられないかのように取り扱ってきた。しかし，社会調査のデータについてエラボレーションを行った場合に，両タイプが混在しているケースに出会うことは決して珍しいことではない。分割関連の大きさが異なること（交互作用）

と，周辺関連の影響があること（付加効果）は，同時に起こりうるからである。ここでは，第3変数に関して，これらの効果が同時にみられる場合を，**混合型**と呼ぶことにしたい。したがって，分割関連の大きさが異なる（$[XY:t_1] \neq [XY:t_2]$）だけでなく，周辺関連による付加効果（$[Xt][tY] \neq 0$）も同時にみられることになる。

この混合型については，これまで学んだ交互作用や付加効果についてしっかり理解できていれば，とくに注意すべき点はない。エラボレーションについての学習の総仕上げをかねて，次の例題14.2に取り組んでみよう。

【例題14.2】

表14.3は，第3変数として学歴段階を用いて作成した3重クロス表である（仮想データ）。学歴段階は，4年制大学もしくは大学院を卒業した者と，中学や高校，専門学校，短大卒業者などそれ以外の学歴を持つ者とに分けている。

（1）学歴段階別の度数分布に着目して，それぞれのϕ係数を求めなさい。

$$\phi_{t1} = \frac{30 \times 29 - 33 \times 6}{\sqrt{63 \times 35 \times 62 \times 36}} = (\quad キ \quad)$$

$$\phi_{t2} = (\quad ク \quad)$$

（2）性別Xと学歴段階t，生活満足度Yの単相関は，それぞれ，$r_{XY} = 0.302$，$r_{Xt} = -0.260$，$r_{Yt} = 0.183$であった。このとき，学歴段階をコントロールして性別と生活満足度の偏相関係数$r_{XY \cdot t}$を求めよ。

$$r_{XY \cdot t} = (\quad ケ \quad)$$

（3）表14.3における，4年制大学卒業者のグループの満足率コ）（○印）とそれ以外の学校段階の卒業者における満足率サ）（▲印）を，図14.6に書き込んで，グラフ化せよ。

キ　0.303　　ク　0.428　　ケ　0.368　　コ　グラフ略，女性83.3%とを結ぶ線　　サ　グラフ略，女性62.5%とを結ぶ線

第14章 エラボレーション（2）——偏相関係数と付加効果

表14.3 学歴段階別にみた性別と生活満足度

（上段：％，下段：人）

学歴段階＝第3変数 t

生活満足度 Y	4年制大学卒以上			それ以外の学歴			合計
	性別 X		計	性別 X		計	
	男性	女性		男性	女性		
満　足	53.2 (33)	83.3 (30)	64.3 (63)	18.4 (7)	62.5 (40)	46.1 (47)	55.0 (110)
不　満	46.8 (29)	16.7 (6)	35.7 (35)	81.6 (31)	37.5 (24)	53.9 (55)	45.0 (90)
合　計 （実　数）	100.0 (62)	100.0 (36)	100.0 (98)	100.0 (38)	100.0 (64)	100.0 (102)	100.0 (200)

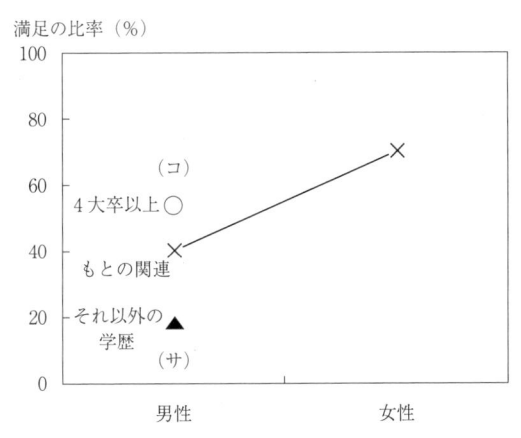

図14.6 学歴段階別にみた性別と生活満足度（t＝学歴段階）

（4）次の文章中における（　）内の語句について，適切なほうに○をつけなさい。

表14.3をみると，学歴段階によって生活満足度が異なっているだけでなく，学歴段階によって性別と生活満足度の関連の仕方が異なっていることがわかる。学歴段階別にみた φ 係数も異なっているため，性別と学歴段階よる シ）（交互作用・疑似相関）が生じている。また，学歴段階で条件付けた2つの分割関連も，学歴段階をコントロールした偏相関係数も，もとの性別と生活満足度の関連より，ス）（小さく・大きく）なっている。このことは，

227

セ)(付加効果・交互作用)の存在を示唆していると考えられる。これは，性別と生活満足度の直接の関係からみると，ソ)(同じ符号・異なる符号)の効果であるため，タ)(抑圧・混合)が生じていることになる。これらの特徴が見られることから，学歴段階によるエラボレーションは，チ)(タイプⅢ・タイプⅣ・タイプⅤ)のツ)(付加効果・特定・混合型)として分類できる。

5 まとめ

先の第13章とこの第14章では，第3変数を用いて2変数間の関係を明確化するエラボレーションについて学んできた。この方法によって，独立変数と従属変数の単純関連(単相関)は，第3変数をコントロールした複数の分割関連(偏相関)と，第3変数による間接的な影響を示す周辺関連から，分析されることになる。繰り返しになるが，データの示すさまざまな関係を誤解したり，見落としたりしないためには，こうしたエラボレーションを徹底して行う必要がある。

またここでは，第3変数の働きに着目して，エラボレーションを5つのタイプに分類してきた。ここでとりあげた5つのタイプは，分割関連に交互作用がみられるかどうか，また周辺関連による付加効果があるかどうかという2つのポイントから，表14.4のように整理することができる。

表14.4 エラボレーションのタイプに関する要約

分割関連	周辺関連 付加効果なし $[Xt][tY] ≒ 0$	付加効果あり $[Xt][tY] ≠ 0$	付加効果 ≒ 単純関連 $[Xt][tY] ≒ [XY]$
交互作用なし $[XY:t_1] ≒ [XY:t_2]$	Ⅰ 無効果	Ⅲ 付加効果	Ⅱ 説明／媒介
交互作用あり $[XY:t_1] ≠ [XY:t_2]$	Ⅳ 特定	Ⅴ 混合型	Ⅴ 混合型

さらに，実際に多重クロス表の分析を行っているときに，変数間の関係をど

シ 交互作用　ス 大きく　セ 付加効果　ソ 異なる符合　タ 抑圧　チ タイプⅤ　ツ 混合型

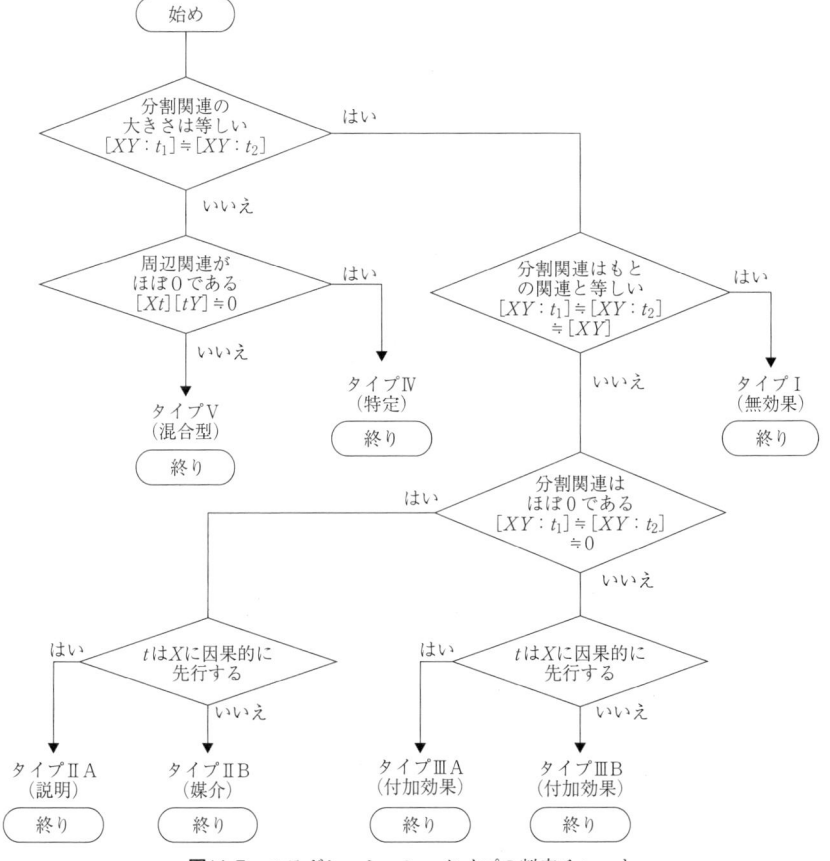

第14章　エラボレーション（2）——偏相関係数と付加効果

図14.7　エラボレーション・タイプの判定チャート
(注) 原・海野 (2004) をもとに作成。

のように判断すればよいか迷ったときには，図14.7に示したようなフローチャートを用いることもできる。この判定チャートを用いれば，第3変数が説明的(A)か媒介的(B)かという点までエラボレーションを類型化できるので，因果モデルの可能性を検討する場合など，非常に便利である。

こうしたエラボレーションについては，実際にデータの分析を繰り返し，失敗や経験をつむことによって会得される部分も大きい。データ分析に慣れてくると，交互作用が発生しやすい変数の組み合わせや疑似相関になっているケースなどを，少しずつ想定できるようになってくる。したがって，第3変数を導

入した多重クロス表の分析は，最初のうちはかなり試行錯誤を要する作業であるが，次第にパターン化され，効率よく行うことができるようになるだろう。データが自分に何かを示そうとしてくれていることを信じて，コツコツと分析を積み重ねることが重要である。

【学習課題】

Q14.1 若者の性行動と新しいメディアの関係は，社会問題としてとりあげられることが多い。2011年の第7回「青少年の性行動全国調査」では，携帯電話でのSNS利用経験（携帯電話でmixiやFacebookなどのSNSを利用したことがあるか否か）と性行動との間に，一定の関連が見出されている。次の表14.5aは，中学と高校の女子について，学校段階をコントロールしたうえで，SNSの利用経験とキス経験の関連を示した1次の表である。この表をもとに，以下の(a)〜(e)の手順で，SNSの利用経験とキス経験の関係について検討せよ。

表14.5a 女子の学校段階ごとにみたSNS利用とキス経験

(上段：％，下段：人)

第3変数 t ＝学校段階

キス経験	中学女子 SNS利用 なし	中学女子 SNS利用 あり	中学女子 全体	高校女子 SNS利用 なし	高校女子 SNS利用 あり	高校女子 全体	全体
ある	12.8 (138)	38.0 (35)	14.8 (173)	38.8 (346)	58.0 (351)	46.6 (697)	32.6 (870)
ない	87.2 (939)	62.0 (57)	85.2 (996)	61.2 (545)	42.0 (254)	53.4 (799)	67.4 (1795)
合計 (実数)	100.0 (1077)	100.0 (92)	100.0 (1169)	100.0 (891)	100.0 (605)	100.0 (1496)	100.0 (2665)

(a) 表14.5aをもとに，女子中高生におけるSNS利用 X と，キス経験 Y，学校段階 t の3変数間の単純関連を示す3つの度数クロス表を作成しなさい。

(b) 上で作成した3つの度数クロス表について，それぞれの変数に1と0を与えて，変数間の相関係数（ϕ 係数）を求め，表14.6を作成しなさい。

第14章　エラボレーション（2）——偏相関係数と付加効果

表14.6 SNS利用と学校段階，キス経験の間の相関係数

	X SNS利用	t 学校段階	Y キス経験
X SNS利用（ない=0, ある=1）	1	（　　）	（　　）
t 学校段階（中学=0, 高校=1）		1	（　　）
Y キス経験（ない=0, ある=1）			1

（c）表14.6における相関係数をもとに，学校段階をコントロールしたときの，SNS利用とキス経験についての偏相関係数を求めなさい。さらに，この偏相関係数のt値を求めたうえで，有意水準$\alpha = 0.01$とするとき，母集団における帰無仮説を棄却できるか検討せよ。

（d）表14.5aにおけるキス経験ありの比率に着目して，図14.8のグラフを完成させなさい。なお，中学女子の経験率は○，高校女子の経験率は▲で示して，それぞれ直線で結びなさい。

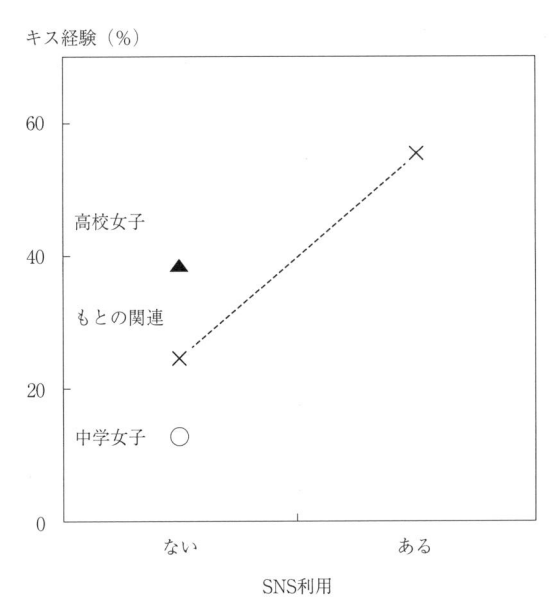

図14.8 SNS利用とキス経験の関連（t=学校段階）

（e）次の文章における（　　）内の語句のうち，適切なものを選べ。

女子中高生におけるSNS利用とキス経験の相関について，学校段階を

コントロールした偏相関係数を求めたところ，もとの単相関に比べ，（増加・減少）していた。このことから，学校段階によるプラスの（付加効果・交互作用）が生じていたと考えられる。そして，学校段階はSNS利用やキス経験に先行することから，（説明タイプⅢA・媒介タイプⅢB）の関係が考えられる。ただし，SNS利用によって性行動が活発化しているのか，それとも，交際関係の進展の結果としてSNSが利用されているのか結論付けるには，さらに分析を進める必要がある。

Q14.2 2011年の第7回「青少年の性行動全国調査」のデータより，男子中高生の学校段階と「性」のイメージ，友人との性の会話の3変数の関係について，表14.7～表14.9のような3つの度数クロス表を得た。「性」のイメージついては「楽しい」と「楽しくない」の2グループ，友人との性の会話については，性の問題について「話す」と「話さない」の2グループにまとめてある。この度数クロス表をもとに，（a）～（e）の手順で，3変数間の関係について考察せよ。

表14.7 男子の学校段階と性イメージ

(人)

性イメージ	学校段階 中 学	学校段階 高 校	全 体
楽しい	492	646	1138
楽しくない	658	292	950
合 計	1150	938	2088

表14.8 男子の学校段階と友人との性の会話

(人)

友人との性の会話	学校段階 中 学	学校段階 高 校	全 体
話す	646	671	1317
話さない	504	267	771
合 計	1150	938	2088

第14章 エラボレーション（2）——偏相関係数と付加効果

表14.9 男子中高生における友人との性の会話と性イメージ
(人)

性イメージ	友人との性の会話		全 体
	話さない	話 す	
楽しい	250	888	1138
楽しくない	521	429	950
合 計	771	1317	2088

（a）表14.7〜表14.9の度数クロス表をもとに，それぞれのϕ係数を求めなさい。またそれをもとに，次の表14.10を完成させなさい。

表14.10 男子中高生における学校段階と友人との性の会話，性イメージの相関関係

	X 学校段階	t 友人との性の会話	Y 性イメージ
X 学校段階（中学＝0，高校＝1）	1	（　　）	（　　）
t 友人との性の会話（話さない＝0，話す＝1）		1	（　　）
Y 性イメージ（楽しくない＝0，楽しい＝1）			1

（b）表14.10で求めた相関係数をもとに，友人との性の会話をコントロールしたときの，学校段階と性イメージの偏相関係数を求めよ。また，この偏相関係数について，有意水準$\alpha=0.01$としたとき，母集団において帰無仮説を棄却できるかどうか，t検定を行え。

（c）表14.7〜表14.9の度数クロス表をもとに，表14.11の分割関連表を完成させよ。また友人と性の会話をする場合（表右側部分）と，会話をしない場合（表左側部分）について，分割関連（ϕ係数）を求めよ。

（d）表14.11において，性イメージが「楽しい」という回答の比率に着目して，図14.9のグラフを完成させなさい。なお，友人と性の会話をする場合の経験率は○，会話をしない場合の経験率は▲で示して，それぞれ直線で結びなさい。

（e）次の文章中の（　　）内に，当てはまる語句を入れなさい。

　男子中高生における学校段階と性イメージの相関について，友人との性の会話をコントロールした偏相関係数を求めたところ，もとの単相関に比べ，（増加・減少）していた。このことから，友人との性の会話によるプ

表14.11 男子中高生における学校段階と友人との性の会話，性イメージ

（上段：％，下段：人）

第3変数 t = 学歴段階

性イメージ	友人と性の会話 話さない			友人と性の会話 話す			全 体
	学校段階		全体	学校段階		全体	
	中学	高校		中学	高校		
楽しい			32.4 (250)			67.4 (888)	54.5 (1138)
			(372)				
楽しくない		(137)	67.6 (521)			32.6 (429)	45.5 (950)
合 計	100.0	100.0	100.0	100.0	100.0	100.0	100.0
（実 数）	(504)	(267)	(771)	(646)	(671)	(1317)	(2088)

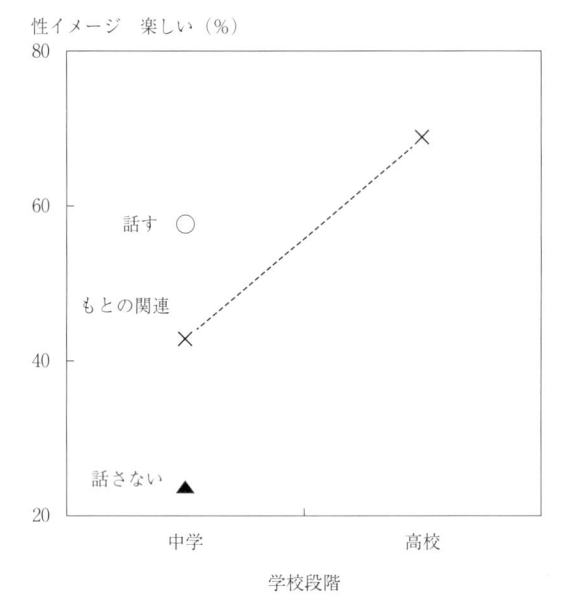

ϕ_U = (　)　　　　　　ϕ_U = (　)

図14.9 学校段階と性イメージの関連（t = 友人と性の会話）

ラスの（付加効果・交互作用）が生じていたと考えられる。また友人との性の会話をコントロールしたときの分割関連は，（話す・話さない）場合のほうが大きくなっていた。このことから，学校段階と友人との性の会話による（付加効果・交互作用）も生じていることがわかる。したがって，

第14章 エラボレーション（2）——偏相関係数と付加効果

友人との性の会話を第3変数としたエラボレーションは，タイプ（Ⅲ付加効果・Ⅳ特定・Ⅴ混合型）であると言える。学校段階があがるに連れて，また友人との性の会話を通じて，性イメージは「楽しい」ものになっていくと考えられる。

第15章
講義のまとめ——調査報告書や論文の読み方・書き方

本章の目標

　これまでの各章では，社会事象に関する記述と説明を行う方法として，社会統計学の基本的な考え方や分析法について学んできた。これに対して本章では，現代の情報化社会における統計リテラシー，あるいはリサーチ・リテラシーという観点から，これまで学習してきたことを振り返って，比較・整理していくことにしたい。そしてさらに，社会統計学や社会調査について，今後の学習を深めていくうえで，いくつかの指針を提示していく。

キーワード　情報化社会　統計リテラシー　リサーチ・リテラシー　社会的構成　記述と説明　暗数問題　関連性と因果関係　統計的3段論法

1　統計学の学習における盲点
——統計リテラシーの3要素——

　社会統計学についての学習は，一連の分析法の習得に終始してしまうことが少なくない。しかも，新しい分析法が次々と考案され，それに伴ってパソコン用の統計ソフトも続々と開発・改良されていくため，ともすれば，新しい分析法や統計ソフトの操作方法を追いかけるだけで手いっぱいになってしまう。しかし，そうした学習スタイルでは，社会統計学にかかわる2つの重要なプロセスが見失われがちになる。

1.1　統計的情報の作成における選択

　1つには，どのようにして事象が測定され，統計データとして記録・収集され，一定の意味をもつ数値として，記述・説明されてきたのかというプロセスである。どのような統計的情報も，人間の手によって作りだされたものであり，それらは一定の仮定のもとで，選択を積み重ねることによって成り立って

いる。モデル構築や概念定義，調査項目の選択に始まり，調査方法や対象者，集計方法の選択を経て，分析法やプレゼンテーション方法の選択に至るまで，一連の選択が行われているのである。分析法中心の学習スタイルでは，分析法の選択だけに焦点が当てられ，それ以外の選択のプロセスには，なかなか目が向けられない。しかし，このような人間の手による選択のプロセスを理解していなければ，統計的情報に対して，過剰な信頼や極端な不信が引き起こされてしまう危険性がある。本書では，あえて電卓を用いた計算問題を課し，自分の手で統計的情報の処理プロセスを部分的に体験することで，数値の〈意味〉を理解できるように努めてきた。

1.2 統計情報の社会的影響

もう1つ社会統計学の学習において見逃されやすい局面は，統計的情報が，人々に利用されたり，社会に影響を与えたりしていくプロセスである。統計的情報は，学会で報告されたり，論文になったりするだけでなく，特定の事業計画に用いられたり，新しい政策決定の根拠とされたりもする。あるいは逆に，まったく人目に触れないまま，忘れ去られてしまうこともある。このようにして統計的情報が社会のなかで位置づけられ，評価され，〈社会的意味〉を帯びていくプロセスにも，目を向けていくことが必要である。さらに言えば，個々の統計的情報だけでなく，社会統計学そのものが，社会のなかでどのように利用され，社会にどのような影響を与えているのかという点に関しても，十分，自覚していく必要がある。

1.3 統計リテラシーの3要素

これらの2つのプロセスは，個人の能力という観点からすれば，統計的情報をその背景まで含めて理解する能力と，統計的情報を社会に向けて発信し，有効に活用していく能力としてとらえることができるだろう。統計的分析法を理解し，利用する能力と同様，これらの2つの能力もまた，**統計リテラシー**（統計的情報に関する読み書き能力）を構成する重要な要素である。社会統計学の学習では，こうした統計リテラシーの3つの要素――①統計的分析法の活用能

力，②統計的情報の読解能力，③統計的情報の発信能力——をバランスよく習得していくことがポイントとなる。さらにいえば，多様な社会調査を企画・実施していくための実践的なノウハウまで含めた，**リサーチ・リテラシー**もあわせて習得していくことが望ましい。統計的情報の多くが社会調査を通じて収集される一方，社会調査の結果もまた統計的情報としてまとめられることが多いので，この2つのリテラシーは，多くの部分で表裏一体の関係にある。

　本章では，この統計リテラシーやリサーチ・リテラシーという観点から，これまでの学習内容を振り返り，調査報告書や論文の読み方・書き方における注意点を述べていくことにしよう。

2　情報化社会と統計リテラシー

2.1　統計リテラシーをめぐる3つの問題

　ここで統計リテラシーやリサーチ・リテラシーの重要性を指摘するのは，現在われわれの暮らす社会が，情報化社会であるからにほかならない。この情報化社会においては，コンピュータやインターネット技術ばかりでなく，統計学もまた，非常に重要な社会的役割を果たしている。そこでは，日常生活におけるあらゆる事象が，統計学の枠組みを通じて測定され，データとして収集・分析されるとともに，そうした結果がまた社会へとフィードバックされ，社会のあり方に大きな影響を与えている。官公庁や企業の活動だけでなく，学校や病院，福祉施設，スーパーマーケットやコンビニエンスストア，交通機関など，統計データが収集・分析されたり，その結果が活用されたりする場面は，現代社会のいたるところでみられるようになってきている。そうした状況において，統計学の考え方や分析法は，自分自身の活動の場を広げたり，今後の社会の動向を予測したりするうえで，ますます有効な手段になってきている。

　しかし，統計リテラシーやリサーチ・リテラシーが求められる事情は，それだけにとどまらない。というのも，情報化社会における統計学の普及・発展は，他方において，統計的情報やその収集方法をめぐる社会問題という意図せざる結果を引き起こしつつあるからである。統計リテラシーやリサーチ・リテ

ラシーは，そうした問題状況においてこそ，よりいっそう強く求められる。ここでは以下に3つの問題を挙げてみよう。

まず第1に挙げられるのは，統計的情報の誤解や誤用，悪用である。統計的情報は，大量の情報の要約という形で示されるために，たとえそれが不適切な方法論や恣意的な解釈によって歪曲されているとしても，ある種の信憑性を帯びてしまう。ましてやその情報が，官公庁やマスコミ，大学の研究室などの機関による場合，人々は容易にその数値を〈真実〉だと考えてしまう傾向がある。しかし実際のところ，統計的情報には，不適切な方法や解釈によって，偏った結果や結論を導いている事例もみられる。統計的リテラシーやリサーチ・リテラシーは，そうした玉石混淆の情報を識別し，より信頼できるものを選んだり，統計的情報の意味を的確に理解したりするうえで欠かすことができない。

第2の問題として，さまざまな団体や個人が社会調査を実施することによって，「調査公害」とも呼ばれる事態が発生するようになった点をあげることができる。このような事態は，たしかに社会調査や統計的分析の有効性が社会的に認知されたために生じている部分もある。しかしその一方で，たんなる組織運営上の建て前や実績作り，あるいは思いつきで，形だけの調査が行われていることも少なくない。そうしたケースでは，リサーチ・リテラシーが欠けているために，利用目的や分析計画が漠然としたまま，いろんな質問が盛り込まれたり，節操なくデータが収集されたりということが行われている。また利用目的が明確で，社会的に必要なものであっても，調査主体が異なるために，対象者からすれば同様の調査を繰り返し行っているように感じられるケースもある。こうした「調査公害」を減らすためには，リサーチ・リテラシーを身につけることで，調査の目的や方法を問い返し，調査項目や対象者を必要最低限に絞り込んでいく必要がある。

第3に，多くの社会調査において回収率や回答率が低下したり，回答の精度が低下したりしているという問題を挙げることができる。この問題は，先に述べた統計的情報の偏りや調査の乱立状況の問題とも，密接に関連している。しかしそれ以上に，この回収率の問題は，社会調査が対象者からの同意や信頼を

調達できなくなってきているという，より本質的な問題を反映している。その背景にあるのは，主として対象者のプライバシー意識の高まりと社会的関心の低下であると考えられる。

2.2 社会への無関心と社会調査

ただし，統計データの収集や分析において，個人情報の漏洩やプライバシーの侵害が実際の問題となることはほとんどない。というのも，統計データは，匿名が基本であり，そもそも個人名がデータとして記載されることがないからである。同窓会名簿や顧客名簿の売買や流用の問題，あるいは社会調査を装った名簿業者の問題などが，社会調査に起因する問題として誤解されているのが実情である。したがって，プライバシー問題に関しては言えば，そうした誤解を払拭するとともに，より心理的不安の少ない調査方法を工夫していくことで問題は解消できるだろう。

むしろ，もう一つの社会への無関心のほうが，社会調査にとっては，よりいっそう深刻な問題である。これまでの社会調査は，対象者個人の善意や社会的関心によって支えられてきた部分が大きかったからである。しかも，非協力者についての問題提起は，かえって非協力者を増やし，問題を大きくしてしまう危険性もある。また，回収率や回答精度の低さが，統計データの不正確さを招き，社会調査への信頼をさらに失わせてしまうという悪循環もみられ始めている。もちろん，これは，調査される側だけの問題ではない。社会調査を行う側にも，誰のための調査か，何のための調査か，ということがあらためて問われなければならない。

ここでとりあげたような問題は，統計リテラシーやリサーチ・リテラシーの普及・向上だけで，すべて解決できる問題ではない。しかし，これらの問題にみられるように，情報化社会においては，調査する側と調査される側の間の溝がますます深まり，複雑化していく傾向にある。統計リテラシーやリサーチ・リテラシーの充実によって，そうした溝を少しでも埋めていくことが求められている。

3 社会的構成物としての調査，データ，報告書

3.1 統計データの社会的構成——調査における選択

　こうした統計リテラシーやリサーチ・リテラシーの習得において基本となるのは，データから分析結果に至るまでの統計的情報が，人間の手によって作られているということを意識することである。統計的情報に接する際には，いったい誰が，どのような目的のもとで，どのようにしてデータを収集し，分析したのか，ということを問い返すことが重要である。このように社会的に構成されたものとして，社会調査や統計データ，報告書をとらえることによって，統計的情報を絶対視せずに，そのよしあしを判断できるようになる。J. ベストは，『統計はこうしてウソをつく』（Best, 2001＝2002）という著書のなかで，こうした**社会的構成**という見方を次のように説明しています。ちょっと読んでみましょう。

　　統計はひとりでに生まれるわけではない。人々が創造しなければならないのだ。現実は込み入っており，統計はどれも，誰かがおこなった要約，複雑な現実を単純化したものである。統計はすべてつくりだされなければならず，そのプロセスでおこなわれるさまざまな選択が常に，出てくる数字を左右し，（中略）その数字を見て私たちが何を理解するのかを左右する。統計をつくりだす人々は定義を選ばなければならない。何を数えたいのかを定義しなければならない。そして，数える方法を選ばなければならない。こうした選択が，あらゆるまともな統計，そしてあらゆるおかしい統計を形づくっている。おかしい統計は私たちの理解をゆがめる形で現実を単純化するが，よい統計は歪曲を最小限に抑える。完璧な統計などないが，他のものほど不完全でないものもある。よかれあしかれ，統計はすべてその生みの親の選択を反映している（Best, 2001＝2002：204）。

　ベストは，このように社会調査や統計的分析のプロセスを，一連の選択のプ

ロセスとしてとらえ，社会的な構成のあり方を主題化している。このように選択に着目することで，統計的情報の意味をより深く理解できるようになる。調査報告書や論文を読むときには，調査者や分析者たちがどのような選択を行ったのか理解し，その選択の適切さを判断していくことが重要になる。このことは，逆に調査報告書や論文を書く側としてみれば，自分たちが行った選択やその理由を，できるだけ明示化していく必要があるということにほかならない。

例えば，調査報告書や論文には，通常，「調査の概要」という形で，調査段階における一連の選択が，要約的に記載されている。調査票調査で言えば，①調査名，②調査主体，③調査目的，④主な調査項目，⑤対象地，対象者，⑥サンプリング方法，⑦調査実施時期，⑧配布・記入・回収の方法，⑨回収率などが示される。このほか，調査依頼の経緯や調査協力者，調査資金の提供団体などが記される場合もある。これらの概要では，基本的に，調査が特定の利害関心や誘導的な意図によって歪められていないことや，事情の許すかぎり合理的な選択を行っていることが示される。

これらの事項のうち，統計データを大きく左右することが多いのは，サンプリング方法や調査票の配布・記入・回収の方法などである。例えば，本書でとりあげてきた2011年の第7回「青少年の性行動全国調査」は，地域を指定したうえで，自記式の集合調査を行っている。これに対して，繁華街の青少年に同じ調査票を書いてもらったり，雑誌の綴じ込みハガキで調査したりすれば，性行動の経験率は，大きく異なることが予想される。これは，このうちの1つの方法が正しくて，他の方法がまったくデタラメであるという単純な話ではない。第7回「青少年の性行動全国調査」では，全国の青少年の「代表的なあり方」をとらえるために，全国から偏りなく調査地点を選び，回収率の高い集合調査法を用いているのである。それぞれの選択には，長所や短所があり，調査の目的や狙いとの関係において評価されなければならない。

3.2　代表的な記述・分析手法

このような調査段階での選択と同様に，集計や分析の段階での選択も比較的わかりやすい。というのも，データの集計や分析の段階における選択は，取り

第15章 講義のまとめ——調査報告書や論文の読み方・書き方

扱う変数の性質（測定尺度）との関連において，おおむね決まってくるからである。表15.1は，標本データを要約する際にとられる方法を，変数の性質ごとにまとめたものである。これら要約の方法については，主に本書の第3章と第4章で学習してきた。

表15.1 標本データの要約の方法

変数の性質	代表値（第4章）	バラツキ	作表（第3章）	作図（第3章）
順序づけできない離散変数	最頻値	多様性指数 質的変動指数	（百分率） 度数分布表	棒（円）グラフ
順序づけできる離散変数	最頻値 中央値	多様性指数 質的変動指数	（百分率） 度数分布表 累積（百分率） 度数分布表	棒（円）グラフ ヒストグラム 度数多角形
連続変数	平均値 中央値 最頻値	範囲 分散 標準偏差	クラス別 （相対）度数 分布表 累積（百分率） 度数分布表	ヒストグラム 度数多角形

表15.2 統計的分析法の選択

	従属変数	独立変数	本書で学習した分析法	その他の分析法
独立変数と従属変数の区別あり	離散変数	離散変数	クロス集計表分析（第5章，第6章），関連係数（第12章），多重クロス表分析（第13章，第14章）	ログリニア分析，順位相関，数量化Ⅱ類
	離散変数	連続変数		判別分析，ロジスティック回帰分析，プロビット分析
	連続変数	離散変数	t検定（第8章），分散分析（第9章）	
	連続変数	連続変数	相関係数（第10章），回帰分析（第11章）	重回帰分析，パス解析，共分散構造分析
	連続変数	混在		共分散分析，生存時間分析
区別なし	離散変数			数量化Ⅲ類，対応分析，多次元尺度法
	連続変数			主成分分析，因子分析，クラスター分析

（注）盛山（2004a）などをもとに作成した。

また，表15.2では，本書で学習してきた分析法に加えて，SPSS などの統計パッケージソフトで利用できる多変量解析法についても，独立変数と従属変数の性質ごとに分類している。調査報告書や論文を書く場合には，どのようなモデルのもとで，どのような分析法を選んだのかという選択を明らかにする必要がある。また，これに加えて，仮説検定の際に用いた検定法と有意水準（通常は5％か1％）も示さなければならない。なお，ここで挙げた多変量解析の方法には，離散変数か連続変数かという条件以外にも，一定の制約がある場合もあるので，参考書などで今後学習していく際には，そうした点にも注意していく必要がある。

　他方，調査報告書や論文にはあまり明示されず，読む側からするとわかりにくい選択のプロセスもある。例えば，欠損値処理やデータの加工，分析テーマなどに関する選択である。不明回答や無回答がどの程度あってどう処理したのか，どのように調査票の選択肢をまとめたり，得点化したりしたのか，なぜこのデータが図表化され，他のデータは図表化されていないのかなどの点は，調査データが公開されないかぎり，読者からはなかなか判断できない。しかし，このような点についても，見解の異なる読者を説得するうえで重要だと思われるものについては，自分のとった選択やその理由を明らかにしていくことが望ましい。

　ここでとりあげた点以外にも，調査仮説の構成段階における概念やその操作化，調査票作成段階における質問文や選択肢の作成，配列など，統計的情報は実に多くの選択によって成り立っている。それぞれの選択の特徴や注意すべき点などについては，調査方法論や調査実習などの授業を通じて，より詳しく学習していく必要があるだろう。ここでは以下の節において，これらの選択を大きく歪ませてしまう要因に言及しながら，統計的情報をめぐる典型的な誤解や誤用をいくつかとりあげてみよう。

４　記述レベルでの誤解と誤用

　本書で繰り返し述べてきたように，社会調査の目的は，社会事象の「記述」

と「説明」にある。学術研究のための調査であれ，福祉事業や営業戦略のための調査であれ，この点は，基本的に変わらないはずである。事実認識の誤りや因果関係の誤解は，せっかくの調査を台なしにするだけでなく，事業計画や営業計画にまで悪影響を与え，ときには組織体の運営を危うくしてしまうことさえある。

　にもかかわらず，社会調査を通じて誤った統計的情報が作りだされるケースは決して少なくない。谷岡一郎は，社会調査を行う調査主体を，学者，政府・官公庁，社会運動グループ，マスコミの4つのグループに分け，それぞれのグループの利害関心に焦点を当てながら，歪曲の要因や方法を具体的に明らかにしている（谷岡，2000）。彼の議論を大まかに整理してみると，①補助金や研究費，予算，スポンサーなどのお金の問題，②特定の政策やイデオロギーの支持・正当化の問題，③人々の注目や評価を得ようとするセンセーショナリズム，④アリバイ作りの調査や調査発表の受け売りなど手抜きの問題，などが歪曲の要因としてあげられている。そしてさらに，谷岡は，これらの歪曲が許容される構造的要因として，リサーチ・リテラシーをめぐる教育体制の不備や，調査機関や論文に対する審査体制の不在などを指摘している（谷岡，2000）。

　もちろん，これらの問題から完全に自由になることは難しい。しかし，統計的情報の歪曲をできるだけ回避していくことは決して難しいことではない。というのも，統計的情報の歪曲には，調査方法や分析法をめぐる誤解や誤用，悪用が含まれていることが多いからである。その典型的なパターンを知っておけば，偏った統計的情報を作りだしたり，逆に偏った統計的情報に踊らされたりする危険性は，大きく低下するはずである。ここでそのパターンすべてを示すことはできないが，記述レベルと説明レベルに分けて，それぞれの典型的な誤りを示すことにしたい。

4.1　数を誇張する

　統計的情報に関して最も多い歪曲は，数の多さや比率の高さを誇張するというタイプのものです。この種の歪曲の背景には，社会調査を署名や投票行動と混同して，数の多さや比率の高さを，そのまま特定の政策や主張の正しさと結

びつけようとする間違った考えが存在している。また，医療や福祉，教育，農業などの分野では，補助金や予算獲得のために，過大申告や過少申告が積み重ねられ，統計的情報が全体的に歪んでいることもある。このように数の誇張は，単純な動機によることが多いので，誰が，どのような目的でデータ収集を行い，どのように利用しているのかを問い返せば，比較的簡単に，そのカラクリに気づくだろう。

例えば，調査データに関していえば，恣意的なサンプリングが行われていたり，誘導的な質問文やバランスを欠いた選択肢が設定されていることがある。あるいは，狙いどおりの結果が得られなかったためか，もとの選択肢を強引にまとめたり，一部分だけ切り取ったグラフを作成するなどして，数の多さを誇張しているようなケースがみられる。

4.2 思い込み

通常，統計的情報は，人間のあいまいな認識をより正確なものにしたり，誤った思い込みを補正するのに役立つ。しかし逆に，誤った思い込みをもとに社会調査が行われ，それを補強するような形で調査データが解釈されていくこともある。この場合の誤りは，質問文の作成や統計的分析法の選択にあるのではない。調査データの示す全体的な動向に目が向けられずに，自説を支持する部分だけが限定的に焦点化されてしまうことが問題である。このように，分析テーマやデータ解釈の選択に関して，無自覚のまま，誤りを犯していることが多い。しかも，思い込みが社会通念となっているような場合には，他者からの指摘もなく，問題が発見されにくい。

例えば，苅谷剛彦は，「ゆとり教育」への転換のもとになった「過度の受験競争」という認識が，1960年代以降の入学率の推移や中高生の生活スタイルからみると，かなりの部分思い込みであったことを明らかにしている（苅谷，2002）。しかもそれ以前から，「灰色の受験生活」をテーマとした調査研究が盛んに行われたが，意外に健全だった受験生のあり方には，なかなか目が向けられなかった経緯を指摘している。このように社会的関心事や社会通念となっているテーマに関して，思い込みの呪縛から逃れることは簡単ではない。

4.3 操作的定義と暗数問題

　統計的情報をめぐる記述レベルでの誤解や誤用の一つとして，操作的定義の問題をあげることができる。社会事象には，測定しにくい事柄やそもそも測定できない事柄がある。そのようなときには，概念を操作化して，測定可能な変数を用いることがある。したがって，理論上の概念と用いられる変数の間には，多かれ少なかれズレが存在している。問題なのは，こうした両者のズレが忘れられたまま，記述や説明が展開されてしまうことである。

　例えば，犯罪件数には，**暗数**と呼ばれる認知されない犯罪件数が含まれるために，そのままでは測定不能である。警察に通報されなかった犯罪や，警察庁や法務省による公式データに記載されていない犯罪の件数を知ることは，原理的に不可能なことである。したがって，犯罪動向などに関しては，公式データの示す認知件数や検挙件数から判断するしかない。ところが，認知件数や検挙件数が増加した場合でも，犯罪件数が増加したのか，防犯体制の強化などによって認知件数や検挙件数だけが増加したのか，容易には判断できないのである。さらに，法律の改正による定義の変更や分類基準の変更なども伴うために，犯罪統計をめぐる事態はよりいっそう複雑になる。そうしたなかで，河合幹雄は，「凶悪犯罪が近年増加している」という認識が，自転車盗（占有離脱物横領）についての認知件数を含めたことなどによる誤解であることを明らかにしている（河合，2004）。そして，殺人や強盗，強姦（性的暴行）などの認知件数に関して言えば，現在の水準は，1960年前後の認知件数に遠く及ばないことを示している。

4.4 平均値をめぐる誤解・誤用

　平均値をめぐる誤解や誤用は，第4章で学んだような代表値に関する基礎的な知識を有していれば，避けることができる。平均値をめぐる誤解は，それが最頻値や中央値とあまり変わらない値であるという誤解から生まれる。しかし，この3つの代表値が等しくなるのは，山が1つで完全に左右対称にデータが分布している正規分布のときだけである。それ以外のときには，この3つの代表値は，それぞれ異なった値をとることになる。とくに，平均値は外れ値の

影響を大きく受けるので，そうした分布のときには，平均値を安易に代表値として用いないよう注意すべきである。

平均値をめぐる誤解には，このほか，平均値を「正常値」や「要求される水準値」と考える誤解がある（盛山，2004a）。このような誤解は，正常なものと異常なもの，多数派と少数派とを分ける基準値として，誤って平均値を利用することによって生じている。この誤りは自体は，非常に稚拙なものであるが，しかし同時に，統計データの収集や分析をめぐるより大きな問題を示唆している。というのも，統計データは，たとえどのように意義のある目的のために収集・分析されたものであっても，社会的な序列や価値づけの尺度として誤解されたり，ときには選別や差別化する際の基準に転用されたりすることもある。このように倫理的に問題のある誤解や誤用を避けるためにも，統計リテラシー教育の充実が望まれている。

5 説明レベルでの誤解と誤用

では引き続いて，説明レベルでの誤解や誤用についてとりあげてみよう。説明レベルで生じる統計的情報の誤解や誤用は，特定の利害関心による歪曲というよりは，むしろ統計データや社会調査の特性と，人間の認知や思考のパターンとのズレから生じていることが多い。その場合，データの制約や限界が無視されてしまうのである。

5.1 時間比較——時代効果と加齢効果，コーホート効果

異文化間で比較研究が行われる場合には，質問文や選択肢が同じ意味になっているかなど，慎重な配慮が施されたうえで，調査が行われていることが多い。しかし，実際には，そうした比較する基準をもたない統計データや調査結果に対しても，人々は，比較するまなざしでこれをとらえたり，さらに因果関係や歴史的方向性を読み込んで拡大解釈していたりする。

典型的なのは，年代別の平均値に差のあるデータから時代変化による影響を読み取ったり，階層間格差を示す1時点のデータから格差の拡大傾向を指摘し

第15章　講義のまとめ——調査報告書や論文の読み方・書き方

たりする時間比較の誤りである。そうした因果関係や歴史的変化の方向性は，少なくとも2時点以上にまたがった縦断的調査が行われていなければ，判断できないはずである。にもかかわらず，時間ラベルを持たない統計データに対しても，時間ラベルを付与した解釈が行われていることが多い。

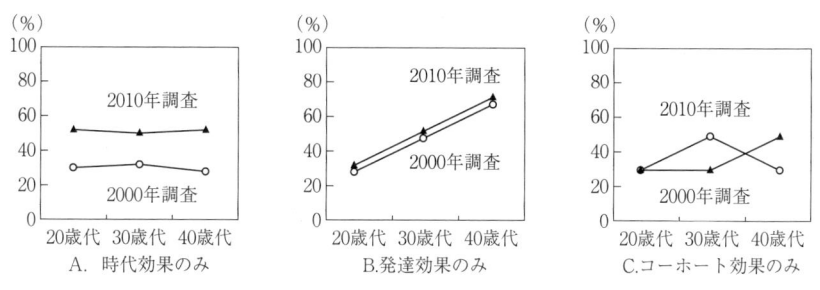

図15.1　時代効果と発達効果，コーホート効果の対照

A．時代効果のみ　　B．発達効果のみ　　C．コーホート効果のみ

仮に2時点以上の調査が行われている場合でも，平均値や回答率の変化が，時代（社会）が変わったことが影響しているのか，対象者の加齢による変化が影響しているのか，特定のコーホート（年齢集団）のもつ特性であるのか，判断することは容易ではない。図15.1は，それぞれの影響が単独でみられた場合のパターンを図式化したものである。時代の変化が，どの年代の対象者にも大きく影響を与えている場合には，図中のAのように，調査年次ごとの結果に平行関係がみられるはずである。逆に，加齢効果だけがある場合には，Bのように，調査年次による違いはみられず，年代ごとの違いだけがみられる。また，コーホート効果がある場合には，Cのように，2000年調査時点での30代のグループが，2010年調査時点の40代のグループになるので，調査年次とともに特徴のある年齢集団が動いていくことになる。ただし実際には，それぞれの効果が重複したり，交互作用がみられたりする場合もあるので，さらに慎重な判断が必要となる。

また時間比較に関しては，個人的な印象論や体験論から過去の状況を想定することで，現時点のデータから時代効果や歴史的変化を指摘することもしばしば行われている。こうした議論は，過去の状況の把握が適切なのかという点や，現在から過去への遡及的変化をもとに未来の方向性を判断できるのかと

249

いう点などの問題をはらんでいる。

このような憶測による時間比較が行われるのは，新しい社会状況を事前に予測して社会調査を行うことが困難だからである。タイムマシンに乗って過去の調査をやり直さない限り，現在までの〈変化〉をうまく捉えるための基点となるデータを，過去の社会調査から収集しにくいという事情がある。

5.2　関連性と因果関係

これまで本書では，クロス集計や相関係数，回帰分析，さらにはエラボレーションの学習などを通じて，いくつかの因果推論の方法を学んできました。ここ注意しなければならないのは，これらの方法が，2変数間の関連性（共変動）という因果関係の必要条件をもとにした推論であるという点である。したがって，2変数の間の操作仮説が，統計的検定によって支持された（帰無仮説が棄却された）としても，その因果関係が確定するわけではない。

因果関係が存在するというためには，たんに2変数の間に関連性が存在するというだけでは不十分である。少なくとも，2変数の間に時間的順序が存在しなければならないし，他のすべての影響を取り払ったとしても，2変数間の関連性が見いだされるはずである。ただし，これら2つの点に関しては，統計データだけではなかなか結論付けられないことも多い。また，エラボレーションの個所で学習したように，2変数間の関連が疑似相関であったり，別の因果関係の解釈が成り立つ可能性もある（第13章，第14章参照）。

ただし，ここで誤解してならないのは，2変数間の関係について，関連性に限定した弱い表現をしたところで，何も問題は解決しないということである。社会事象についての因果的説明を行おうとするのであれば，むしろ，2変数間の因果関係について，さらに真偽を明らかにするための手続きを考案したり，競合する別の因果図式の可能性について検討するほうが，はるかに建設的な方法である。

5.3　統計的3段論法

盛山和夫は，統計的情報に関する誤った推測のパターンとして，統計的3段

論法を指摘している（盛山，2004a）。「人間は死を免れない」「ソクラテスは人間である」「よってソクラテスは死を免れない」という論理的な3段論法は正しいが，こうした3段論法を統計的情報に適用してはいけない。例えば，次のような3段論法を考えることができる。

① X と t には関連がある。
② Y と t には関連がある。
③ よって，X と Y にも関連があるはずだ。

これらの命題に関して，①と②が真であるとしても，③が必ずしも真ではないというのが，統計的関連の特徴である。図15.2では，第14章で用いたベン図を利用して，このことを示している。この図のAの場合のように，X と t，Y と t の間に関連がみられても，X と Y はまったく無関係の場合がある。Bの場合も同じように，X と t，Y と t の間に関連がみられるが，X と Y の間に直接の関連はない。ただし，t による説明もしくは媒介という間接的関連がある点では，Aとは異なる。他方，Cの場合では，直接的な関連も，間接的な関連もともに存在している。

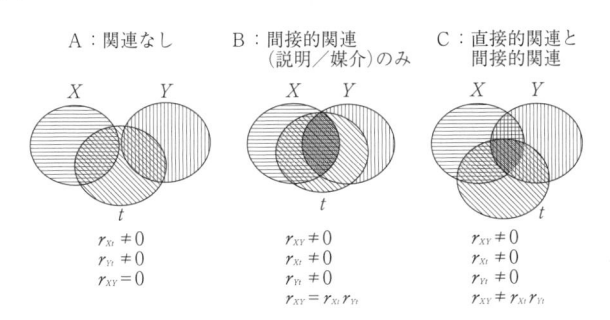

A：関連なし　　B：間接的関連　　　C：直接的な関連と
　　　　　　　　　（説明／媒介）のみ　　間接的関連

$r_{Xt} \neq 0$　　　$r_{XY} \neq 0$　　　$r_{XY} \neq 0$
$r_{Yt} \neq 0$　　　$r_{Xt} \neq 0$　　　$r_{Xt} \neq 0$
$r_{XY} = 0$　　　$r_{Yt} \neq 0$　　　$r_{Yt} \neq 0$
　　　　　　　　　$r_{XY} = r_{Xt} r_{Yt}$　　$r_{XY} \neq r_{Xt} r_{Yt}$

図15.2 統計的3段論法の誤り

このように，X と Y の関連の有無は，①と②の命題から演繹できない。しかも，第13章や第14章でも学んだように，たとえ X と Y に関連がみられたとしても，エラボレーションを行って，その関連が見せかけでないのかを確認していく必要がある。しかも，盛山の言うように，「統計的関連の連鎖は，連鎖が長ければ長いほど，関連を弱めていく」（盛山，2004a，p.275）という特徴もみられる。この点もまた，人間の思考様式と統計的情報の特性の違いとみるこ

とができるだろう。

6 まとめ
――統計リテラシーのステップアップのために――

　以上，本章では，統計リテラシーやリサーチ・リテラシーの観点に着目しながら，調査報告書や論文の読み方・書き方における注意点を述べてきた。そして，社会調査や統計的分析が，さまざまな選択から成り立っていること，その意味で統計的情報も社会的構成物であることを強調してきた。人間の選択によって構成される以上，統計的情報にもさまざまな偏りや誤りが含まれている可能性はある。しかし同時に，そうした誤りを回避し，より適切な選択を行っていくことで，よりよい統計的情報を構成していくことも可能である。

　本章での学習をもとに，これからさらに学習を進めていく方向としては，主に3つの方向が考えられる。1つには，表15.2で示したような多変量解析へと学習を進めていく方向である。最近では統計パッケージソフトを用いて，非常に高度な分析もパソコンで簡単にできるようになってきた。ただし，注意しなければならないのは，いかに高度な分析法も，しっかりした調査データや，豊かな社会観・人間観に裏打ちされなければ無意味だということである。多変量解析を学習するメリットは，あくまで統計的分析法における選択の幅を広げることにある。分析法の選択肢が増えることで，より複雑な変数間の関係を分析したり，逆にそうした分析をあらかじめ念頭において調査設計するということが可能になる。

　2つ目の方向は，本章でも繰り返し強調してきたように，リサーチ・リテラシーの学習を進めていくという方向である。社会調査がどのように設計され，データがどのようにして収集されていくのか，その具体的ノウハウを身につけて初めて，統計的分析を生かすことができる。先人の経験から学ぶためにも，社会調査の歴史や先行研究に触れておくことが重要である。こうしたリサーチ・リテラシーの学習を総合的に行いながら，社会調査士や専門社会調査士の資格の取得を目指すのもよいだろう。

　そして3つ目に，社会観や人間観を深めていくために，読書や社会経験を積

み重ねていくことが求められる。もし社会や人間について，表面的な理解しか持ち合わせていないのなら，調査や分析をいくら繰り返したところで，生まれてくるのはせいぜい常識のコピーにすぎない。もちろん，社会学や心理学の学説だけでなく，小説や映画も含めて，さまざまな社会像や人間像に触れておくことが重要であるように思われる。また，さまざまな土地に足を運び，そこで暮らす人々とコミュニケーションをとり，その生活ぶりや考え方に触れてみることも大事だろう。有名な社会調査の行われた地域に足を運ぶのもおもしろいかもしれない。そうした読書や社会的経験が，統計リテラシーやリサーチ・リテラシーをより豊かなものにしていくにちがいない。また，このような学習によって，社会統計学や社会調査に新しいビジョンがもたらされるかもしれない。

もともと近代の統計学 Statistics は，死亡や出生など，国家 State の趨勢を記述する国状学（国勢学）として，17世紀のヨーロッパで始まった（田栗，2005）。それは，たんに国家や社会の発展を記述するだけでなく，疫学研究や貧困調査への応用にみられるように，統計学自体が人類の進歩と幸福を約束しているようにさえ思われた。統計学の発展と普及のプロセスは，自然科学の発展ばかりでなく，社会の合理化や民主化，平等化などのプロセスとも符合していたからである。

しかし，21世紀に入った現在，統計的方法が社会の隅々にまで浸透し，分析法がさらに高度に発展しつつあるなかで，統計学や社会調査のあり方は，1つの大きな転機を迎えつつあるようにも思われる。統計データに関する収集や分析，評価などの活動が肥大化していく一方で，日常生活からゆとりが奪われ始めているようにも感じられるからである。奪われているのはなにも時間だけではない。より深刻なのは，社会統計学や社会調査からビジョンが失われつつあることである。

例えば大学では，すべての授業で学生による授業アンケートが行われるだけでなく，さまざまな団体による外部評価や，教員自身による自己評価も行われるようになってきた。こうしたデータの収集活動が，本当に教育や研究活動の改善に結びつくのであればよいが，必ずしもそうではないことが多い。「よい授業（研究）とは何か」，「誰がどのようにして評価すべきなのか」といった問

いや理念が置き去りにされたまま，声の大きさや板書の丁寧さなど，便宜的な尺度を用いた測定や評価が，繰り返されているにすぎないからである。このような調査は，便宜的な尺度からみて，「よくない」授業を排除することには結びつくが，必ずしも「よい」授業を増やすのに役立つわけではない。

このような事態は，なにも大学に限らず，日本社会のいたるところで起こり始めている。何のため，誰のためのデータなのか。誰が，どのような観点から，記述や説明を行うのが望ましいのか。その優劣はどのように判断されるべきなのか。データの提出や調査協力は，どの程度まで求めることができるのか。データの収集や分析における調査倫理はもちろんのこと，こうした社会統計学や社会調査に関する哲学もまた，こんにち強く求められているように思われる。

---- ■コラム⑬■ ----

「社会調査士」とは，どのような資格でしょうか。
どうすれば取得できますか。

社会調査に関する教育体制を整備し，科学的な社会調査を担う人材育成を組織化するために，日本教育社会学会，日本行動計量学会，日本社会学会の3学会がもとになり，2003年11月に「社会調査士資格認定機構」が作られました。そして，社会調査に関する一定の知識や技術，倫理を取得した者に対して「社会調査士」，「専門社会調査士」という資格の認定を行っていくことになったのです。

「社会調査士」は，一定のカリキュラムを履修することで大学卒業時に取得できる資格であり，調査企画から報告書作成までの社会調査の全過程を学習し，基本的な調査方法や分析手法の妥当性，またその問題点を指摘する能力が求められます。他方，「専門社会調査士」は，大学院修了時もしくは論文審査によって認定される資格であり，多様な調査手法を用いた調査企画能力，実際の調査を運営管理する能力，高度な分析手法による報告書執筆などの実践能力が求められます。

現在，これらの資格認定は，一般社団法人「社会調査協会」によって行われています。社会調査協会は，社会調査にかんする教育体制の整備や技術的水準の向上を計るだけでなく，次のような形で社会調査にかんする倫理の徹底も求めています。

第1条　社会調査は，常に科学的な手続きにのっとり，客観的に実施されなければならない。会員は，絶えず調査技術や作業の水準の向上に努めなければならない。

第2条　社会調査は，実施する国々の国内法規及び国際的諸法規を遵守して実施されなければならない。会員は，故意，不注意にかかわらず社会調査に対する社会の信頼を損なうようないかなる行為もしてはならない。

第3条　調査対象者の協力は，自由意志によるものでなければならない。会員は，調査対象者に協力を求める際，この点について誤解を招くようなことがあってはならない。

第4条　会員は，調査対象者から求められた場合，調査データの提供先と使用目的を知らせなければならない。会員は，当初の調査目的の趣旨に合致した2次分析や社会調査のアーカイブ・データとして利用される場合および教育研究機関で教育的な目的で利用される場合を除いて，調査データが当該社会調査以外の目的には使用されないことを保証しなければならない。

第5条　会員は，調査対象者のプライバシーの保護を最大限尊重し，調査対象者との信頼関係の構築・維持に努めなければならない。社会調査に協力したことによって調査対象者が不利益を被ることがないよう，適切な予防策を講じなければならない。

第6条　会員は，調査対象者をその性別・年齢・出自・人種・エスニシティ・障害の有無などによって差別的に取り扱ってはならない。調査票や報告書などに差別的な表現が含まれないよう注意しなければならない。会員は，調査の過程において，調査対象者および調査員を不快にするような性的な言動や行動がなされないよう十分配慮しなければならない。

第7条　調査対象者が年少者である場合には，会員は特にその人権について配慮しなければならない。調査対象者が満15歳以下である場合には，まず保護者もしくは学校長などの責任ある成人の承諾を得なければならない。

第8条　会員は，記録機材を用いる場合には，原則として調査対象者に調査の前または後に，調査の目的および記録機材を使用することを知らせなければならない。調査対象者から要請があった場合には，当該部分の記録を破棄または削除しなければならない。

第9条　会員は，調査記録を安全に管理しなければならない。とくに調査票原票・標本リスト・記録媒体は厳重に管理しなければならない。

───▓▓▓コラム⑭▓▓▓───

データアーカイブが最近，利用できると聞きましたが，
どのようにしたら利用できるのでしょうか。

　量的調査においてデータを収集する方法にもいくつかあります。学術的な量的調査の場合，さまざまな機関から研究費や研究助成金を得て，研究組織（研究会）などをつくって，実際に調査票をもちいた調査（面接調査や郵送調査など）を行うことが一般的です。しかし，研究資金もなければ，研究組織にも属さない個人の場合，大規模な調査票調査を実施し，大量のデータを収集することは困難であると考えられます。

　しかし，最近では，学術的調査の素データがデータアーカイブとして整備され，公開されるようになりました。こうした公開データの再分析（**2次分析**と言われます）には，①自ら国際比較のためのデータや全国レベルのデータの収集をする必要がなく，そのコストが節約できるので，研究費の確保が困難な学生や若手研究者にとっては有り難い，②また「課題の設定や仮説の構築」「データ分析にもとづく仮説の検証」に集中できる，③多くの研究者が共通のデータをもとに分析することで，結果の比較・検討が可能になる，など，研究資源の有効な活用を促すというメリットがあります（佐藤・石田・池田，2000）。

　実際，本書では例示に㈶日本性教育協会が2011年に実施した第7回「青少年の性行動全国調査」のデータを使用しますが，このデータも，東京大学社会科学研究所附属社会調査・データアーカイブ研究センターのデータアーカイブ SSJDA」（http://ssjda.iss.u-tokyo.ac.jp/）および札幌学院大学の「社会・意識調査データベース SORD」（http://sord-svr.sgu.ac.jp/）から所定の手続きを踏めば，無料で入手できます。その際，SSJDA の場合，ウェブサイトからまず利用者登録をし（なお，学生の場合，指導教員があらかじめ登録しておく必要があります），パスワード（2年間有効）の交付を受けます。次に ID（メールアドレス）とパスワードでログインし，「利用申請」のページから利用したいデータを探して，利用申請をします。なお，詳しい利用申請の仕方は，ウェブサイトにある「利用マニュアル」を参照して下さい。

　データは SPSS（Statistical Package for Social Science）という統計パッケージで分析可能な形で提供されていますから，SPSS に関する知識があれば，本書で行う分析は実際に自分のパソコンでも行うことができます。これらのデータベースには，「青少年の性行動全国調査」の第2回調査（1981年）から第7回調査（2011年）までのデータが収録されていますから，この30年間に日本の青少年（中学生・高校生・大学生）の性行動や意識がどのように変わったのかという時系列的な比較・検討を行う

ことも可能です (2015年7月現在)。

　また，東京大学社会科学研究所の SSJDA には，日本を代表する全国調査，たとえば「社会階層と社会移動全国調査（SSM 調査）」や「日本版総合的社会調査（JGSS 調査）」，「全国家族調査（NFRJ 調査）」なども登録されており，研究者の研究だけでなく，大学院生・学生の論文の作成にも利用できるようになっています。

付表A カイ二乗分布表：カイ二乗検定での主な限界値

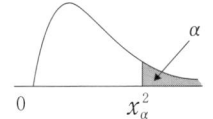

自由度 (df)	有意水準 (α) 0.10	0.05	0.01
1	2.706	3.841	6.635
2	4.605	5.991	9.210
3	6.251	7.815	11.345
4	7.779	9.488	13.277
5	9.236	11.070	15.086
6	10.645	12.592	16.812
7	12.017	14.067	18.475
8	13.362	15.507	20.090
9	14.684	16.919	21.666
10	15.987	18.307	23.209
11	17.275	19.675	24.725
12	18.549	21.026	26.217
13	19.812	22.362	27.688
14	21.064	23.685	29.141
15	22.307	24.996	30.578
16	23.542	26.296	32.000
17	24.769	27.587	33.409
18	25.989	28.869	34.805
19	27.204	30.144	36.191
20	28.412	31.410	37.566
21	29.615	32.671	38.932
22	30.813	33.924	40.289
23	32.007	35.172	41.638
24	33.196	36.415	42.980
25	34.382	37.652	44.314
26	35.563	38.885	45.642
27	36.741	40.113	46.963
28	37.916	41.337	48.278
29	39.087	42.557	49.588
30	40.256	43.773	50.892
40	51.805	55.758	63.691
50	63.167	67.505	76.154
60	74.397	79.082	88.379
70	85.527	90.531	100.425
80	96.578	101.879	112.329
100	118.498	124.342	135.807

（出典）岩永雅也・大塚雄作・高橋一男，2001，『〔改訂版〕社会調査の基礎』放送大学教育振興会の数表3をもとに作成したもの。

付表B 正規分布表：標準正規分布において0から z の間の値が生起する確率（面積：p）

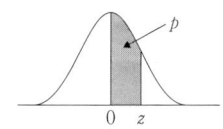

z	.00	.01	.02	.03	.04	.05	.06	.07	.08	.09
0.0	.0000	.0040	.0080	.0120	.0160	.0199	.0239	.0279	.0319	.0359
0.1	.0398	.0438	.0478	.0517	.0557	.0596	.0636	.0675	.0714	.0753
0.2	.0793	.0832	.0871	.0910	.0948	.0987	.1026	.1064	.1103	.1141
0.3	.1179	.1217	.1255	.1293	.1331	.1368	.1406	.1443	.1480	.1517
0.4	.1554	.1591	.1628	.1664	.1700	.1736	.1772	.1808	.1844	.1879
0.5	.1915	.1950	.1985	.2019	.2054	.2088	.2123	.2157	.2190	.2224
0.6	.2257	.2291	.2324	.2357	.2389	.2422	.2454	.2486	.2517	.2549
0.7	.2580	.2611	.2642	.2673	.2704	.2734	.2764	.2794	.2823	.2852
0.8	.2881	.2910	.2939	.2967	.2995	.3023	.3051	.3078	.3106	.3133
0.9	.3159	.3186	.3212	.3238	.3264	.3289	.3315	.3340	.3365	.3389
1.0	.3413	.3438	.3461	.3485	.3508	.3531	.3554	.3577	.3599	.3621
1.1	.3643	.3665	.3686	.3708	.3729	.3749	.3770	.3790	.3810	.3830
1.2	.3849	.3869	.3888	.3907	.3925	.3944	.3962	.3980	.3997	.4015
1.3	.4032	.4049	.4066	.4082	.4099	.4115	.4131	.4147	.4162	.4177
1.4	.4192	.4207	.4222	.4236	.4251	.4265	.4279	.4292	.4306	.4319
1.5	.4332	.4345	.4357	.4370	.4382	.4394	.4406	.4418	.4429	.4441
1.6	.4452	.4463	.4474	.4484	.4495	.4505	.4515	.4525	.4535	.4545
1.7	.4554	.4564	.4573	.4582	.4591	.4599	.4608	.4616	.4625	.4633
1.8	.4641	.4649	.4656	.4664	.4671	.4678	.4686	.4693	.4699	.4706
1.9	.4713	.4719	.4726	.4732	.4738	.4744	.4750	.4756	.4761	.4767
2.0	.4772	.4778	.4783	.4788	.4793	.4798	.4803	.4808	.4812	.4817
2.1	.4821	.4826	.4830	.4834	.4838	.4842	.4846	.4850	.4854	.4857
2.2	.4861	.4864	.4868	.4871	.4875	.4878	.4881	.4884	.4887	.4890
2.3	.4893	.4896	.4898	.4901	.4904	.4906	.4909	.4911	.4913	.4916
2.4	.4918	.4920	.4922	.4925	.4927	.4929	.4931	.4932	.4934	.4936
2.5	.4938	.4940	.4941	.4943	.4945	.4946	.4948	.4949	.4951	.4952
2.6	.4953	.4955	.4956	.4957	.4959	.4960	.4691	.4962	.4963	.4964
2.7	.4965	.4966	.4967	.4968	.4969	.4970	.4971	.4972	.4973	.4974
2.8	.4974	.4975	.4976	.4977	.4977	.4978	.4979	.4979	.4980	.4981
2.9	.4981	.4982	.4982	.4983	.4984	.4984	.4985	.4985	.4986	.4986
3.0	.4987	.4987	.4987	.4988	.4988	.4989	.4989	.4989	.4990	.4990

（出典）岩永雅也・大塚雄作・高橋一男，2001，『〔改訂版〕社会調査の基礎』放送大学教育振興会の数表1をもとに作成したもの。

付　表

付表C　t分布表：t検定での主な限界値

A. 両側検定　　　　B. 片側検定

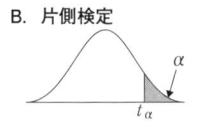

自由度	両側検定	0.20	0.10	0.05	0.02	0.010
	片側検定	0.10	0.05	0.025	0.01	0.005
1		3.078	6.314	12.706	31.821	63.657
2		1.886	2.920	4.303	6.965	9.925
3		1.638	2.353	3.182	4.541	5.841
4		1.533	2.132	2.776	3.747	4.604
5		1.476	2.015	2.571	3.365	4.032
6		1.440	1.943	2.447	3.143	3.707
7		1.415	1.895	2.365	2.998	3.499
8		1.397	1.860	2.306	2.896	3.355
9		1.383	1.833	2.262	2.821	3.250
10		1.372	1.812	2.228	2.764	3.169
11		1.363	1.796	2.201	2.718	3.106
12		1.356	1.782	2.179	2.681	3.055
13		1.350	1.771	2.160	2.650	3.012
14		1.345	1.761	2.145	2.624	2.977
15		1.341	1.753	2.131	2.602	2.947
16		1.337	1.746	2.120	2.583	2.921
17		1.333	1.740	2.110	2.567	2.898
18		1.330	1.734	2.101	2.552	2.878
19		1.328	1.729	2.093	2.539	2.861
20		1.325	1.725	2.086	2.528	2.845
21		1.323	1.721	2.080	2.518	2.831
22		1.321	1.717	2.074	2.508	2.819
23		1.319	1.714	2.069	2.500	2.807
24		1.318	1.711	2.064	2.492	2.797
25		1.316	1.708	2.060	2.485	2.787
26		1.315	1.706	2.056	2.479	2.779
27		1.314	1.703	2.052	2.473	2.771
28		1.313	1.701	2.048	2.467	2.763
29		1.311	1.699	2.045	2.462	2.756
30		1.310	1.697	2.042	2.457	2.750
40		1.303	1.684	2.021	2.423	2.704
60		1.296	1.671	2.000	2.390	2.660
80		1.292	1.664	1.990	2.374	2.639
100		1.290	1.660	1.984	2.364	2.626
120		1.289	1.658	1.980	2.358	2.617
200		1.286	1.653	1.972	2.345	2.601
10000		1.282	1.645	1.960	2.327	2.576

（出典）岩永雅也・大塚雄作・高橋一男，2001，『〔改訂版〕社会調査の基礎』放送大学教育振興会の数表2をもとに作成したもの。

付表D-1 F分布表：F検定での主な限界値（片側検定の有意水準 $\alpha = 0.05$）

v_2 \ v_1	1	2	3	4	5	6	7	8	9	10	11
1	161.45	199.50	215.71	224.58	230.16	233.99	236.77	238.88	240.54	241.88	242.98
2	18.51	19.00	19.16	19.25	19.30	19.33	19.35	19.37	19.38	19.40	19.40
3	10.13	9.55	9.28	9.12	9.01	8.94	8.89	8.85	8.81	8.79	8.76
4	7.71	6.94	6.59	6.26	6.26	6.16	6.09	6.04	6.00	5.96	5.94
5	6.61	5.79	5.41	5.19	5.05	4.95	4.88	4.82	4.77	4.74	4.70
6	5.99	5.14	4.76	4.53	4.39	4.28	4.21	4.15	4.10	4.06	4.03
7	5.59	4.74	4.35	4.12	3.97	3.87	3.79	3.73	3.68	3.64	3.60
8	5.32	4.46	4.07	3.84	3.69	3.58	3.50	3.44	3.39	3.35	3.31
9	5.12	4.26	3.86	3.63	3.48	3.37	3.29	3.23	3.18	3.14	3.10
10	4.96	4.10	3.71	3.48	3.33	3.22	3.14	3.07	3.02	2.98	2.94
11	4.84	3.98	3.59	3.36	3.20	3.09	3.01	2.95	2.90	2.85	2.82
12	4.75	3.89	3.49	3.26	3.11	3.00	2.91	2.85	2.80	2.75	2.72
13	4.67	3.81	3.41	3.18	3.03	2.92	2.83	2.77	2.71	2.67	2.63
14	4.60	3.74	3.34	3.11	2.96	2.85	2.76	2.70	2.65	2.60	2.57
15	4.54	3.68	3.29	3.06	2.90	2.79	2.71	2.64	2.59	2.54	2.51
16	4.49	3.63	3.24	3.01	2.85	2.74	2.66	2.59	2.54	2.49	2.46
17	4.45	3.59	3.20	2.96	2.81	2.70	2.61	2.55	2.49	2.45	2.41
18	4.41	3.55	3.16	2.93	2.77	2.66	2.58	2.51	2.46	2.41	2.37
19	4.38	3.52	3.13	2.90	2.74	2.63	2.54	2.48	2.42	2.38	2.34
20	4.35	3.49	3.10	2.87	2.71	2.60	2.51	2.45	2.39	2.35	2.31
21	4.32	3.47	3.07	2.84	2.68	2.57	2.49	2.42	2.37	2.32	2.28
22	4.30	3.44	3.05	2.82	2.66	2.55	2.46	2.40	2.34	2.30	2.26
23	4.28	3.42	3.03	2.80	2.64	2.53	2.44	2.37	2.32	2.27	2.24
24	4.26	3.40	3.01	2.78	2.62	2.51	2.42	2.36	2.30	2.25	2.22
25	4.24	3.39	2.99	2.76	2.60	2.49	2.40	2.34	2.28	2.24	2.20
30	4.17	3.32	2.92	2.69	2.53	2.42	2.33	2.27	2.21	2.16	2.13
40	4.08	3.23	2.84	2.61	2.45	2.34	2.25	2.18	2.12	2.08	2.04
50	4.03	3.18	2.79	2.56	2.40	2.29	2.20	2.13	2.07	2.03	1.99
60	4.00	3.15	2.76	2.53	2.37	2.25	2.17	2.10	2.04	1.99	1.95
70	3.98	3.13	2.74	2.50	2.35	2.23	2.14	2.07	2.02	1.97	1.93
80	3.96	3.11	2.72	2.49	2.33	2.21	2.13	2.06	2.00	1.95	1.91
90	3.95	3.10	2.71	2.47	2.32	2.20	2.11	2.04	1.99	1.94	1.90
100	3.94	3.09	2.70	2.46	2.31	2.19	2.10	2.03	1.97	1.93	1.89
120	3.92	3.07	2.68	2.45	2.29	2.18	2.09	2.02	1.96	1.91	1.87
10000	3.84	3.00	2.61	2.37	2.21	2.10	2.01	1.94	1.88	1.83	1.79

（出典）岩永雅也・大塚雄作・高橋一男，2001，『〔改訂版〕社会調査の基礎』放送大学教育振

付　表

(v_1, v_2：それぞれ分子，分母の自由度)

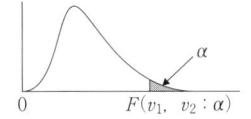

12	14	16	18	20	25	30	50	100	200	10000
243.91	245.36	246.46	247.32	248.01	249.26	250.10	251.77	253.04	253.68	254.30
19.41	19.42	19.43	19.44	19.45	19.46	19.46	19.48	19.49	19.49	19.50
8.74	8.71	8.69	8.67	8.66	8.63	8.62	8.58	8.55	8.54	8.53
5.91	5.87	5.84	5.82	5.80	5.77	5.75	5.70	5.66	5.65	5.63
4.68	4.64	4.60	4.58	4.56	4.52	4.50	4.44	4.41	4.39	4.37
4.00	3.96	3.92	3.90	3.87	3.83	3.81	3.75	3.71	3.69	3.67
3.57	3.53	3.49	3.47	3.44	3.40	3.38	3.32	3.27	3.25	3.23
3.28	3.24	3.20	3.17	3.15	3.11	3.08	3.02	2.97	2.95	2.93
3.07	3.03	2.99	2.96	2.94	2.89	2.86	2.80	2.76	2.73	2.71
2.91	2.86	2.83	2.80	2.77	2.73	2.70	2.64	2.59	2.56	2.54
2.79	2.74	2.70	2.67	2.65	2.60	2.57	2.51	2.46	2.43	2.41
2.69	2.64	2.60	2.57	2.54	2.50	2.47	2.40	2.35	2.32	2.30
2.60	2.55	2.51	2.48	2.46	2.41	2.38	2.31	2.26	2.23	2.21
2.53	2.48	2.44	2.41	2.39	2.34	2.31	2.24	2.19	2.16	2.13
2.48	2.42	2.38	2.35	2.33	2.28	2.25	2.18	2.12	2.10	2.07
2.42	2.37	2.33	2.30	2.28	2.23	2.19	2.12	2.07	2.04	2.01
2.38	2.33	2.29	2.26	2.23	2.18	2.15	2.08	2.02	1.99	1.96
2.34	2.29	2.25	2.22	2.19	2.14	2.11	2.04	1.98	1.95	1.92
2.31	2.26	2.21	2.18	2.16	2.11	2.07	2.00	1.94	1.91	1.88
2.28	2.22	2.18	2.15	2.12	2.07	2.04	1.97	1.91	1.88	1.84
2.25	2.20	2.16	2.12	2.10	2.05	2.01	1.94	1.88	1.84	1.81
2.23	2.17	2.13	2.10	2.07	2.02	1.98	1.91	1.85	1.82	1.78
2.20	2.15	2.11	2.08	2.05	2.00	1.96	1.88	1.82	1.79	1.76
2.18	2.13	2.09	2.05	2.03	1.97	1.94	1.86	1.80	1.77	1.73
2.16	2.11	2.07	2.04	2.01	1.96	1.92	1.84	1.78	1.75	1.71
2.09	2.04	1.99	1.96	1.93	1.88	1.84	1.76	1.70	1.66	1.62
2.00	1.95	1.90	1.87	1.84	1.78	1.74	1.66	1.59	1.55	1.51
1.95	1.89	1.85	1.81	1.78	1.73	1.69	1.60	1.52	1.48	1.44
1.92	1.86	1.82	1.78	1.75	1.69	1.65	1.56	1.48	1.44	1.39
1.89	1.84	1.79	1.75	1.72	1.66	1.62	1.53	1.45	1.40	1.35
1.88	1.82	1.77	1.73	1.70	1.64	1.60	1.51	1.43	1.38	1.33
1.86	1.80	1.76	1.72	1.69	1.63	1.59	1.49	1.41	1.36	1.30
1.85	1.79	1.75	1.71	1.68	1.62	1.57	1.48	1.39	1.34	1.28
1.83	1.78	1.73	1.69	1.66	1.60	1.55	1.46	1.37	1.32	1.26
1.75	1.69	1.64	1.60	1.57	1.51	1.46	1.35	1.25	1.17	1.03

興会の数表4-1をもとに作成したもの。

付表 D-2 F 分布表：F 検定での主な限界値（片側検定の有意水準 $\alpha = 0.01$）

v_2 \ v_1	1	2	3	4	5	6	7	8	9	10	11
1	4052.18	4999.50	5403.35	5624.58	5763.65	5858.99	5928.36	5981.07	6022.47	6055.85	6083.32
2	98.50	99.00	99.17	99.25	99.30	99.33	99.36	99.37	99.39	99.40	99.41
3	34.12	30.82	29.46	28.71	28.24	27.91	27.67	27.49	27.35	27.23	27.13
4	21.20	18.00	16.69	15.98	15.52	15.21	14.98	14.80	14.66	14.55	14.45
5	16.26	13.27	12.06	11.39	10.97	10.67	10.46	10.29	10.16	10.05	9.96
6	13.75	10.92	9.78	9.15	8.75	8.47	8.26	8.10	7.98	7.87	7.79
7	12.25	9.55	8.45	7.85	7.46	7.19	6.99	6.84	6.72	6.62	6.54
8	11.26	8.65	7.59	7.01	6.63	6.37	6.18	6.03	5.91	5.81	5.73
9	10.56	8.02	6.99	6.42	6.06	5.80	5.61	5.47	5.35	5.26	5.18
10	10.04	7.56	6.55	5.99	5.64	5.39	5.20	5.06	4.94	4.85	4.77
11	9.65	7.21	6.22	5.67	5.32	5.07	4.89	4.74	4.63	4.54	4.46
12	9.33	6.93	5.95	5.41	5.06	4.82	4.64	4.50	4.39	4.30	4.22
13	9.07	6.70	5.74	5.21	4.86	4.62	4.44	4.30	4.19	4.10	4.02
14	8.86	6.51	5.56	5.04	4.69	4.46	4.28	4.14	4.03	3.94	3.86
15	8.68	6.36	5.42	4.89	4.56	4.32	4.14	4.00	3.89	3.80	3.73
16	8.53	6.23	5.29	4.77	4.44	4.20	4.03	3.89	3.78	3.69	3.62
17	8.40	6.11	5.18	4.67	4.34	4.10	3.93	3.79	3.68	3.59	3.52
18	8.29	6.01	5.09	4.58	4.25	4.01	3.84	3.71	3.60	3.51	3.43
19	8.18	5.93	5.01	4.50	4.17	3.94	3.77	3.63	3.52	3.43	3.36
20	8.10	5.85	4.94	4.43	4.10	3.87	3.70	3.56	3.46	3.37	3.29
21	8.02	5.78	4.87	4.37	4.04	3.81	3.64	3.51	3.40	3.31	3.24
22	7.95	5.72	4.82	4.31	3.99	3.76	3.59	3.45	3.35	3.26	3.18
23	7.88	5.66	4.76	4.26	3.94	3.71	3.54	3.41	3.30	3.21	3.14
24	7.82	5.61	4.72	4.22	3.90	3.67	3.50	3.36	3.26	3.17	3.09
25	7.77	5.57	4.68	4.18	3.85	3.63	3.46	3.32	3.22	3.13	3.06
30	7.56	5.39	4.51	4.02	3.70	3.47	3.30	3.17	3.07	2.98	2.91
40	7.31	5.18	4.31	3.83	3.51	3.29	3.12	2.99	2.89	2.80	2.73
50	7.17	5.06	4.20	3.72	3.41	3.19	3.02	2.89	2.78	2.70	2.63
60	7.08	4.98	4.13	3.65	3.34	3.12	2.95	2.82	2.72	2.63	2.56
70	7.01	4.92	4.07	3.60	3.29	3.07	2.91	2.78	2.67	2.59	2.51
80	6.96	4.88	4.04	3.56	3.26	3.04	2.87	2.74	2.64	2.55	2.48
90	6.93	4.85	4.01	3.53	3.23	3.01	2.84	2.72	2.61	2.52	2.45
100	6.90	4.82	3.98	3.51	3.21	2.99	2.82	2.69	2.59	2.50	2.43
120	6.85	4.79	3.95	3.48	3.17	2.96	2.79	2.66	2.56	2.47	2.40
10000	6.64	4.61	3.78	3.32	3.02	2.80	2.64	2.51	2.41	2.32	2.25

（出典）岩永雅也・大塚雄作・高橋一男，2001，『〔改訂版〕社会調査の基礎』放送大学教育振興会の数表

付　表

(v_1, v_2：それぞれ分子，分母の自由度)

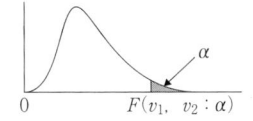

12	14	16	18	20	25	30	50	100	200	10000
6106.32	6142.67	6170.10	6191.53	6208.73	6239.83	6260.65	6302.52	6334.11	6349.97	6365.55
99.42	99.43	99.44	99.44	99.45	99.46	99.47	99.48	99.49	99.49	99.50
27.05	26.92	26.83	26.75	26.69	26.58	26.50	26.35	26.24	26.18	26.13
14.37	14.25	14.15	14.08	14.02	13.91	13.84	13.69	13.58	13.52	13.46
9.89	9.77	9.68	9.61	9.55	9.45	9.38	9.24	9.13	9.08	9.02
7.72	7.60	7.52	7.45	7.40	7.30	7.23	7.09	6.99	6.93	6.88
6.47	6.36	6.28	6.21	6.16	6.06	5.99	5.86	5.75	5.70	5.65
5.67	5.56	5.48	5.41	5.36	5.26	5.20	5.07	4.96	4.91	4.86
5.11	5.01	4.92	4.86	4.81	4.71	4.65	4.52	4.41	4.36	4.31
4.71	4.60	4.52	4.46	4.41	4.31	4.25	4.12	4.01	3.96	3.91
4.40	4.29	4.21	4.15	4.10	4.01	3.94	3.81	3.71	3.66	3.60
4.16	4.05	3.97	3.91	3.86	3.76	3.70	3.57	3.47	3.41	3.36
3.96	3.86	3.78	3.72	3.66	3.57	3.51	3.38	3.27	3.22	3.17
3.80	3.70	3.62	3.56	3.51	3.41	3.35	3.22	3.11	3.06	3.01
3.67	3.56	3.49	3.42	3.37	3.28	3.21	3.08	2.98	2.92	2.87
3.55	3.45	3.37	3.31	3.26	3.16	3.10	2.97	2.86	2.81	2.75
3.46	3.35	3.27	3.21	3.16	3.07	3.00	2.87	2.76	2.71	2.65
3.37	3.27	3.19	3.13	3.08	2.98	2.92	2.78	2.68	2.62	2.57
3.30	3.19	3.12	3.05	3.00	2.91	2.84	2.71	2.60	2.55	2.49
3.23	3.13	3.05	2.99	2.94	2.84	2.78	2.64	2.54	2.48	2.42
3.17	3.07	2.99	2.93	2.88	2.79	2.72	2.58	2.48	2.42	2.36
3.12	3.02	2.94	2.88	2.83	2.73	2.67	2.53	2.42	2.36	2.31
3.07	2.97	2.89	2.83	2.78	2.69	2.62	2.48	2.37	2.32	2.26
3.03	2.93	2.85	2.79	2.74	2.64	2.58	2.44	2.33	2.27	2.21
2.99	2.89	2.81	2.75	2.70	2.60	2.54	2.40	2.29	2.23	2.17
2.84	2.74	2.66	2.60	2.55	2.45	2.39	2.25	2.13	2.07	2.01
2.66	2.56	2.48	2.42	2.37	2.27	2.20	2.06	1.94	1.87	1.81
2.56	2.46	2.38	2.32	2.27	2.17	2.10	1.95	1.82	1.76	1.68
2.50	2.39	2.31	2.25	2.20	2.10	2.03	1.88	1.75	1.68	1.60
2.45	2.35	2.27	2.20	2.15	2.05	1.98	1.83	1.70	1.62	1.54
2.42	2.31	2.23	2.17	2.12	2.01	1.94	1.79	1.65	1.58	1.50
2.39	2.29	2.21	2.14	2.09	1.99	1.92	1.76	1.62	1.55	1.46
2.37	2.27	2.19	2.12	2.07	1.97	1.89	1.74	1.60	1.52	1.43
2.34	2.23	2.15	2.09	2.03	1.93	1.86	1.70	1.56	1.48	1.38
2.19	2.08	2.00	1.94	1.88	1.77	1.70	1.53	1.36	1.25	1.05

4-3をもとに作成したもの。

引用文献

新睦人・盛山和夫，2008，『社会調査ゼミナール』有斐閣。
Best, Joel, 2001, *Damned Lies and Statistics—— Untangling Numbers from the Media, Politicians, and Activists*, Univ of California Press.（=2002，林大訳『統計はこうしてウソをつく』白揚社）。
Bohrnstedt Georege W. and David Knoke, 1988, *Statistics for Social Data Analysis*, 2nd. ed., F.E. Peacock Publication.（=1990，海野道郎・中村隆監訳『社会統計学——社会調査のためのデータ分析入門』ハーベスト社）。
Durkhaim, Emile, 1897, *Le suicide : Étude de sociologie*. nouvelle edition. 3e trimestre, Universitaires de France（=1985，宮島喬訳『自殺論』中央公論社）。
Giddens, Anthony, 1992, *The Transformation of Intimacy : Sexuality, Love and Eroticism in Modern Societies*. Polity Press.（=1995，松尾精文・松川昭子訳『親密性の変容——近代社会におけるセクシュアリティ，愛情，エロティシズム』而立書房）。
原純輔・浅川達人，2009，『社会調査〔改訂版〕』放送大学教育振興会。
原純輔・海野道郎，2004，『社会調査演習〔第 2 版〕』東京大学出版会。
稲葉昭英，2006，「「社会調査の困難」を考える」『社会学年誌』47：3-17。
岩井紀子・保田時男，2007，『調査データ分析の基礎——JGSS データとオンライン集計の活用』有斐閣。
岩永雅也・大塚雄作・髙橋一男，2001，『社会調査の基礎』放送大学教育振興会。
苅谷剛彦，2002，『教育改革の幻想』筑摩書房。
片瀬一男，1997，「美貌という戦略——女子学生の就職活動における業績性と女性性」『社会学年報』26：171-194。
片瀬一男，2008，「情報化社会における市民的教養教育としての社会調査教育——統計的リサーチ・リテラシーの育成を中心に」『社会学評論』58（4）：476-491。
河合幹雄，2004，『安全神話崩壊のパラドックス』岩波書店。
Kendall, P. L. and Paul F. Lazarsfeld, 1950, "Problem of Social Survey Analysis" Robert K. Merton and Paul F. Lazarsfeld, (eds.) *Continuities in Social Research : Studies in the Scope and Method of "American Soldier"* The Free Press : 133-196.
Kerr, Barbara A., 1985, *Smart Girls, Gifted Women*, Accelerated DV.（=1992,清水久

美訳『才女考——＜優秀＞という落とし穴』勁草書房）。
丸山健夫，2008，『ナイチンゲールは統計学者だった！——統計の人物と歴史の物語』日科技連。
森岡清志，2007，『ガイドブック社会調査〔第2版〕』日本評論社。
森岡正博，2008，『草食系男子の恋愛学』メディアファクトリー。
永田夏来，2002，「夫婦関係にみる「結婚」の意味づけ——妊娠先行型結婚と恋愛結婚の再生産」『年報社会学論集』15：214-225。
日本性教育協会編，2013，『「若者の性」白書——第7回 青少年の性行動全国調査報告』小学館。
西平重喜，1985，『統計調査法〔改訂版〕』培風館。
大谷信介・木村栄二・後藤範章・小松洋編著，2013，『新・社会調査へのアプローチ——理論と方法』ミネルヴァ書房。
Popper, Karl, 1959, *The Logic of Scientific Discovery*, Basic Books（＝1971，大内義一・森博訳『科学的発見の論理（上）』，1972，『科学的発見の論理（下）』恒星社厚生閣）。
佐藤博樹・石田浩・池田謙一編,2000,『社会調査の公開データ——二次分析への招待』東京大学出版会。
佐藤郁哉，1984，『暴走族のエスノグラフィー——モードの叛乱と文化の呪縛』新曜社。
盛山和夫，2004a，『統計学入門』放送大学教育振興会。
盛山和夫，2004b，『社会調査法入門』有斐閣。
Simmel, Georg, 1919, *Philospophische Kultur*. Zweite um einige Zusätze vermehrte Auflage. Alfred Kröner Verlag（＝1976，大久保健治訳「女性文化」『ジンメル著作集 7 文化の哲学』白水社：288-333）。
篠木幹子，2010，「社会調査の回収率の変化」『社会と調査』5：5-15。
田栗正章，2005，『統計学とその応用』放送大学教育振興会。
谷岡一郎，2000，『「社会調査」のウソ——リサーチ・リテラシーのすすめ』文春新書
太郎丸博，2005，『人文・社会科学のためのカテゴリカル・データ解析入門』ナカニシヤ出版。
轟亮・杉野勇，2013，『入門・社会調査法——2ステップで基礎から学ぶ』法律文化社
安田三郎・原純輔，1982，『社会調査ハンドブック〔第3版〕』有斐閣。
吉田寿夫，1998，『本当にわかりやすいすごく大切なことが書いてあるごく初歩の統計の本』北大路書房。
Zeisel, Hans, 1985, *Say It with Figures*, 6th ed. Harper Collins（＝2005，佐藤郁哉訳『数字で語る——社会統計学入門』，新曜社）。

学習を進めるための推薦図書
（○のついた図書は社会統計学の初心者向けのもの）

1 統計学の基礎・確率論・数理統計学の入門書

○ Bohrnstedt Georege W. and David Knoke, 1988, *Statistics for Social Data Analysis*, 2nd. ed., F.E. Peacock Publication.（＝1990, 海野道郎・中村隆訳『社会統計学——社会調査のためのデータ分析入門』ハーベスト社）。

長谷川勝也, 2000,『イラスト・図解 確率・統計のしくみがわかる本』技術評論社。

○林拓也, 2012,『社会統計学入門』放送大学教育振興会。

○ Hoel, P. G. 1976, *Elementary Statistics*, 4th ed. John Wiley & Sons.（＝1981, 浅井晃・村上正康訳『初等統計学〔原著第4版〕』培風館）。

○ Huff, David, 1973, *How to Lie with Statistics*, Harmondsworth Penguin.（＝1968, 高木秀玄訳『統計でウソをつく法——数式を使わない統計学入門』講談社）。

金井雅之・小林盾・渡辺大輔『社会調査の応用——量的調査編』弘文堂。

○神林博史・三輪哲『社会調査のための統計学——このとおりやればすぐできる』技術評論社。

Kendall, P.L. and Lazarsfeld, P. F. 1950 "Problems of Survey Analysis." pp.133-196 in *Continuities in Social Research: Studies in the Scope and Method of "American Soldier"* edited by Robert K. Merton and Paul F. Lazarsfeld New York Free Press.

君山由良, 2004,『重回帰分析の利用法』データ分析研究所。

木下宗七編, 2009,『入門統計学〔新版〕』, 有斐閣ブックス。

森敏昭・吉田寿夫, 1990,『心理学のためのデータ解析テクニカルブック』北大路書房。

Salsburg, D., 2001, *The Lady Tasting Tea: How Statistics Revolutionized science in the Twentieth Century*, W.H. Freeman.（＝2006, 竹内惠行・熊谷悦生訳,『統計学を拓いた異才たち』日本経済新聞社）。

篠原清夫・清水強志・榎本環・大矢根淳, 2010,『社会調査の基礎』弘文堂。

塩谷實, 1990,『多変量解析概論』朝倉書店。

高橋信, 2004,『マンガでわかる統計学』オーム社。

轟亮・杉野勇, 2013,『入門・社会調査法——2ステップで基礎から学ぶ〔第2版〕』

法律文化社。
○吉田寿夫，1998，『本当にわかりやすいすごく大切なことが書いてあるごく初歩の統
　　　計の本』北大路書房。
　　Zeisel, Hans, 1985, *Say It with Figures*, 6th ed. Harper Collins（＝2005，佐藤郁哉訳
　　　『数字で語る――社会統計学入門』，新曜社）。

2　上級の分析技法多変量解析などの解説書

　　足立浩平，2006，『多変量データ解析法――心理・教育・社会系のための入門』ナカ
　　　ニシヤ出版。
　　朝野熙彦，2000，『入門　多変量解析の実際〔第2版〕』講談社。
　　金井雅之・小林盾・渡辺大輔，2012，『社会調査の応用――量的調査編』弘文堂。
　　川端亮，2010，『データアーカイブSRDQで学ぶ社会調査の計量分析』ミネルヴァ書
　　　房。
○古谷野亘，1988，『数学が苦手な人のための多変量解析ガイド』川島書店。
　　松尾太加志・中村知靖，2002，『誰も教えてくれなかった因子分析――数式が絶対に
　　　出てこない因子分析入門』北大路書房。
　　数理社会学会編，2006，『社会の見方，測り方――計量社会学への招待』勁草書房。
　　高橋信，2005，『マンガでわかる統計学　回帰分析編』オーム社。
　　高橋信，2006，『マンガでわかる統計学　因子分析編』オーム社。
　　渡部洋編著，2002，『心理統計の技法』福村出版。

3　ExcelやSPSS，SASの解説書

　　廣瀬毅士・寺島拓幸，2010，『社会調査のための統計データ分析』オーム社。
　　市川伸一，2011，『SASで学ぶ統計的データ解析――SASによるデータ解析入門1
　　　〔第3版〕』東京大学出版会。
○菅民郎，2003，『Excelで学ぶ統計解析入門〔第2版〕』オーム社。
○岸学，2012，『SPSSによるやさしい統計学〔第2版〕』オーム社。
　　三輪哲・林雄亮，2014，『SPSSによる応用多変量解析』オーム社。
○宮脇典彦・阪井和夫，1997，『SASによるデータ解析の基礎』培風館。
○村瀬洋一・高田洋・廣瀬毅士，2007，『SPSSによる多変量解析』オーム社。
○室淳子・石村貞夫，2004，『Excelでやさしく学ぶ統計解析〔第2版〕』東京図書。
○野宮大志郎・池周一郎・稲葉昭英・杉野勇編著，2004，『SASプログラミングの基礎
　　　――A Gentle Introduction〔第2版〕』ハーベスト社。

○小木曽道夫，2012，『SPSSによるやさしいアンケート分析〔第2版〕』オーム社。
　小塩真司，2004，『SPSSとAmosによる心理・調査データ解析——因子分析・共分散構造分析まで』東京図書。
　小塩真司，2005，『研究事例で学ぶSPSSとAmosによる心理・調査データ解析』東京図書。
　土田昭司・山川栄樹，2011，『新・社会調査のためのデータ分析入門——実証科学への招待』有斐閣。
　内田治，2011，『SPSSによるロジスティック回帰分析』オーム社。
　内田治，2013，『SPSSによる回帰分析』オーム社。
○涌井良幸・涌井貞美，2003，『Excelで学ぶ統計解析——統計学理論をExcelでシミュレーションすれば，視覚的に理解できる』ナツメ社。
　柳井晴夫・緒方裕光編著，2006，『SPSSによる統計データ解析——医学・看護学，生物学，心理学の例題による統計学入門』現代数学社。

4　社会調査に関する解説書

　飽戸弘，1987，『社会調査ハンドブック』日本経済新聞社。
○新睦人・盛山和夫，2008，『社会調査ゼミナール』有斐閣。
○原純輔・浅川達人，2009，『社会調査〔改訂版〕』放送大学教育振興会。
　原純輔・海野道郎，2004，『社会調査演習〔第2版〕』東京大学出版会。
　岩永雅也・大塚雄作・高橋一男，2001，『社会調査の基礎』放送大学教育振興会。
　森岡清志，2007，『ガイドブック社会調査〔第2版〕』日本評論社。
○大谷信介・木村栄二・後藤範章・小松洋編著，2013，『新・社会調査へのアプローチ——論理と方法』ミネルヴァ書房。
○佐藤郁哉，2006，『フィールドワーク——書を持って街へ出よう〔増補版〕』新曜社。
　盛山和夫，2004，『社会調査法入門』有斐閣。
○轟亮・杉野勇，2013，『入門・社会調査法——2ステップで基礎から学ぶ〔第2版〕』法律文化社。
　安田三郎・原純輔，1982，『社会調査ハンドブック〔第3版〕』有斐閣。
　与謝野有紀・高田洋・安田雪・栗田宣義・間淵領吾編，2006，『社会の見方，測り方——計量社会学への招待』勁草書房。

学習課題解答

第1章
Q1.1
（a）命題の形をとっていない。（これはアノミーという概念の定義である。【解説】参照）
（b）命題の形をとっている。
（c）命題の形をとっている。

【解説】アノミーとは、デュルケームの『自殺論』（Durkheim, 1897=1985）で提唱された概念である。この本の中で、デュルケームは自殺を①自己本位的自殺、②集団本位的自殺、③アノミー的自殺、④宿命的自殺の4つの類型に分けている。このうち、アノミー的自殺は、「人々の活動が無規制的になり、それによって彼らが苦悩を負わされているところから生じる自殺」であり、好景気時における自殺の増加を説明する概念である。例えば、1870年にイタリア統一の基礎ができて、商工業が発展した時期に、自殺率が増加している。また、同じく1870年に普仏戦争でプロイセンが勝利し、フランスから得た多額の賠償金で商工業が発展したが、このときも商工業者の自殺率が上昇している。急激な経済発展期に、その恩恵を最も受けた商工業者は、肥大化した欲望を規制する規範や、さらにはそれを充足する手段を欠いたまま、経済的欲望を昂進させために、常に欲望が満たされぬ焦燥にとらわれてしまう。デュルケームは、これが「アノミー的自殺」の背景にあるとみた。

Q1.2
（a）「経済成長」「政治への不満」。
（b）「母親の就労」「子どもの性別役割意識」。
（c）「青少年の活動範囲」「性行動の活発さ」。

【解説】以上3つの命題を操作化したものが、Q1.3の3つの仮説である。

Q1.3
（a）独立変数は「対前年比GNPの伸び率」、従属変数は「内閣支持率」。
（b）独立変数は「母親の従業上の地位」（【解説】参照）、従属変数は「子どもの女性の

就労に対する態度」。
（c）独立変数は「高校生のアルバイト経験」，従属変数は「デート経験年齢」。

【解説】 社会調査では，一般に人々の職業を「従業上の地位」，「仕事内容」，「従業先の事業内容」「規模」という4つの次元からとらえる（安田・原, 1982：87）。このうち，従業上の地位とは，①経営者，②一般雇用者，③自営業，④家族従業者，⑤臨時雇用（パート・アルバイトなど），⑥無職といった区分である。フルタイム就労は，このうち①〜④で働く場合，パートタイム就労は⑤で働く場合を指す。また専業主婦の従業上の地位は⑥無職となる。家事は「仕事」ではあるが，収入をともなわないので社会学の定義では「職業」にはならない。

第2章

Q2.1

（a）因果関係　（b）変数　（c）独立変数　（d）従属変数　（e）標本調査　（f）統計的検定

Q2.2

（a）学歴によって年収に違いはない。
（b）車・バイクの有無はキス経験に関連しない。
（c）恋人のいる者といない者では，性を「明るい」と捉えるかに違いはない。
（d）年収が多い者と少ない者で，生活の満足度に違いはない。

第3章

Q3.1

（a）連続変数。
（b）順序づけできる離散変数（学校段階教育年数で「高校」→「専門学校」「短大」→「大学」と順序づけできる）。
（c）順序づけできる離散変数（「楽しい」→「どちらともいえない」→「楽しくない」で順序づけできる）。
（d）順序づけできる離散変数（メールをする程度で順序づけられる）。
（e）順序づけできない離散変数。
（f）連続変数。

Q3.2

(a) **表3.6a** 「よく話をする異性の友人」の
有無：男子中学生　　　(％)

たくさんいる	20.0
数人いる	50.9
ひとりいる	2.1
いないのでほしい	4.5
いないが欲しくない	22.5
合　計	100.0
（実　数）	(1247)

(b) **表3.6b** 「よく話をする異性の友人」の
有無：女子中学生　　　(％)

たくさんいる	21.7
数人いる	53.2
ひとりいる	3.0
いないのでほしい	4.7
いないが欲しくない	17.4
合　計	100.0
（実　数）	(1215)

(c)「よく話す異性の友人」が「たくさんいる」「数人いる」という者の比率を合計すると，男子は71.0％，女子では74.9％なので，女子で多い。

(d)「よく話す異性の友人」が「いないが特にほしいとは思わない」という回答は，女子で17.4％だが，男子では22.5％と5ポイントほど多い。

【解説】百分率の差はパーセントと紛らわしいので，ポイントという。

Q3.3

(a) **表3.7a** 性別
　　　　　　(人)

性　別	度　数
男　子	19
女　子	21
合　計	40

(b) **表3.7b** デート経験の有無
　　　　　　(％)

デート経験	百分率
あ　る	71.8
な　い	28.2
合　計	100.0
（実　数）	(39)

(c) **表3.7c** デート経験年齢の
度数分布
　　　　　　(人)

デート経験年齢	度数
13歳以前	10
14～15歳	13
16歳以降	4
合　計	27

表3.7d デート経験年齢の
百分率　　(％)

デート経験年齢	百分率
13歳以前	37.0
14～15歳	48.1
16歳以上	14.8
合　計	99.9
（実　数）	(27)

注）四捨五入の誤差のため，合計が100にならないことがある。

(d) **表3.7e** デート経験年齢の累積度数分布

デート経験年齢	累積度数	累積百分率
11歳	1	3.7
12歳	7	25.9
13歳	10	37.0
14歳	18	66.7
15歳	23	85.2
18歳	25	92.6
19歳	26	96.3
20歳	27	100.0

第4章

Q4.1

（a）「そのときによる」。 （b）0.684 （c）0.912

Q4.2

（a）14歳。 （b）8 （c）(4.2) 式より14.2 （d）(4.7) 式より1.95 （e）1.40

第5章

Q5.1

（a）学校段階。

（b）行百分率（学校段階ごとに友人の性行動への関心を集計し，比較する）。

（c）　　　　　**表5.11b**　学校段階と友人の性行動への関心

(%)

学校段階	友人の性行動への関心			合計（実数）
	非常に気になる	少し気になる	全然気にならない	
中　学	10.2	38.1	51.7	100.0 (2445)
高　校	11.7	49.3	39.0	100.0 (2527)
大　学	11.6	53.4	35.0	100.0 (2543)
全　体	11.2	47.1	41.8	100.1 (7515)

Q5.2

（a）性別役割意識。

（b）行百分率（性別役割意識度ごとに同性愛に対する態度を集計して比較する）。

(c) **表5.12b** 性別役割分業への態度と同性愛への態度の関連

(%)

性別役割分業への態度	同性愛への態度 賛成	同性愛への態度 反対	合計	(実数)
賛 成	42.7	57.3	100.0	(347)
反 対	56.4	43.6	100.0	(1648)
全 体	54.0	46.0	100.0	(1995)

同性愛に賛成する者は，性別役割分業に反対する者で56.4％いるのに対して，性別役割分業に賛成する者では42.7％にとどまることから，「性別役割分業に反対する人ほど，同性愛に許容的態度をとる」という仮説に沿った傾向はみられる。

Q5.3

(a) **表5.13a** 性交経験と性イメージ

(%)

性交経験	性イメージ 楽しい	どちらかといえば楽しい	どちらかといえば楽しくない	楽しくない	全体
あ り	74.2	48.5	32.0	22.4	47.8
な し	25.8	51.5	68.0	77.6	52.2
合 計	100.0	100.0	100.0	100.0	100.0
(実 数)	(427)	(1348)	(522)	(161)	(2458)

(b) **表5.13b** 性交経験と性イメージ

(%)

性交経験	楽しい	どちらかといえば楽しい	どちらかといえば楽しくない	楽しくない	合計	(実数)
あ り	27.0	55.7	14.2	3.1	100.0	(1174)
な し	8.6	54.0	27.6	9.7	99.9	(1284)
全 体	17.4	54.8	21.2	6.6	100.0	(2458)

【解説】 このデータ分析では，「性交経験者ほど性を明るいと考える者が多い」という仮説も，「性を明るいと考える者ほど性交経験者が多い」という仮説も検討することができる。最初の仮説は性交経験を独立変数として性イメージを説明するものであるのに対

して，次の仮説は性イメージを独立変数にして性交経験を説明するものである。どちらの仮説にもとづいて分析を行うのかは，あくまで分析者の問題関心や理論的決断による。実際，先に独立変数となる変数の条件を3つあげたが，この基準に照らしても，性交→性イメージという因果関係も，性イメージ→性交と因果関係も想定することができる。ただし，いずれの仮説を採用するにせよ，百分率クロス表を作成する際には，独立変数のカテゴリーごとに百分率を計算し，比較することになる。そして，独立変数を行におくか列におくかは一般的に決まりはない。

第6章

Q6.1

(a)「男子高校生のキス経験は家族イメージと関係しない」。

(b) **表6.6b** 帰無仮説のもとでの期待度数

キス経験の有無	家庭のイメージ			合計
	楽しい	どちらともいえない	楽しくない	
あり	206.400	150.434	30.166	387
なし	313.600	228.566	45.834	588
全体	520	379	76	975

(c) **表6.6c** 期待度数と観測度数の差

キス経験の有無	家庭のイメージ		
	楽しい	どちらともいえない	楽しくない
あり	−8.600	10.434	−1.834
なし	8.600	−10.434	1.834

(d) **表6.6d** 期待度数で標準化した期待度数と観測度数の差の2乗を標準化

キス経験の有無	家庭のイメージ		
	楽しい	どちらともいえない	楽しくない
あり	0.358	0.724	0.112
なし	0.236	0.476	0.073

(e) 1.979

(f) 2

（g）5.991

（h）(大きい,⑤小さい),（棄却され,⑥棄却されず），（関係する,⑥関係しない）

【解説】 このように男子高校生では家族適応とキス経験の間に有意な関連が見られなかったが，同様の分析を女子高校生で行うと，求められるカイ2乗値は$\chi^2 = 32.484$となり，1％水準でも有意となる。そして，家族を「楽しい」と答えた女子のキス経験率は43.7％だが，「楽しくない」と答えた者では73.1％にのぼる。つまり，男子では家族適応がキス行動には関係しないが，女子では家族に不適応を示す者ほどキス経験率が高くなっている。このように，対象者の属性（今回の場合は性別）によって，分析目的となる変数（この場合は家族適応とキス経験）の間の関係が変わることを交互作用があるといい，本書では第13章を参照のこと。

Q6.2

表6.7aからχ^2値を計算すると9.120となる。他方，表6.7の自由度は1であり，$\alpha = 0.01$に対応した限界値は6.635である。求めたχ^2値はこの限界値よりも大きいので，帰無仮説は棄却され，女子高校生の個室保有とキス経験は統計的に有意な関係にあることになる。表6.7bからみると，個室をもっている者ほどキス経験率が高いので，「個室の有無とキス経験は関係する」という仮説は検証されたことになる。

表6.7b 女子高校生の個室保有とキス経験：百分率クロス集計表

(%)

キス経験	個室の保有状況 持っている	個室の保有状況 持っていない	全　体
あ　り	48.5	39.4	46.3
な　し	51.5	60.6	53.7
合　計	100.0	100.0	100.0
（実　数）	(1140)	(358)	(1498)

第7章

Q7.1 1.285

なお，本文中の例と同じように経過を説明すると次のようになる。

（1）.5000 − .1000 = .4000より，付表B（260頁）で.4000を探す。

（2）近い値として.3997と.4015が見つかり，それぞれ1.28と1.29に対応している。

（3）この2つの中間をとると1.285となり，正規分布においてαが.10となるZ_αの値は1.285ということになる。

277

Q7.2
（a）「男子高校生のデート経験年齢の平均には，携帯電話でのSNS利用による差はない」。
（b）1.514
（c）2.325（例題7.2を確認せよ）
（d）(大きい・⦿小さい⦿)，(棄却される・⦿棄却されない⦿)，(言える・⦿言えない⦿)

Q7.3
（a）$Z = 1.581$となり，帰無仮説は棄却できない。
（b）$Z = 5.000$となり，帰無仮説は棄却される。
　（a）と（b）は，平均の差や分散はまったく同じだが，標本の大きさが異なる2つの例である。標本のサイズが小さい（a）では帰無仮説が棄却されず平均の差は有意とは言えなかったが，（b）では帰無仮説が棄却され，有意な差があるという結論になった。
　標本のサイズが大きくなるということは，2つの平均の差の標準誤差を推定する(7.3)式でN_1やN_2が大きくなり，標準誤差がゼロに近づくということであり，母集団から2つの平均の差を推定するうえでは望ましいことである。
　しかし，仮説検定という点から見ると，標本のサイズが大きいデータでは，ごくわずかの差であっても，そこに有意な差があるという結論にいたるということでもある。したがって，仮説検定にあたっては，統計的に有意な差があるか否かということだけでなく，標本の大きさも勘案したうえでその差に実質的な意味があるかを考慮することが重要である。

第8章

Q8.1　±2.575
（1）$\alpha = 0.01$で両側検定を行うには，$Z_{.005}$を求める必要がある。$0.5000 - 0.0050 = 0.4950$より，付表B（260頁）の正規分布表で0.4950を探す。
（2）すると，0.4949と0.4951がみつかり，これはそれぞれ2.57と2.58に対応している。
（3）この2つの平均をとると2.575となり，$Z_{.005}$の値は2.575ということになる。
（4）したがって，両側検定の限界値は+2.575と-2.575ということになる。

Q8.2　帰無仮説は棄却される。
　検定の過程は次のようになる。
　まず，帰無仮説と対立仮説を設定する。

帰無仮説　$H_0: \mu_1 = \mu_2$
対立仮説　$H_1: \mu_1 < \mu_2$

次に，標準誤差を推定する。

$$s^2 = \frac{(10-1)\times 6+(12-1)\times 15}{10+12-2} = 10.95$$

$$s_{(\bar{Y_2}-\bar{Y_1})} = \sqrt{\frac{10.95}{10}+\frac{10.95}{12}} = 1.42$$

したがって，t 値は次のようになる。ここで，自由度が $10+12-2=20$ なので，t_{20} と表す。

$$t_{20} = \frac{20-15}{1.42} = 3.52$$

自由度20のとき，$\alpha=0.01$ の限界値は2.528で，求めた t 値はこれよりも大きい。したがって，1％水準で帰無仮説は棄却される。

Q8.3 10％水準でも帰無仮説は棄却されず，差があるとは言えない。

過程を示すと次のようになる。帰無仮説は「男子のキス経験年齢と女子のキス経験年齢には差がない」，対立仮説は「男子のキス経験年齢と女子のキス経験年齢には差がある」となる。記号で示せば，次のように表現できる（男子の母平均を μ_1，女子の母平均を μ_2 とする）。

帰無仮説　$H_0: \mu_1 = \mu_2$
対立仮説　$H_1: \mu_1 \neq \mu_2$

次に，標準誤差を推定する。

$$s^2 = \frac{(31-1)\times 2.38+(52-1)\times 5.67}{31+52-2} = 4.45$$

$$s_{(\bar{Y_2}-\bar{Y_1})} = \sqrt{\frac{4.45}{31}+\frac{4.45}{52}} = 0.48$$

したがって，t 値は次のようになる。ここで，自由度が $31+52-2=81$ なので，t_{81} と表す。

$$t_{81} = \frac{15.13-14.46}{0.48} = 1.40$$

自由度80の行を利用し，求めたt値1.40の絶対値と比較する。両側検定の場合，$\alpha = 0.10$の限界値が1.664である。1.40はこれよりも小さく，10％水準でも帰無仮説は棄却されない。したがって，帰無仮説は棄却されず，キス経験年齢に男女差があるとは言えない。

第9章

Q9.1

（a）（高校1年男子に関して，）「これまで付き合ったことのある人数には，都市規模による違いがない」

（b）総平均＝$(0×140+1×78+2×51+3×95)÷364=1.28$

大都市群平均＝$(0×61+1×36+2×22+3×35)÷154=1.20$

中都市群平均＝$(0×14+1×13+2×7+3×12)÷46=1.37$

町村部群平均＝$(0×65+1×29+2×22+3×48)÷164=1.32$

（c）全平方和$SS_{TOTAL}=(0-1.28)^2×140+(1-1.28)^2×78+(2-1.28)^2×51+(3-1.28)^2×95=542.98$

級間平方和$SS_{BETWEEN}=(1.2-1.28)^2×154+(1.37-1.28)^2×46+(1.32-1.28)^2×164=1.62$

級内平方和$SS_{WITHIN}=542.98-1.62=541.36$

（d）級間平均平方$MS_{BETWEEN}=1.62÷2=0.81$

級内平均平方$MS_{WITHIN}=541.36÷361=1.50$

$F=0.81÷1.50=0.54$

（e）（大きい・⑤⑥），（棄却される・⑥⑥⑥⑥⑥）

（f）**表9.5** 都市規模とこれまで付き合った人数の関連についての分散分析表

（高校1年男子）

変動因	平方和（SS）	df	平均平方（MS）	F値
級間	1.62	2	0.81	0.54
級内（誤差）	541.38	361	1.50	
全体	542.98	363		

（解答例）

高校1年男子にかんしては，都市規模とこれまで付き合った人数に統計的に有意な関連はみられなかった。その理由としては，性規範や性情報に関する地域差がなくなったことや，地域ごとの大学進学率の違いなどが考えられる。高校ごとの大学進学率やそのほかの活動時間などを考慮したうえで，本当に地域差がないといえるのか検討を進める必要がある。

Q9.2

(a) 高校1年女子に関して,「これまで付き合ったことのある人数には, 都市規模による違いがない」

(b) 総平均 = $(0 \times 220 + 1 \times 114 + 2 \times 81 + 3 \times 178) \div 593 = 1.37$
大都市群平均 = $(0 \times 78 + 1 \times 49 + 2 \times 29 + 3 \times 73) \div 229 = 1.42$
中都市群平均 = $(0 \times 48 + 1 \times 21 + 2 \times 21 + 3 \times 22) \div 112 = 1.15$
町村部群平均 = $(0 \times 94 + 1 \times 44 + 2 \times 31 + 3 \times 83) \div 252 = 1.41$

(c) 全平方和 $SS_{TOTAL} = (0 - 1.37)^2 \times 220 + (1 - 1.37)^2 \times 114 + (2 - 1.37)^2 \times 81 + (3 - 1.37)^2 \times 178 = 933.60$
級間平方和 $SS_{BETWEEN} = (1.42 - 1.37)^2 \times 229 + (1.15 - 1.37)^2 \times 112 + (1.41 - 1.37)^2 \times 252 = 6.40$
級内平方和 $SS_{WITHIN} = 933.60 - 6.40 = 927.20$

(d) 級間平均平方 $MS_{BETWEEN} = 6.40 \div 2 = 3.20$
級内平均平方 $MS_{WITHIN} = 927.20 \div 590 = 1.57$
$F = 3.20 \div 1.57 = 2.04$

(e) (大きい・⦅小さい⦆), (棄却される・⦅棄却されない⦆)

(f) **表9.6** 都市規模とこれまで付き合った人数の関連についての分散分析表

(高校1年女子)

変動因	平方和 (SS)	df	平均平方 (MS)	F値
級 間	6.40	2	3.20	2.04
級内 (誤差)	927.20	590	1.57	
全 体	933.60	592		

(解答例)

高校1年女子にかんしては, 都市規模とこれまで付き合った人数に統計的に有意な関連はみられなかった。ただし, 高校1年男子と比べると, F値が大きくなっている。大都市と町村部の両方でなぜ平均人数が多くなるのか, その理由を様々な観点から検討してみる価値があるだろう。

第10章

Q10.1 予測式は $\hat{Y} = -84.621 + 0.878X$ となり, すでに与えられた式と一致した。まず, 表10.4をもとに, 分散と共分散を求める。

$$s_Y^2 = \frac{\sum(Y-\bar{Y})^2}{N-1} = \frac{837.60}{10-1} = 93.0667$$

$$s_X^2 = \frac{\sum(X-\bar{X})^2}{N-1} = \frac{760.40}{10-1} = 84.4889$$

$$s_{XY} = \frac{\sum(X-\bar{X})(Y-\bar{Y})}{N-1} = \frac{667.80}{10-1} = 74.2000$$

次に,回帰係数(b)の値は,(10.6)式から次のように計算できる。

$$b = \frac{s_{XY}}{s_X^2} = \frac{74.2000}{84.4889} = 0.8782$$

最後に,切片(a)は,(10.7)式から計算する。

$$a = \bar{Y} - b\bar{X} = 65.20 - 0.8782 \times 170.6 = -84.621$$

よって,予測式は $\hat{Y} = -84.621 + 0.878X$ となる。

Q10.2 $b = -0.1501$, $a = 14.5989$, $\hat{Y} = 14.599 - 0.150X$

(1)回帰係数(b)の推定値は,次のように求めることができる。

$$b = \frac{s_{XY}}{s_X^2} = \frac{-0.1708}{1.1381} = -0.1501$$

(2)次に,切片(a)を求める。

$$a = \bar{Y} - b\bar{X} = 14.4215 - (-0.1501) \times 1.1818 = 14.5989$$

これより,キス経験年齢の予測式は,次のようになる。

$$\hat{Y} = 14.599 - 0.150X$$

Q10.3 (a)14.449歳, (b)14.149歳

(a)保有している情報機器が1個のとき,Q10.2で求めた予測式のXに1を代入すればよい。

$$\hat{Y} = 14.599 - 0.150 \times 1 = 14.449$$

（b）保有している情報機器が3個のとき，Q10.2で求めた予測式の X に3を代入すればよい。

$$\hat{Y} = 14.599 - 0.150 \times 3 = 14.149$$

第11章

Q11.1 決定係数は0.1420。$F_{1,127} = 21.0183$ となり，$\alpha = 0.05$ のとき帰無仮説は棄却される。したがって母集団において決定係数は0でないと言える。

（1）まず，決定係数を求める。

$$R_{Y \cdot X}^2 = \frac{s_{XY}^2}{s_X^2 s_Y^2} = \frac{(-1.2422)^2}{3.2552 \times 3.3379} = 0.1420$$

（2）次に，有意性検定を行う。まず，決定係数と分散から回帰平方和（$SS_{REGRESSION}$）と誤差平方和（SS_{ERROR}）を求める。

$$SS_{TOTAL} = s_Y^2(N-1) = 3.2552 \times (129-1) = 416.6656$$
$$SS_{REGRESSION} = R_{Y \cdot X}^2 \cdot SS_{TOTAL} = 0.1420 \times 416.6656 = 59.1665$$
$$SS_{ERROR} = SS_{TOTAL} - SS_{REGRESSION} = 416.6656 - 59.1665 = 357.4991$$

（3）回帰平方和と誤差平方和を自由度で割り，回帰平均平方（$MS_{REGRESSION}$）と誤差平均平方（MS_{ERROR}）を求める。自由度はそれぞれ1と127（129 − 2 = 127より）である。

$$MS_{REGRESSION} = \frac{SS_{REGRESSION}}{1} = 59.1665$$

$$MS_{ERROR} = \frac{SS_{ERROR}}{N-2} = \frac{357.4991}{(129-2)} = 2.8150$$

（4）その比から，検定統計量となる F 値を求める。

$$F_{1,127} = \frac{MS_{REGRESSION}}{MS_{ERROR}} = \frac{59.1665}{2.8150} = 21.0183$$

（5）$\alpha = 0.05$ とすると，対応する F の値は F 分布表（付表D−1，262〜263頁）から3.92である。したがって，$\alpha = 0.05$ で帰無仮説は棄却され，母集団における決定係数が0でないと言える。

Q11.2 $t_{127} = -4.583$ となり，$\alpha = 0.05$のとき帰無仮説は棄却される。したがって母集団において回帰係数は0でないと言える。

（1）回帰係数の検定のため，t値を求める。自由度は127である。

$$t_{127} = \frac{b-0}{\sqrt{\frac{MS_{ERROR}}{s_X^2(N-1)}}} = \frac{-0.372}{\sqrt{\frac{2.8150}{3.3379 \times (129-1)}}} = -4.5830$$

（2）$\alpha = 0.05$とすると，t分布表（付表C，261頁）より，両側検定で対応するtの値は自由度120でみて-1.980である。したがって，$\alpha = 0.05$で帰無仮説は棄却され，母集団における回帰係数は0でないと言える。

Q11.3 $r_{XY} = -0.377$となり，$\alpha = 0.05$のとき帰無仮説は棄却される。よって，相関係数は0ではないと言える。

（1）まず，相関係数を求める。

$$r_{XY} = b\frac{s_X}{s_Y} = -0.3720 \times \frac{\sqrt{3.3379}}{\sqrt{3.2552}} = -0.3767$$

（2）t値を求める。自由度は127である。

$$t_{127} = \frac{|r_{XY}|\sqrt{N-2}}{\sqrt{1-r_{XY}^2}} = \frac{|0.3767|\sqrt{129-2}}{\sqrt{1-(-0.3767)^2}} = 4.5828$$

（3）$\alpha = 0.05$とすると，t分布表（付表C，261頁）より，両側検定で対応するtの値は自由度120でみて1.980である。したがって，$\alpha = 0.05$で帰無仮説は棄却され，母集団における相関係数は0でないと言える。

Q11.4 回帰係数の値が-0.372，相関係数は-0.377となり，それぞれの有意性検定から，デート経験年齢とつきあった人の人数という2変数間に統計的に有意な関連があることが確認できた。この符号がマイナスであることから，2変数の間には負の関連があり，初めてのデートの経験年齢が高い高校生ほどつきあった人の人数が少なくなる傾向にあることがわかる。また，回帰係数の値から，デート経験年齢が1歳高くなるとつきあった人の人数が0.372人少なくなること，相関係数の値は単回帰ではベータ係数の値と等しいから，デート経験年齢が1標準偏差分（$\sqrt{s_X^2} = \sqrt{3.3379} = 1.8270$歳）高くなると，つきあった人の人数は標準偏差の0.377倍（$\sqrt{3.2552} \times 0.377 = 0.6802$人）

だけ少なくなることがわかる。

また，決定係数の値（0.142）も統計的に有意であり，男子高校生のつきあった人の人数の分散のうち，14.2%が，初デートの経験年齢によって説明できると解釈できる。

第12章

Q12.1

(a) $\lambda = [371-(182+145)] \div 371 = 0.119$

(b) $\chi^2 = \{942 \times (189 \times 426 - 182 \times 145)^2\} / \{(182+189)(426+145)(182+426)(189+145)\} = 64.146$　$\alpha = .01$, $df = 1$ のとき, c.v. $= 6.635$であるため, 帰無仮説を棄却できる。

(c) $V = \sqrt{\dfrac{64.146}{942 \times 1}} = 0.261$, $C = \sqrt{\dfrac{64.146}{64.146 + 942}} = 0.252$

(d) $Q = (189 \times 426 - 182 \times 145) \div (189 \times 426 + 182 \times 145) = 0.506$

$\phi = (189 \times 426 - 182 \times 145) \div \sqrt{371 \times 608 \times 571 \times 334} = 0.261$

(e) **表12.8** ϕ係数が最大になるときの度数分布

キス経験	携帯電話でのSNS利用経験		
	な い	あ る	全 体
あ る	37	334	371
な い	571	0	571
合 計	608	334	942

$\phi_{max} = 334 \times 571 \div 207410 = 0.920$

$\phi_{adj} = 0.261 \div 0.920 = 0.284$

Q12.2

(a) $\lambda = [(1090-488)-(386-208)-(704-423)] \div (1090-488) = 0.238$

(b) $df = 2$, $\alpha = .01$のとき, c.v. $= 9.210$。帰無仮説を棄却できる。

(c) $V = \sqrt{\dfrac{258.8}{1090 \times 1}} = 0.487$, $C = \sqrt{\dfrac{258.8}{258.8 + 1090}} = 0.438$

Q12.3

(a) $\chi^2 = 85.9$。$df = 1$, $\alpha = .01$のとき,c.v. $= 6.635$であるから,帰無仮説を棄却できる。

(b) $Q = (494 \times 767 - 357 \times 459) \div (494 \times 767 + 357 \times 459) = 0.396$

(c) $\phi = (494 \times 767 - 357 \times 459) \div \sqrt{851 \times 1226 \times 1124 \times 953} = 0.203$

$\phi_{max} = 851 \times 1124 \div \sqrt{851 \times 1226 \times 1124 \times 953} = 0.905$

なお,ϕ_{max}は,以下の表12.9から求めることができる。

表12.9　同性との性的行為に対する大学生の賛否

(人)

性　別	同性と性的行為への賛否		合　計
	かまわない＋どちらかといえばかまわない	よくない＋どちらかといえばよくない	
男　子	0	851	851
女　子	1124	102	1226
全　体	1124	953	2077

$\phi_{adj} = 0.203 \div 0.905 = 0.224$

第13章

Q13.1

(a) 表13.6b　高校男子と大学男子におけるパソコン所有と恋人の有無

(％)

恋人の有無	自分のパソコン		全　体
	持っていない	持っている	
い　る	27.0	32.7	30.0
いない	73.0	67.3	70.0
合　計	100.0	100.0	100.0
（実　数）	(937)	(1030)	(1967)

$\phi = (337 \times 684 - 253 \times 693) \div \sqrt{590 \times 937 \times 1377 \times 1030} = 0.062$

（b） **表13.7b** 学校段階ごとにみた男子のパソコン所有と恋人の有無

(％)

恋人の有無	高校男子 自分のパソコン 持っていない	高校男子 自分のパソコン 持っている	高校男子 全体	大学男子 自分のパソコン 持っていない	大学男子 自分のパソコン 持っている	大学男子 全体
いる	25.0	25.2	25.0	34.0	35.0	34.8
いない	75.0	74.8	75.0	66.0	65.0	65.2
合計	100.0	100.0	100.0	100.0	100.0	100.0
（実数）	(725)	(242)	(967)	(212)	(788)	(1000)

$$\phi_{t_1} = (61 \times 544 - 181 \times 181) \div \sqrt{242 \times 725 \times 725 \times 242} = 0.002$$

$$\phi_{t_2} = (276 \times 140 - 72 \times 512) \div \sqrt{348 \times 212 \times 652 \times 788} = 0.009$$

（c） 恋人いる（％）

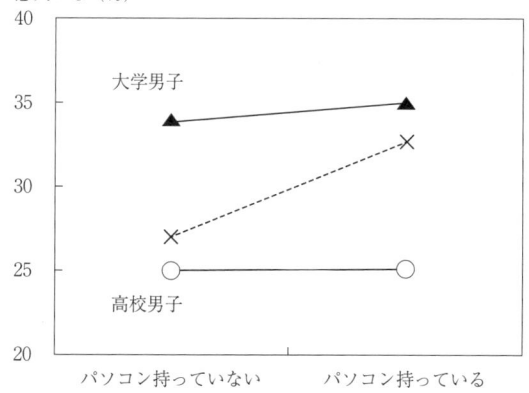

図13.6 学校階段ごとにみた男子のパソコン所有と恋人の有無

高校男子と大学男子の線は，ともに，ほぼ水平である。

（d）(⑱明)・媒介），（交差する・平⾏する)，(タイプⅡ・タイプⅢ)，(擬似相関・擬似無相関)

Q13.2

（a）**表13.8b** 高校生における学校での性教育と性交経験

(%)

性交経験	性交について学校で学んだ なし	あり	全体
ある	26.3	18.6	23.6
ない	73.7	81.4	76.4
合計	100.0	100.0	100.0
（実数）	(1607)	(878)	(2485)

$\phi = (163 \times 1184 - 423 \times 715) \div \sqrt{586 \times 1607 \times 1899 \times 878} = -0.087$

（b）　**表13.9b**　高校生の性別ごとにみた学校での性教育と性交経験

(%)

性交経験	高校男子 性交について学校で学んだ なし	あり	全体	高校女子 性交について学校で学んだ なし	あり	全体
ある	19.4	18.8	19.2	31.4	18.4	26.4
ない	80.6	81.2	80.8	68.6	81.6	73.6
合計	100.0	100.0	100.0	100.0	100.0	100.0
（実数）	(677)	(287)	(964)	(930)	(591)	(1521)

$\phi_{f1} = (54 \times 546 - 131 \times 233) \div \sqrt{185 \times 677 \times 779 \times 287} = -0.006$

$\phi_{f2} = (109 \times 638 - 292 \times 482) \div \sqrt{401 \times 930 \times 1120 \times 591} = -0.143$

（c）

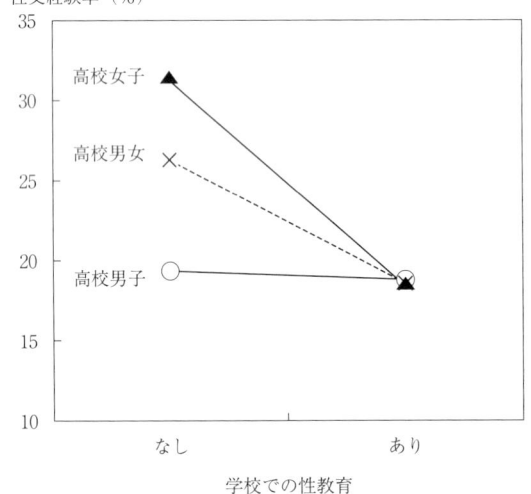

図13.7　高校生の性別ごとにみた学校での性教育と性交経験率

性別によってグラフの傾きが異なっている（交差している）。

（d）（媒介関係・⊖交互作用⊖），（正・⊖負⊖），（タイプⅡ・⊖タイプⅣ⊖），（活性化・⊖抑制⊖）

第14章

Q14.1

（a） **表14.5b　女子中高生におけるSNS利用とキス経験**

(人)

キス経験	SNS利用 ない	SNS利用 あり	全体
ある	484	386	870
ない	1484	311	1795
合計	1968	697	2665

表14.5c　女子中高生の学校段階とSNS利用

(人)

SNS利用	学校段階 中学	学校段階 高校	全体
ある	92	605	697
ない	1077	891	1968
合計	1169	1496	2665

表14.5d　女子中高生の学校段階とキス経験

(人)

キス経験	学校段階 中学	学校段階 高校	全体
ある	173	697	870
ない	996	799	1795
合計	1169	1496	2665

（b） **表14.6　SNS利用と学校段階，キス経験の間の相関係数**

	X SNS利用	t 学校段階	Y キス経験
X　SNS利用（ない=0，ある=1）	1	(0.368)	(0.289)
t　学校段階（中学=0，高校=1）		1	(0.336)
Y　キス経験（ない=0，ある=1）			1

（c）$r_{XY \cdot t} = 0.189$, $t_{2662} = 9.920$。$\alpha = 0.01$のときの片側検定の限界値は，c.v. $= 2.345$。したがって，帰無仮説を棄却できる。すなわち，学校段階をコントロールしても，

SNS 利用とキス経験の間には正の相関関係があると考えられる。

(d) キス経験（%）

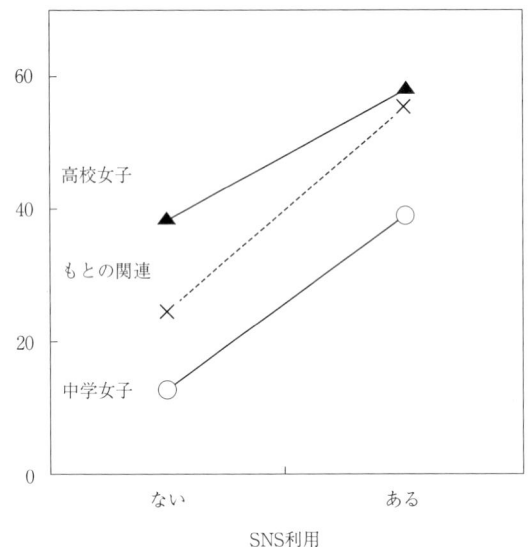

図14.8 SNS 利用とキス経験の関連
（t = 学校段階）

(e)（増加・(減少)），((付加効果)・交互作用），((説明タイプⅢA)・説明タイプⅢB)

Q14.2

(a) **表14.10** 男子中高生における学校段階と友人との性の会話，性イメージの相関関係

	X 学校段階	t 友人との性の会話	Y 性イメージ
X 学校段階（中学=0，高校=1）	1	(0.158)	(0.261)
t 友人との性の会話 （話さない=0，話す=1）		1	(0.339)
Y 性イメージ （楽しくない=0，楽しい=1）			1

(b) $r_{XY \cdot t} = 0.223$，$t_{2088} = 10.460$。$\alpha = 0.01$ のときの片側検定の限界値は，c.v. $= 2.345$。したがって，帰無仮説を棄却できる。すなわち，友人との性の会話をコントロールしても，学校段階と性イメージの間には正の相関関係があると考えられる。

（c）　表14.11　男子中高生における学校段階と友人との性の会話，性イメージ

(上段：％，下段：人)

性イメージ	友人と性の会話 話さない 学校段階 中学	友人と性の会話 話さない 学校段階 高校	全体	友人と性の会話 話す 学校段階 中学	友人と性の会話 話す 学校段階 高校	全体	全体
楽しい	23.8 (120)	48.7 (130)	32.4 (250)	57.6 (372)	76.9 (516)	67.4 (888)	54.5 (1138)
楽しくない	76.2 (384)	51.3 (137)	67.6 (521)	42.4 (274)	23.1 (155)	32.6 (429)	45.5 (950)
合　計 (実　数)	100.0 (504)	100.0 (267)	100.0 (771)	100.0 (646)	100.0 (671)	100.0 (1317)	100.0 (2088)

$\phi_{t1} = 0.256$　　　　　$\phi_{t2} = 0.203$

（d）　性イメージ　楽しい（％）

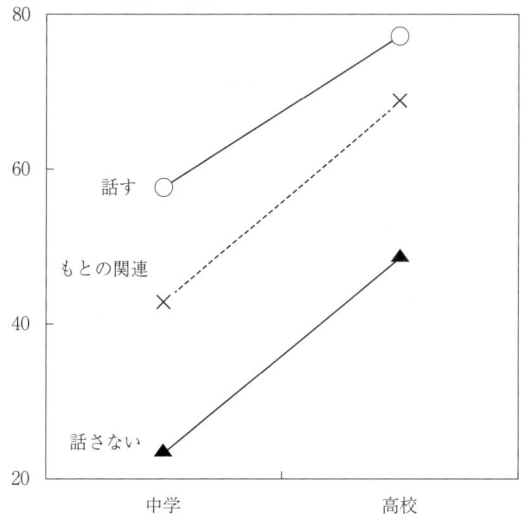

図14.9　学校段階と性イメージの関連（t = 友人と性の会話）

（e）（増加・㊀減少㊁），（㊀付加効果㊁，交互作用），（話す・㊀話さない㊁），
　　（付加効果・㊀交互作用㊁），（Ⅲ付加効果・Ⅳ特定・㊀Ⅴ混合型㊁）

索　引
（太字は詳細な説明のある個所を示す）

あ　行

アルファ水準　126
アルファ領域　101,102,114,127
暗数　247
イータ二乗　141
一元配置　143
因果関係　6-8,12,20,21,69
因果推論　157
因果図式　6,7,12
因果分析　69
SSJ データアーカイブ（SSJDA）→データアーカイブ
F 比（値）　131,138,139,141,142,170,173
　F 分布表　139
エラボレーション　196,211,216,228

か　行

回帰分析　147,157,160,174,175
　回帰係数　**150**,152,155,157,160,166,167,169,171,173
　回帰直線　147,150,155-157
　回帰平均平方　162,170
　回帰平方和　161,162,170
　回帰モデル　148
回収率　30,31,239
カイ二乗検定　83,93
　χ^2 値　83,87-90,93,182,190
　カイ二乗分布　92,93
　──表　90
概念　8
下位の1次の表　200
確率分布　97,110
　経験的な──　98
　理論的な──　98
　離散──　98
　連続──　98
仮説　2,3,5,6,11,12,21,67
　帰無──　**27**,29,77,78,79,82,83,91,92,93,106-110,114,120,122,123,125,130-132,139,142,172
　対立──　**27**,29,77-79,82,92,93,106,109,110,116,120,123,130-132,142
仮説検定　82
　片側検定　114-117,123,127,139
　両側検定　114-117,127,128,172
　帰無仮説の棄却　27,77
傾き　147
加齢効果　249
観測度数　84,87,88
ガンマ係数→関連係数
関連係数　94,179
　ガンマ係数　192,193
　グッドマン＝クラスカルの γ 係　191
　クラメールのコンティンジェンシー係数　182
　コンティンジェンシー係数　182
　ピアソンのコンティンジェンシー係数　183
　ϕ 係数　187
　調整ファイ係数 ϕ_{adj}　188
　ユールの関連係数　186
疑似相関　21,205,211,250
疑似無相関　209,211,225
記述　2
　──統計　29
　──統計量　15,17
基数　38
期待度数　84-88
帰無仮説の棄却→仮説検定
級間平均平方（級間分散）　130-131,137-139,142
級間平方和　131,134,135,137,142
級内平均平方（級内分散・誤差分散）　130-131,134,137-139,142
級内平方和　131,134,135,137,142
行　73,78
　──周辺比率　85
　──周辺分布　73,78
共分散　150,151,153,154,163-166
区間推定　111
グッドマン＝クラスカルの γ 係数→関連係数

クラメールのコンティンジェンシー係数→関連係数
クロス集計　146
クロス集計表　69,78,87,90,93
　　度数——　69,72,76,78
　　百分率——　71,72,78
群所属の効果（群の効果）　132-133
群の効果　133
群平均　132,142
経験的な確率分布→確率分布
決定係数　164,166,169,170,173,174
限界値　**90**,93,110,115,116,122,124,131,142
検定　29
　　——統計量　83,**92**,109,110,122,126,127,142,172
交互作用　208
交差積　185,186
コーホート効果　249
国勢学　253
誤差　131,142,156,160,181
誤差減少率　161,190
　　——測度（PRE 統計量）　161,174,180
誤差項　133,148
誤差平均平方　162,170
誤差平方和　161,162,170
個人情報　30
混合型　204,226
コンティンジェンシー係数→関連係数

さ　行

最小二乗法　150
最適予測係数　180
最頻値　17,51,64,180
散布図　146,147,157
時代効果　249
質的調査　13
質的変動指数　60,64
指標　9
社会調査　2,12,13,29,61,76,97
社会調査協会　254
　　社会調査士　254
　　専門社会調査士　254
社会・意識調査データベース（SORD）→データアーカイブ
社会的構成　241

尺度構成　10
重回帰分析　148,219
従属変数　11,12,20,21,23,29,78,83,87,129,141,155,161,162
自由度　88-90,93,118,121,124,131,137-139,141,142
周辺関連　228
　　——表　20
周辺度数　89
主対角セル　185
信頼関係（ラポール）　31
信頼区間　111
正規分布　99,110,115,118,128
Z 得点　63,108
切片　147,155,160,171
説明　2,3,68,245
説明（イクスプラネーション）　203,205,211
セル　73,78
線形関係　147,160,161
全数調査　24,76
全平方和　130,134,135,137,142,161-162
専門社会調査士→社会調査協会
層化　26
　　——多段抽出法　25
相関関係　21,166,167,169,173,174,179
相関係数　164-166
　　ピアソンの積率相関係数　164
操作化　10
操作仮説　10
相対度数（比率）　37
総平均　132,142
測定クラス　43

た　行

第3変数　196,211,216,228
代表値　17,51
多重（3重）クロス表　199,211,216
多重比較法　132
多変量解析（法）　198,244
多様性指数　59,60,64
単回帰　148
単純関連（単相関，原相関）　198,228
単純無作為抽出法　25
中央値　52,64
中心極限定理　103,104,106,107,110

索　引

調査公害　239
t 検定　120,126,173
　　対応のある場合の——　127
　　対応のない場合の——　127
t 値　122,124,141,172,173
t 分布　118
データアーカイブ　256
　　SSJ——（SSJDA）　256
　　社会・意識調査データベース（SORD）　256
点推定　111
統計的3段論法　250
統計的検定　23,24,**27-28**,29,78,97,124,142,169
統計的推測・推定　29,111
統計的説明　22,23,29
統計的独立（の状態）　82,83,85,86-88,93
統計的なコントロール　197
統計リテラシー　237,238,240,241,252
統計量　51
等分散性の仮定　139
特定（スペシフィケーション）　204,211
独立した確率事象　84
独立変数　**11**,12,20,21,23,29,74,78,83,87,129,141,142,147,155,161,162
度数　36,43,47
　　——分布　15,29,36,37
　　——表　36
度数多角形　41,42

な 行

2×2クロス表　184,193
2値変数　191

は 行

パーセンタイル　45
媒介（インタープリテーション）　203,206,211
媒介変数　12
外れ値　175
範囲　61,64
ピアソンのコンティンジェンシー係数→関連係数
ピアソンの積率相関係数→相関係数
p 値　126
ヒストグラム　40,41
非線形の関係　175

非対角セル　185
百分率（パーセンテージ）　37
　　——度数分布表　38
標準（偏）回帰係数（ベータ係数）　219
標準化　38,63,88
標準回帰係数（ベータ加重）　168
標準誤差　104,**106,107**,110,114,118,119,121,122,124,126-128,172
標準正規分布　100,102
標準得点　63
標準偏差　18,61,64,99,164,168
標本調査　24,29,76,79,106
　　標本（サンプル）　24,29
　　　　——抽出（サンプリング）　24,30
　　無作為抽出法（ランダム・サンプリング）　25
　　有意抽出法　25,26
　　割当法　26
標本統計量　26,76,79
標本分布　92,103,108
標本平均　132
ϕ 係数→関連係数
　　調整ファイ係数 ϕ_{adj} →関連係数
付加効果　203,219,222
不偏分散（不偏標準偏差）　62
分位数　46
分割関連（分割相関，条件付き相関）　200,228
　　——表（条件付きクロス表）　200
分散　18,**61**,64,129,135,151,153,154,163,166
分散分析　129,130,132,142
　　——表　131,140
平均値　54,64,97,153,247,248
平均平方　141
平方和　141
ベータ係数　168,174
偏差　154
偏差値　63
変数　11
偏相関係数　217,220
変動の測度　17,18,58
棒グラフ　40,41
母集団　24,29,79
　　母数　27,76,79
　　母平均　132,133

295

ま 行

無効果　201,203,204,211
無作為抽出法（ランダム・サンプリング）→
　　標本調査
無作為独立標本の仮定　139
命題　8

や 行

有意水準（α）　90,110,141
有意性検定　171,173
有意抽出法→標本調査
有効数字　38,39
ユールの関連係数→関連係数
抑圧　225
予測式　147

ら 行

リサーチ・リテラシー　238-241,245,252
離散確率分布→確率分布

離散変数　**34**,43,47,69,145,179
　　順序づけられない——　35,52
　　順序づけられる（づけできる）——　35,43,52
両側検定→仮説検定
量的調査　13,14
理論　8
理論的な確率分布→確率分布
累積度数　43,44
　　累積百分率　45,52
零次の表　199
列　73,78
　　——周辺比率　85
　　——周辺分布　73,78
連続確率分布→確率分布
連続変数　**35**,43,47,52,54,129,145,146,160
論理実証主義　28

わ 行

割当法→標本調査

《著者紹介》

片瀬一男（かたせ・かずお）第1～3章，第5章，第6章，コラム①～③，⑦，⑨，⑭
- 1956年　長野県生まれ。
- 1979年　東北大学文学部卒業。
- 1983年　東北大学大学院文学研究科博士後期課程単位取得中退。
    東北大学文学部助手，東北学院大学教養部専任講師などを経て，
- 現　在　東北学院大学教養学部教授。
- 著　書　『夢の行方——高校生の教育・職業アスピレーションの変容』（東北大学出版会，2005年），『日本の社会階層とそのメカニズム——不平等を問い直す』（白桃書房，2011年，編著），『ライフ・イベントの社会学』（世界思想社，新版，2013年）など。

阿部晃士（あべ・こうじ）第4章，第7章，第8章，第10章，第11章，コラム④，⑤，⑧，⑩
- 1968年　山形県生まれ。
- 1991年　東北大学文学部卒業。
- 1996年　東北大学大学院文学研究科博士課程単位取得退学。
    日本学術振興会特別研究員（PD），岩手県立大学総合政策学部准教授などを経て，
- 現　在　山形大学人文学部准教授。
- 著　書　『日本の階層システム2——公平感と政治意識』（東京大学出版会，2000年，共著），『SASプログラミングの基礎——A gentle introduction』（ハーベスト社，第2版，2004年，共著），『〈失われた時代〉の高校生の意識』（有斐閣，2008年，共著）など。

高橋征仁（たかはし・まさひと）第9章，第12～15章，コラム⑥，⑪～⑬
- 1965年　山形県生まれ。
- 1987年　東北大学文学部卒業。
- 1993年　東北大学大学院文学研究科博士課程単位取得退学。
    山口大学人文学部准教授などを経て，
- 現　在　山口大学人文学部教授。
- 著　書　『「若者の性」白書——第7回青少年の性行動全国調査報告』（小学館，2013年，共著），『民主主義の「危機」——国際比較調査からみる市民意識』（勁草書房，2014年，共著），『モラルの心理学』（北大路書房，2015年，共著）など。

社会統計学ベイシック

| 2015年9月15日 | 初版第1刷発行 | 〈検印省略〉 |
| 2019年12月20日 | 初版第2刷発行 | |

価格はカバーに
表示しています

		片瀬 一男
著　者		阿部 晃士
		高橋 征仁
発行者		杉田 啓三
印刷者		藤森 英夫

発行所　株式会社　ミネルヴァ書房
607-8494 京都市山科区日ノ岡堤谷町1
電話代表　(075)581-5191
振替口座　01020-0-8076

Ⓒ片瀬・阿部・高橋, 2015　　亜細亜印刷・藤沢製本

ISBN978-4-623-07403-7
Printed in Japan

書名	著者	判型・頁・価格
新・社会調査へのアプローチ	大谷信介・木下栄二・後藤範章・小松洋 編著	本体2540円 A5判412頁
ひとりで学べる社会統計学	浅川達人 著	本体2300円 A5判172頁
データアーカイブSRDQで学ぶ社会調査の計量分析	川端 亮 編著	本体2800円 B5判192頁
よくわかる統計学Ⅰ基礎編（第2版）	金子治平・上藤一郎 編	本体2600円 B5判202頁
社会科学のための計量分析入門	松田憲忠・竹田憲史 編著	本体3500円 A5判208頁

———— ミネルヴァ書房 ————
http://www.minervashobo.co.jp/